Management-Reihe Corporate Social Responsibility

Herausgegeben von
René Schmidpeter
Dr. Jürgen Meyer Stiftungsprofessur für
Internationale Wirtschaftsethik und CSR
Cologne Business School (CBS)
Köln, Deutschland

Das Thema der gesellschaftlichen Verantwortung gewinnt in der Wirtschaft und Wissenschaft gleichermaßen an Bedeutung. Die Management-Reihe Corporate Social Responsibility geht davon aus, dass die Wettbewerbsfähigkeit eines jeden Unternehmens davon abhängen wird, wie es den gegenwärtigen ökonomischen, sozialen und ökologischen Herausforderungen in allen Geschäftsfeldern begegnet. Unternehmer und Manager sind im eigenen Interesse dazu aufgerufen, ihre Produkte und Märkte weiter zu entwickeln, die Wertschöpfung ihres Unternehmens den neuen Herausforderungen anzupassen sowie ihr Unternehmen strategisch in den neuen Themenfeldern CSR und Nachhaltigkeit zu positionieren. Dazu ist es notwendig, generelles Managementwissen zum Thema CSR mit einzelnen betriebswirtschaftlichen Spezialdisziplinen (z.B. Finanz, HR, PR, Marketing etc.) zu verknüpfen. Die CSR-Reihe möchte genau hier ansetzen und Unternehmenslenker, Manager der verschiedenen Bereiche sowie zukünftige Fach- und Führungskräfte dabei unterstützen, ihr Wissen und ihre Kompetenz im immer wichtiger werdenden Themenfeld CSR zu erweitern. Denn nur, wenn Unternehmen in ihrem gesamten Handeln und allen Bereichen gesellschaftlichen Mehrwert generieren, können sie auch in Zukunft erfolgreich Geschäfte machen. Die Verknüpfung dieser aktuellen Managementdiskussion mit dem breiten Managementwissen der Betriebswirtschaftslehre ist Ziel dieser Reihe. Die Reihe hat somit den Anspruch, die bestehenden Managementansätze durch neue Ideen und Konzepte zu ergänzen, um so durch das Paradigma eines nachhaltigen Managements einen neuen Standard in der Managementliteratur zu setzen.

Weitere Bände in der Reihe
http://www.springer.com/series/11764

Gregor Weber · Markus Bodemann
(Hrsg.)

CSR und Nachhaltigkeitssoftware

Softwareanwendungen, Werkzeuge und Tools

 Springer Gabler

Herausgeber
Gregor Weber
ecoistics.institute
Breunigweiler, Deutschland

Markus Bodemann
ecoistics.institute
Breunigweiler, Deutschland

ISSN 2197-4322   ISSN 2197-4330 (electronic)
Management-Reihe Corporate Social Responsibility
ISBN 978-3-662-57306-8   ISBN 978-3-662-57307-5 (eBook)
https://doi.org/10.1007/978-3-662-57307-5

Die Deutsche Nationalbibliothek verzeichnet diese Publikation in der Deutschen Nationalbibliografie; detaillierte bibliografische Daten sind im Internet über http://dnb.d-nb.de abrufbar.

Einbandabbildung: Michael Bursik

Gedruckt auf säurefreiem und chlorfrei gebleichtem Papier

Springer Gabler ist ein Imprint der eingetragenen Gesellschaft Springer-Verlag GmbH, DE und ist ein Teil von
Springer Nature.
Die Anschrift der Gesellschaft ist: Heidelberger Platz 3, 14197 Berlin, Germany

Neue Ansätze und Instrumente des Nachhaltigkeitsmanagements

Die Diskussion um die gesellschaftliche Verantwortung von Unternehmen geht eng einher mit der Frage, wie können nachhaltige Strategien und Prozesse im Unternehmen implementiert werden. Der Wandel von einem rein spenden- und complianceorientierten Corporate-Social-Responsibility(CSR)-Ansatz hin zu einem integrierten Nachhaltigkeitsmanagement ist in vielen Unternehmen bereits im vollen Gang. Bestehende Managementansätze werden vor diesem Hintergrund neu gedacht und konsequent reorganisiert.

Unternehmen haben dabei zum Ziel, sowohl unternehmerischen als auch gesellschaftlichen Mehrwert gleichermaßen zu generieren. Denn nur so werden sie den aktuellen Anforderungen im Bereich der Nachhaltigkeit gerecht und damit zukunftsfähig. Zur Entwicklung und Umsetzung dieser neuen CSR-orientierten Unternehmensstrategien werden laufend neue Managementtools und betriebswirtschaftliche Entscheidungsinstrumente entwickelt, die die verschiedenen Dimensionen (wirtschaftlich, sozial und ökologisch) der Nachhaltigkeit berücksichtigen.

Diese Tools zielen darauf ab, eine neue Managementbasis für neue Strategien, Produkte und Märkte zu schaffen. Sie helfen somit, die Rentabilität und den positiven gesellschaftlichen Impact von Unternehmen gleichermaßen zu steigern. Bei den dargelegten Praxisbeispielen zeigt sich, dass ökologische und soziale Kriterien für den ökonomischen Erfolg immer relevanter werden. Jene Unternehmen, die ökologische und soziale Verantwortung am besten mit den wirtschaftlichen Zielen in ihrem Geschäftsmodell verbinden, schaffen auch monetär die besten Ergebnisse. Unternehmen, die in ihrer Unternehmensstrategie bloß monetäre Ziele – unter Ausblendung von gesellschaftlichen Anliegen – verfolgen, werden nicht nur für Kunden und Mitarbeiter, sondern auch für Investoren immer uninteressanter.

Es zeigt sich in der aktuellen Diskussion um nachhaltiges Management eine neue ökonomische Rationalität von Nachhaltigkeit und daraus abgeleitet ein Bedarf, Nachhaltigkeitskriterien mithilfe geeigneter Tools und Instrumente in die eigene Unternehmensstrategie zu integrieren.

In der Management Reihe Corporate Social Responsibility gibt die nun vorliegende Publikation mit dem Titel *CSR und Nachhaltigkeitssoftware* einen Überblick über neue Managementtools und deren Anwendung in der Praxis. Das Buch stellt dabei innovative Instrumente für das strategische Management unter Einbezug der aktuellen Nachhaltigkeits- und CSR-Diskussion detailliert vor.

Alle Leser sind herzlich eingeladen, die in der Reihe dargelegten Gedanken aufzugreifen und für die eigenen beruflichen Herausforderungen zu nutzen sowie mit den Herausgebern, Autoren und Unterstützern dieser Reihe intensiv zu diskutieren. Ich möchte mich last but not least sehr herzlich bei Dr. Gregor Weber und Dr. Markus Bodemann für ihr großes Engagement, bei Janina Tschech und Eva-Maria Kretschmer vom Springer Gabler Verlag für die gute Zusammenarbeit sowie bei allen Unterstützern der Reihe aufrichtig bedanken und wünsche Ihnen, werte Leser, nun eine interessante Lektüre.

Prof. Dr. René Schmidpeter

Gendererklärung Zur besseren Lesbarkeit werden in diesem Buch personenbezogene Bezeichnungen, die sich zugleich auf Frauen und Männer beziehen, generell nur in der im Deutschen üblichen männlichen Form angeführt, also z. B. Teilnehmer statt TeilnehmerInnen oder Teilnehmerinnen und Teilnehmer. Dies soll jedoch keinesfalls eine Geschlechterdiskriminierung oder eine Verletzung des Gleichheitsgrundsatzes zum Ausdruck bringen.

Die Herausgeber

Dr. Markus Bodemann ist Referent für Rechenzentrumsautomation und Virtualisierungstechnologien bei der Landesdatenzentrale IT.NRW in Nordrhein-Westfalen. Er war in verschiedenen Rechenzentren u. a. für die Einführung der doppelten Buchführung und der Digitalisierung bei Kommunalverwaltungen verantwortlich. Parallel dazu arbeitet er als Reviewer bei verschiedenen wissenschaftlichen Journalen und forscht im ecoistics.institute zum Thema Nachhaltigkeit, insbesondere im Bereich Informationstechnologie, dauerhafte Wertschöpfung und Transformation des öffentlichen Sektors.

Dr. Gregor Weber ist geschäftsführender Inhaber des ecoistics.institute und Gründer der Nachhaltigkeitsinitiative ACT-ORANGE (UNESCO-Weltdekade-Projekt 2014). Er hat langjährige internationale Erfahrung als Berater, Referent, Dozent und Moderator im Effizienz- und Nachhaltigkeitsbereich; er lehrt Nachhaltiges Wirtschaften an verschiedenen Hochschulen. Speziell zu diesem Buch hat er ergänzend ein Seminarprogramm entwickelt, das er über renommierte Akademien anbietet. Seine Projekte wurden u. a. durch den Nachhaltigkeitsrat der Bundesregierung als Projekt Nachhaltigkeit 2017 ausgezeichnet und erhielten den Deutschen Industriepreis 2017. Details unter www.ecoistics. institute.

Inhaltsverzeichnis

Autorenverzeichnis

Wolfgang Berger DFGE-Institut für Energie, Ökologie und Ökonomie, Greifenberg, Deutschland

Christina Berghäuser Strategisches Nachhaltigkeitsmanagement, Flughafen München GmbH, München, Deutschland

Markus Bodemann ecoistics.institute, Breunigweiler, Deutschland

Jörg Bothe Weinheim, Deutschland

Thomas Fleissner DFGE-Institut für Energie, Ökologie und Ökonomie, Greifenberg, Deutschland

Sophie von Gagern Deutsche Gesellschaft für Internationale Zusammenarbeit (GIZ) GmbH, Deutsches Global Compact Netzwerk, Berlin, Deutschland

Johannes Gediga thinkstep AG, Stuttgart, Deutschland

Torsten Göbel Dometic Dienstleistungs-GmbH, Siegen, Deutschland

Daria Hassan Entega AG, Darmstadt, Deutschland

Frode Hobbelhagen PEP ökotec Consult GmbH, Birkenau, Deutschland

Florian Holl Verso Central Europe GmbH, München, Deutschland

Matthias Kannegiesser sustainable natives eG, Berlin, Deutschland

Michael Kölzer Koordinator Corporate Responsibility/ HOCHTIEF Corporate Communications, HOCHTIEF Aktiengesellschaft, Essen, Deutschland

Marie-Lucie Linde sustainable natives eG, Berlin, Deutschland

Max Mangold Sektorvorhaben Nachhaltigkeitsstandards und öffentlich-private Verant-wortung, Abteilung Wirtschaft, Soziales und Digitalisierung, Deutsche Gesellschaft für Internationale Zusammenarbeit (GIZ) GmbH, Bonn, Deutschland

Andreas Maslo Verso Central Europe GmbH, München, Deutschland

Matthias Münzing thinkstep AG, Stuttgart, Deutschland

Meike Rapp HSE, BRITA GmbH, Taunusstein, Deutschland

Sven Reule Seeheim-Jugenheim, Deutschland

René Schmidpeter Cologne Business School, Köln, Deutschland

Markus Schönberger Voith GmbH & Co. KGaA, Heidenheim, Deutschland

Felicitas Schuldes Servicestelle Kommunen in der Einen Welt (SKEW), Engagement Global gGmbH, Bonn, Deutschland

Verena Schulz-Klemp Outokumpu Holding Germany GmbH, Krefeld, Deutschland

Marvin Schulze-Quester EcoIntense GmbH, Berlin, Deutschland

Tabea Siebertz GIZ GmbH, Rat für Nachhaltige Entwicklung, Berlin, Deutschland

Veli Kalle Tavakka Tofuture Oy, Espoo, Finnland

Timo Thunitgut DFGE-Institut für Energie, Ökologie und Ökonomie, Greifenberg, Deutschland

Miriam Valkenberg thinkstep AG, Stuttgart, Deutschland

Ann-Kathrin Voge Servicestelle Kommunen in der Einen Welt (SKEW), Engagement Global gGmbH, Bonn, Deutschland

Johanna Raphaela Wahl Berlin, Deutschland

Jörg Warning QM-IMS, Schüco International KG, Bielefeld, Deutschland

Gregor Weber ecoistics.institute, Breunigweiler, Deutschland

Marcel Wolsing Entega AG, Darmstadt, Deutschland

Einleitung oder warum und für wen dieses Buch?

Markus Bodemann und Gregor Weber

Mit der Gesetzwerdung der Nachhaltigkeitsberichterstattung für bestimmte Unternehmen hat nachhaltiges Wirtschaften eine noch bedeutendere Brisanz erhalten; über die Lieferkette sind nun auch kleine und mittlere Unternehmen (KMU) betroffen. Einen echten Mehrwert erhalten Unternehmen, wenn sie ein Nachhaltigkeitsmanagement betreiben und zwar effizient. Hierzu gibt es zahlreiche Werkzeuge am Markt – nur welches eignet sich für welches Unternehmen?

Dieses Buch schließt mit dem Fokus auf Profisoftware und Tools für die Nachhaltigkeitsberichterstattung eine wichtige Lücke. Es wendet sich an Verantwortliche in Unternehmen und Organisationen, die nach Wegen suchen, wie sie Nachhaltigkeitsmanagement effektiv und effizient betreiben können, ganz nach dem Grundsatz „mehr Ökonomie durch Ökologie".

Unser Anspruch war von Beginn an, eine umfassende Aufstellung und Beschreibung aller am deutschen Markt befindlichen Softwaretools zu integrieren, was auch fast gelungen ist. Nur sehr wenige Werkzeuge wurden in dieser Auflage aufgrund von Ressourcenengpässen seitens der Hersteller nicht aufgenommen; eine Aufnahme in der nächsten Auflage ist angedacht.

An dieser Stelle möchten wir uns ganz herzlich bei den Autoren der einzelnen Beiträge bedanken, die es ermöglicht haben, dass dieses Werk für die Praxis entstehen konnte. Auch bedanken wir uns beim Reihenherausgeber René Schmidpeter für die Aufnahme in die Corporate-Social-Responsibility(CSR)-Managementreihe, sowie beim Team des

M. Bodemann (✉) · G. Weber (✉)
ecoistics.institute
Breunigweiler, Deutschland
E-Mail: markus.bodemann@ecoistics.institute

G. Weber
E-Mail: gregor.weber@ecoistics.institute

© Springer-Verlag GmbH Deutschland, ein Teil von Springer Nature 2018
G. Weber und M. Bodemann (Hrsg.), *CSR und Nachhaltigkeitssoftware*,
Management-Reihe Corporate Social Responsibility,
https://doi.org/10.1007/978-3-662-57307-5_1

Springer-Verlags, das uns stets mit viel Geduld und Fachwissen unterstützt hat, dieses Werk auf die Reise zu bringen.

Damit es aber nicht nur bei der Theorie bleibt und die interessierte Leserschaft die Thematik auch praktisch erfahren kann, haben die Herausgeber ein zielgerichtetes Seminarformat entwickelt. Dort lernen Sie eine Auswahl der entsprechenden Tools kennen, die Sie bei der Erstellung Ihres Nachhaltigkeitsberichts sowie bei Entwicklung, Umsetzung und Monitoring einer effizienten Nachhaltigkeitsstrategie unterstützen. Sie erhalten Einblick in die Methodik der Tools, indem Sie diese selbst unter Anleitung testen und erkennen, wie diese Werkzeuge Sie bei der Integration bereits existierender Informationen wie beispielsweise Energie- und Umweltdaten aus anderen Managementsystemen, der Berichterstattung, Monitoring etc. wirkungsvoll unterstützen. Mehr Details hierzu finden Sie unter www.ecoistics.institute.

Im ersten Teil des Buchs zeigen die Autoren auf, wie wichtig und essenziell eine Nachhaltigkeitsberichterstattung für Unternehmen und Organisationen ist und welche Standardhilfsmittel hierfür zur Verfügung stehen.

Im zweiten und dritten Teil des Buchs werden die vorgenannten Tools und Profisoftwares vorgestellt, die Unternehmen dabei helfen, diese komplexen Aufgaben zu bewältigen. Die Reihenfolge der vorgestellten Beiträge wurde hierbei nach dem Alphabet festgelegt. Einige der Werkzeuge dienen der Vorbereitung der nicht finanziellen Berichterstattung, auch Nachhaltigkeitsberichterstattung genannt, andere unterstützen sogar im Beschaffungsvorgang. Wieder andere bilden die Komplexität des Nachhaltigkeitsmanagements umfassend ab und bieten umfangreiche Hilfestellung bei Strategieentwicklung, Monitoring, Auditierung, Verknüpfung mit anderen Managementsystemen und vielem mehr. Zusatzbausteine und Mehrwerte können durch Synergieeffekte in der Kombination von Systemen entstehen; Screenshots geben Einblick in Aufbau und Struktur.

Im dritten Teil finden Sie zusätzlich Erfahrungsberichte von Unternehmen und Nutzern der entsprechenden Systeme.

Der erste Teil beginnt mit einem in allen Unternehmen präsenten Thema, das für die Erreichung der Unternehmensziele eine besondere Rolle hat: dem Vertrieb. *Jörg Bothe* hat sich dem Thema Nachhaltigkeitsmanagement im Vertrieb – Auswirkungen einer komplexen Vertriebssituation für einen nachhaltigen und verlässlichen Auftragsforecast gewidmet. Er stellt dar, dass der Vertrieb sich in mehrfacher Hinsicht in einer komplexen Situation mit gleichzeitig limitierten Einflussmöglichkeiten befindet. Für den Unternehmenserfolg ist der Auftragsforecast ein wichtiger Baustein innerhalb des Nachhaltigkeitsmanagements. Dieser hat sowohl großen Einfluss auf viele interne Key Performance Indicators als auch auf die Verlässlichkeit des Unternehmens im Markt. Auf der anderen Seite wird der Vertrieb direkt durch das Einkaufsmanagement seines Geschäftskunden beeinflusst. Der Vertrieb ist also plötzlich integrierter Bestandteil der Supply Chain des Kunden und muss als solcher dessen Nachhaltigkeitskriterien erfüllen, um dessen Kunde bleiben zu dürfen. Informationstechnologie(IT)-gestützte Nachhaltigkeitsmanagementsoftware im eigenen Unternehmen und bei Kunden schaffen zusätzliche Komplexitätsdimensionen, bieten dem Vertrieb aber auch die Chance zu Wettbewerbsvorteilen und Eintrittsbarrieren für

Konkurrenten und können somit ein Baustein für einen nachhaltigen und verlässlichen Auftragsforecast sein.

Der Einsatz von Profisoftware kann Nachhaltigkeitsmanagementsysteme demnach maßgeblich unterstützen. Im Kontext der Nachhaltigkeit ist jedoch zu beachten, dass die dafür benötigen Hardwaresysteme durch ihren Betrieb Energie benötigen und so auch den Ausstoß von Emissionen verursachen; auch sind für ihre Produktion u. a. die Themen kritische Rohstoffe und Arbeitsbedingen zu beachten. *Markus Bodemann* und *Gregor Weber* beschäftigen sich daher eingangs mit dem richtigen Zeitpunkt für den Ersatz von technischen Anlagen; eine Entscheidung, die gerade in Bezug auf Nachhaltigkeit sehr komplex ist. In ihrem Beitrag wird diese Thematik am Beispiel von IT-Hardware unter Berücksichtigung der Komplexität von Identifikation, Analyse, Bewertung und Priorisierung der relevanten Faktoren diskutiert. Im Ergebnis sind gleichartige und insbesondere routinemäßig vorzunehmende Entscheidungen nach einer ähnlichen Entscheidungsmatrix zu bewerten. Wie gezeigt wird, sind Entscheidungsvorgaben sehr vielschichtig; die Aufgabe des Managements besteht darin, geeignete Bewertungsmaßstäbe auszuwählen, um die Elemente von Nachhaltigkeit entsprechend zu berücksichtigen. In diesem Kontext können Softwareanwendungen, wie die im Buch vorgestellten, eine große Hilfestellung im Entscheidungsprozess sein, sofern sie diesen mit den benötigen Informationen unterstützen.

Im zweiten Teil des Buchs werden die vorgenannten Tools und Profisoftwares vorgestellt, die Unternehmen dabei helfen, diese komplexen Aufgaben zu bewältigen.

Wolfgang Berger, *Thomas Fleissner* und *Timo Thunitgut* beschreiben in ihrem Beitrag ihre Möglichkeit, mit steigenden Anforderungen an die transparente Darstellung und die Berichterstattung von Kennzahlen und Aussagen zu Umwelt, Klima und sozialen Themen umzugehen. Ratings und Methoden wie Carbon Disclosure Project (CDP), Eco-Vadis oder CSR-Berichte nach dem Global-Reporting-Initiative(GRI)-Standard gehören für viele Unternehmen bereits zum Mindeststandard. In einer zunehmend vernetzten Unternehmensstruktur, in der Daten zentral und von überall zugänglich vorliegen, bietet sich die Möglichkeit, anfallende Aufgaben von spezialisierten Softwaretools übernehmen zu lassen. Diese bieten eine gute Grundlage für entsprechend geschultes Personal, um die Prozesse oft wesentlich effektiver zu bewerkstelligen. Die Auswahl eines entsprechenden Werkzeugs muss gründlich durchdacht werden, um langfristig wirklich von der Anschaffung profitieren zu können. Doch gerade Software für die spezifischen Anforderungen aus dem Bereich CSR, deren Methoden und Grundlagen einem steten Wandel unterliegen, sollte wohlüberlegt angeschafft werden. Dabei sollte die Transparenz und Nachvollziehbarkeit von Aussagen der Fachabteilungen eine mindestens ebenso große Rolle spielen wie die Performance und Integration in die bestehende IT-Infrastruktur. Aus der Vielzahl der Angebote sollten passende Module ausgewählt werden, die den jeweiligen Fachgruppen den größten Nutzen stiften. Software kann ein sehr nützliches Hilfsmittel sein, wird aber nie das Expertenwissen vollständig ersetzen können, besonders in Hinblick auf die abzuleitenden Schlussfolgerungen aus den Daten und deren Veränderung.

Matthias Kannegiesser und *Marie-Lucie Linde* stellen im nächsten Beitrag den N-Kompass als eine toolgestützte Methode zur Entwicklung einer Nachhaltigkeitsstrategie im Unternehmen vor. Sie erläutern auch, wie die Methode in die nachhaltige Unternehmensberatung der sustainable natives eG u. a. in Strategieprojekten eingesetzt wird. Anders als Kennzahlen- und reine Berichtssoftware liegt der Schwerpunkt beim N-Kompass nicht auf der Software und möglichen skalierbaren Systemen, sondern auf der Methode und dem Strategieprozess. Die Autoren beschreiben, dass die Strategie für jedes Unternehmen ein individueller Prozess ist, bei dem das Topmanagement eingebunden werden muss und wie der N-Kompass hier als pragmatische Unterstützung und Strukturierungshilfe eingesetzt werden kann.

Als weltweit größtes Multistakeholdernetzwerk für verantwortungsvolle Unternehmensführung unterstützt der United Nations Global Compact (UNGC) Unternehmen dabei, ihre Strategien und Aktivitäten an Nachhaltigkeitszielen auszurichten. *Sophie von Gagern* und *Johanna Wahl* beschreiben in ihrem Beitrag den UNGC als offenes Lern- und Dialogforum, um Veränderungsprozesse anzustoßen und branchenübergreifend Ideen zu teilen. Eine Teilnahme ermöglicht Unternehmen, Nachhaltigkeitsziele im Kerngeschäft zu verankern und sich Stück für Stück weiterzuentwickeln. Die Erstellung eines Fortschrittsberichts ist für alle Teilnehmer verpflichtend. Im Beitrag werden der UNGC, das Deutsche Global Compact Netzwerk sowie das Berichtsformat des UNGC, das mit gängigen Nachhaltigkeitsstandards kompatibel ist, vorgestellt.

Der dritte Teil besteht aus Beiträgen, die zusätzlich zur Produktbeschreibung auch Erfahrungsberichte aus der Anwenderperspektive enthalten.

Die Zielsetzung bei der Nachhaltigkeit oder CSR ist die langfristige Sicherstellung der Geschäftsentwicklung sowie Verbesserung der wirtschaftlichen Leistung durch Erhöhung der Reputation und Vertrauenssteigerung bei den Stakeholdern. *Frode Hobbelhagen, Sven Reule* und *Veli-Kalle Tavakka* beschreiben Tofuture Corporate Social Management (CSM) als bewährte Lösung für nachhaltige Analyse, Controlling und Reporting – sozusagen als Bindeglied zwischen Nachhaltigkeit einerseits und Unternehmenswert andererseits. Sie beschreiben demnach eine Lösung zur Wertschöpfungssteigerung unter Berücksichtigung ökologischer und sozialer Aspekte. CSM ist ein praxisrelevantes Werkzeug für den Nachhaltigkeitsmanager. Der komplette Nachhaltigkeitsprozess wird von CSM abgedeckt: von internen, monatlichen Berichten für Energieeffizienz bis hin zum jährlichen Nachhaltigkeitsbericht. Tofuture CSM ist somit ein Schlüsselwerkzeug für die Transparenz des Risikomanagements und der unternehmerischen Strategie – gemäß dem Motto: Was du nicht messen kannst, kannst du nicht managen. Ergänzt wird der Beitrag durch kurze Praxiseinblicke von *Thorsten Göbel* (Dometic Dienstleistungs-GmbH) und *Verena Schulz-Klemp* (Outokumpu Holding Germany GmbH).

Tabea Siebertz beschreibt im nächsten Beitrag den Deutschen Nachhaltigkeitskodex (DNK), der seit Anfang 2012 vom Rat für Nachhaltige Entwicklung (RNE) als freiwilliger Standard zur Offenlegung unternehmerischer Nachhaltigkeitsleistungen etabliert wird. Er wurde aus einem Stakeholderdialog unter breiter Beteiligung von Unternehmen und Investoren entwickelt. In einer DNK-Entsprechenserklärung berichten Unternehmen über ihre Strategien, Ziele, Maßnahmen, Konzepte und Risiken. Die Entsprechenserklärung kann zur Erfüllung der CSR-Berichtspflicht genutzt werden und bietet sich aufgrund der Reduktion auf das Wesentliche sowohl als Instrument zur Implementierung einer Nachhaltigkeitsstrategie als auch zur Nachhaltigkeitsberichterstattung für KMU an. Die Erklärungen sind öffentlich in einer Datenbank einsehbar und vergleichbar, der direkte Vergleich eröffnet Lernmöglichkeiten für Anwender und soll zugleich anspornen, Informationsqualität, Ziele und Anstrengungen stetig weiterzuentwickeln. Die Anwendung des DNK ist kostenlos. Ergänzt wird ihr Beitrag durch einen Praxisbericht über die Nutzung des DNK vom Flughafen München, dessen Herausforderungen durch die Zunahme des globalen Luftverkehrs immer größer werden, wie *Christina Berghäuser* in ihrem Abschnitt schreibt. Der Betrieb eines stetig wachsenden Großflughafens ist unstrittig auch mit Belastungen für das unmittelbare Umfeld verbunden. Nachhaltigkeit wird deshalb bei der Flughafen München GmbH groß geschrieben. Seit dem Jahr 2005 werden alle Emissionen des Flughafens in einer CO_2-Datenbank gesammelt und daraus werden Reduktionsmaßnahmen abgeleitet. Seit Ende 2016 hat der Flughafen den Weg zur CO_2-Neutralität angetreten und möchte bis 2030 als erster deutscher Flughafen CO_2-neutral sein. Unterschiedliche Softwarelösungen, ob intern oder extern, wie z. B. bei der Berichterstattung, helfen ihm auf dem Weg dorthin.

Eine Lösung, mit der klassische Health-Safety-and-Environment(HSE)-Aufgaben ebenso wie modernes Nachhaltigkeitsmanagement effizient und rechtssicher umzusetzen sind, stellt schließlich *Marvin Schulze-Quester* unter dem Label EcoWebDesk vor. Unternehmerisches Nachhaltigkeitsmanagement ist grundsätzlich ebenso wie andere Managementsysteme nach dem bekannten Plan-Do-Check-Act(PDCA)-Zyklus aufgebaut. Praktisch sind diese Phasen jedoch in Umfang und Organisation sehr unterschiedlich ausgestaltet. (IT-)Unterstützungssysteme können sich an den Phasen orientieren, müssen jedoch sehr viel Flexibilität mitbringen. Eine besondere Herausforderung stellt die Synchronisation des Nachhaltigkeits- mit anderen Managementsystemen dar. Für die Analyse und Bewertung der Ist-Situation des Unternehmens hinsichtlich verschiedener Nachhaltigkeitsthemen gibt es unterschiedliche Vorgehensmethoden und -standards. Am Beispiel von Wesentlichkeits- und Impactanalyse sowie Lieferantenbewertungen wird aufgezeigt, wie sich (IT-)Unterstützungssysteme wie EcoWebDesk mit einem einheitlichen Toolset an diese angepasst werden können. In der Planungsphase des Nachhaltigkeitsmanagements werden Zielsysteme aufgestellt und über Programme die benötigten Termine und Verantwortlichkeiten sowie die zu erreichenden Zielgrößen definiert. Da dies kein festgelegter Prozess ist, können lokal und/oder thematisch eingegrenzte Pilotprogramme auf unterschiedlichen Ebenen entstehen, die im Erfolgsfall später erweitert und unternehmensweit ausgerollt werden. In EcoWebDesk können verschiedenste Programmarten, etwa Umweltziele nach ISO 14001, Sustainability Balanced Scorecards oder unternehmerische Beiträge zu den Sustainable Development Goals der Vereinten Nationen abgebildet und parallel gesteuert werden. Geplante Programme im Rahmen des Nachhaltigkeitsmanagements werden mithilfe von Maßnahmen umgesetzt. Dabei sind nicht nur Termine und Kosten, sondern auch ihr jeweiliger Beitrag zu den Nachhaltigkeitszielen zu erfassen. Auf diese Weise bildet das Maßnahmencontrolling eine wichtige Datenquelle für das spätere Nachhaltigkeitsreporting. Durch gezielte Softwareunterstützung lassen sich diese

Informationen ohne großen Zusatzaufwand im operativen Betrieb mit erheben und zu einer laufenden Kontrolle der Zielerreichung auch auf höheren Ebenen aggregieren. Als zentrales internes und externes Kommunikationsmedium hat das Nachhaltigkeitsreporting i. d. R. drei Schwerpunkte: Darstellung der absoluten Nachhaltigkeitsperformance des Unternehmens, Erläuterung des Managementansatzes und Ausweis der konkret erzielten Verbesserungen. Da diese Informationen häufig in unterschiedlichen Organisationskontexten (Reportingsilos) entstehen, trägt eine zentrale Softwareplattform wie EcoWebDesk als Instrument maßgeblich zur Integration und Vereinheitlichung bei. Am Beispiel der Voith GmbH wird EcoWebDesk von *Markus Schönberger* dann im letzten Abschnitt in der Praxis vorgestellt.

Jährlich werden etwa 350 Mrd. € in der öffentlichen Beschaffung ausgegeben. Die öffentliche Hand hat damit einen großen Einfluss auf Marktstrukturen und Produktionsbedingungen und kann gleichzeitig zu ihrer Verbesserung beitragen. Die digitale Plattform Kompass Nachhaltigkeit informiert Kommunen und Unternehmen zur Einbindung nachhaltiger Kriterien in den Beschaffungsprozess. *Max Mangold, Felicitas Schuldes* und *Ann-Kathrin Voge* stellen den Kompass Nachhaltigkeit u. a. als Website vor, die den Vergleich von Gütezeichen, Praxisbeispielen aus Kommunen und allgemeinen Informationen zum Thema faire und ökologische Beschaffung bietet und so dazu beiträgt, nachhaltige Beschaffung weiter zu verbreiten. Im abschließenden Abschnitt ihres Beitrags bringen sie einen Praxisbericht in Form eines Kundeninterviews mit ein.

Dass die SoFi-Software ein ganzheitliches CSM-Tool ist, das sich für viele verschiedene Anwendungsfälle eignet, beschreiben *Johannes Gediga, Matthias Münzing* und *Miriam Valkenberg* in ihrem Beitrag. Der Software, die eine webbasierte Lösung anbietet, liegt eine simple, aber höchst flexible Datenstruktur zugrunde, die eine individuell zugeschnittene Datenerfassung sowie passgenaue Auswertungen im Analysebereich möglich macht. Mögliche Anwendungsfälle sind neben dem klassischen Reporting und Nachhaltigkeitsperformancemanagement u. a. das Supply Chain Management, Auditing oder auch der Health-and-Safety-Bereich. Die SoFi-Anwendung eignet sich für Unternehmen jeder Branche und ist auf eine internationale Anwendung ausgelegt. Komplettiert wird der Beitrag im abschließenden Abschnitt durch Anwenderberichte von *Michael Kölzer* (Hochtief AG), *Meike Rapp* (BRITA GmbH) und *Jörg Warning* (Schüco International KG).

Zum Abschluss beschreibt und veranschaulicht der Beitrag Verso – Accelerating sustainable change – Die Software für Nachhaltigkeitsmanagement von *Florian Holl* und *Andreas Maslo* die Software von Verso. Wie kann das Nachhaltigkeitsprogramm in Verso abgebildet werden? Wie können ohne Vorkenntnisse Prozesse für ganze Teams mit einer Software abgebildet werden? Welche Anforderungen und Anwendungsfälle gibt es? Nachhaltigkeitsberichterstattung und CSR Kommunikation auf Knopfdruck in einer Software? Diese und viele weitere Fragen werden ausführlich in acht Abschnitten dargestellt. Anschauliche Abbildungen der Software dürfen dabei nicht fehlen. Wenn Sie erfahren wollen, wie die Zusammenarbeit mit Verso ist und wie Sie Ihre Unternehmensziele erreichen, dann ist dieser Beitrag genau der richtige für Sie. Zudem berichten im letzten

Abschnitt des Beitrags mit *Daria Hassan* und *Marcel Wolsing* (beide Entega AG) auch Verso-Kunden von Erfahrungen mit der Verso-Software und dem Verso-Team.

Wir wünschen Ihnen eine spannende und erkenntnisreiche Lektüre.

Ihre Herausgeber

Dr. Markus Bodemann ist Referent für Rechenzentrumsautomation und Virtualisierungstechnologien bei der Landesdatenzentrale IT.NRW in Nordrhein-Westfalen. Er war in verschiedenen Rechenzentren u. a. für die Einführung der doppelten Buchführung und der Digitalisierung bei Kommunalverwaltungen verantwortlich. Parallel dazu arbeitet er als Reviewer bei verschiedenen wissenschaftlichen Journalen und forscht im ecoistics.institute zum Thema Nachhaltigkeit, insbesondere im Bereich Informationstechnologie, dauerhafte Wertschöpfung und Transformation des öffentlichen Sektors.

Dr. Gregor Weber ist geschäftsführender Inhaber des ecoistics.institute und Gründer der Nachhaltigkeitsinitiative ACT-ORANGE (UNESCO-Weltdekade-Projekt 2014). Er hat langjährige internationale Erfahrung als Berater, Referent, Dozent und Moderator im Effizienz- und Nachhaltigkeitsbereich; er lehrt Nachhaltiges Wirtschaften an verschiedenen Hochschulen. Speziell zu diesem Buch hat er ergänzend ein Seminarprogramm entwickelt, das er über renommierte Akademien anbietet. Seine Projekte wurden u. a. durch den Nachhaltigkeitsrat der Bundesregierung als Projekt Nachhaltigkeit 2017 ausgezeichnet und erhielten den Deutschen Industriepreis 2017. Details unter www.ecoistics.institute.

Allgemeines zum Thema Nachhaltigkeit und Nachhaltigkeitsmanagement

Nachhaltigkeitsmanagement im Vertrieb – Auswirkungen einer komplexen Vertriebssituation für einen nachhaltigen und verlässlichen Auftragsforecast

Jörg Bothe

Unternehmen verfolgen in unterschiedlichen Märkten unterschiedliche Ziele. In gewinnorientierten Unternehmen und damit auch in Vertriebsorganisationen dominieren grundsätzlich zwei Kernziele: Neben der Steigerung der Kundenbindung zur Erzielung langfristiger Gewinne steht die Produktivitätssteigerung im Vertrieb (Homburg et al. 2012). Dies beinhaltet auch die Reduzierung der Reibungsverluste im Schnittstellenmanagement zu nachgelagerten Organisationseinheiten u. a. in der Informationsbeschaffung und -transformation aus dem Markt in die Organisation. Dies gilt für langfristige Marktentwicklungen ebenso wie für die kurzfristigen Auftragseingänge.

Mit einem Auftrag wird das eigene Unternehmen zu einem Teil der Produktions- und Lieferkette des auftraggebenden Unternehmens, des Kunden. Führt der Kunde ein aktives Nachhaltigkeitsreporting durch und betreibt dies glaubwürdig und authentisch, dann wird auch das eigene Unternehmen ein entsprechendes Reporting für den Teil der Produktions- und Lieferkette bereitstellen müssen, in den es eingebunden ist. Die Informationsbeschaffung, -koordinierung und -verarbeitung, die im Auftragsvergabeprozess durch den Vertrieb initiiert wird, hat hierbei sowohl die Funktion der Auftragserlangung als auch die Funktion der Kundenbindung, indem z. B. das Nachhaltigkeitsreporting des Kunden professionell unterstützt wird.

Eine Detailaufgabe der Produktivitätssteigerung für den Vertrieb ist demnach eine verlässliche Vorhersage der Auftragseingänge mit den wesentlichen Determinanten für den Zeitpunkt des Auftragseingangs, den technischen Anforderungen und der Menge der zu fertigenden oder zu liefernden Produkte. Die Qualität dieser Ex-ante-Betrachtung ist von der individuellen Komplexität des Systems, in dem sich das Unternehmen bewegt, und der Qualität des Vertriebs selbst abhängig.

J. Bothe (✉)
Weinheim, Deutschland

© Springer-Verlag GmbH Deutschland, ein Teil von Springer Nature 2018
G. Weber und M. Bodemann (Hrsg.), *CSR und Nachhaltigkeitssoftware*,
Management-Reihe Corporate Social Responsibility,
https://doi.org/10.1007/978-3-662-57307-5_2

1 Vertriebskomplexität

Dem Vertrieb kommt in der Organisation die Rolle als Mittler zwischen dem Unternehmen und den Kunden zu (Belz und Schmitz 2011). Dadurch ist die Situation vieler Vertriebsorganisationen in mehrerer Hinsicht komplex (Schmitz und Rader 2010), denn als Mittler bewegt sich der Vertrieb extern zwischen mindestens zwei Organisationen, die jede für sich komplex ist und im Zusammenspiel mit weiteren Markteinflüssen eine zusätzliche Komplexitätsdimension bildet. Die eigene Organisation bildet durch die genannten Komplexitätscharakteristika ein komplexes System, das sich durch die Aktivitäten und Besonderheiten des Vertriebs zusätzlich gegenseitig beeinflusst.

Viele Kunden, die ein professionelles Nachhaltigkeitsreporting durchführen, haben nicht nur individuelle Anforderungen an die Art und Qualität entsprechender Daten, sondern verarbeiten diese auch mit unterschiedlichen Softwaresystemen. Eine zusätzliche Komplexitätsdimension entsteht durch die heterogene Softwarelandschaft. Dies bietet dem eigenen Unternehmen jedoch auch die Chance, eine Eintrittsbarriere für Konkurrenten durch entsprechende effiziente Schnittstellen zur Übermittlung von Nachhaltigkeitsinformationen aufzubauen. Die Lösung solcher Kundenanforderungen ist somit direkt kongruent mit den Kernzielen jeder Vertriebsorganisation.

1.1 Externe Komplexität

Die Geschichte der Marktrahmenbedingungen, die durch die bisherigen Akteure aus Wirtschaft, Forschung und Entwicklung und Politik geprägt ist, hat ebenso Einfluss wie auch die Nichtlinearität der Marktbearbeitung. Ressourcen in der Marktbearbeitung sind marktwirtschaftlichen Grundsätzen unterworfen, sodass eine optimale Marktbearbeitung immer einen Kompromiss aus maximaler Verkaufsstärke und der Wirtschaftlichkeit durch die zu erwartenden Vertriebserlöse darstellt.

Schnell und häufig wechselnde Kundenanforderungen, besonders im internationalen, v. a. aber auch im multinationalen Geschäft, führen durch Rückkopplungen in der Konsequenz von Anforderungen und Mehrkosten zu einer Vielzahl von Optionen und Alternativen in der Lösungsfindung.

Gepaart mit der Verzögerung in der Kommunikation durch Sprachhindernisse und kulturelle Besonderheiten und Interessen durch quasi unabhängige Absatzhelfer, wie Handelsvertreter oder Kommissionäre (Binckebanck und Lange 2013) und den internen und externen Entscheidungsfindungsprozessen, entsteht schnell ein überaus dynamisches und komplexes System, das in der Vernetzung aller Elemente die Leistungsfähigkeit einer Organisation erheblich beeinflussen kann. Hier sind Softwaresysteme für eine nachhaltige und professionelle Kommunikation zwischen den heterogenen Informationsverarbeitern unabdinglich.

Des Weiteren sind Konkurrenzaktivitäten nur schwer vorhersehbar und in einer freien Marktwirtschaft auch nicht steuerbar. Marktveränderungen durch technische Entwicklungen oder politische Entscheidungen sind nicht nur jederzeit möglich, sondern oft von einzelnen Unternehmen nur bedingt beeinflussbar.

Das externe System ist also durch die benannten Komplexitätsdimensionen seiner Veränderungsgeschwindigkeit und seiner oftmals geringen Einflussnahme durch den eigenen Vertrieb nicht oder nur schwer zu steuern.

1.2 Interne Komplexität

Unternehmen streben eine effiziente Organisation an. Dies bedingt einen hohen Grad von Spezialisierung und Arbeitsteiligkeit. Die dadurch entstehenden Schnittstellen erzeugen Reibungsverluste in den Abläufen. Der Vertrieb hat wesentlichen Einfluss auf die Reibungsverluste in einem Unternehmen, in dem die relevanten Informationen effizient ins Unternehmen geführt werden. Die damit einhergehende effizientere interne Bearbeitung von externen Anliegen spiegelt sich in einer schnelleren Rückkopplung in den Vertrieb und bewirkt damit auch eine effiziente Markt- und Kundenbearbeitung.

Ein Mittler zwischen zwei Akteuren ist immer auch ein Akteur selbst. Durch seine Aktionen am Markt und der komplexen Kommunikation im Unternehmen (Hutt und Speh 1992) löst der Vertrieb selbst Komplexität in einer Wechselwirkung zwischen diesen Polen aus.

Die Auswirkungen der Komplexität in Verkaufsprozessen kann minimiert werden, indem die Kompetenzlücken im Vertrieb reduziert werden. Je höher die Kompetenz des Vertriebs zu technischen, kaufmännischen oder juristischen Details sowie den zunehmenden Anforderungen nach Nachhaltigkeitsinformationen sowohl beim Kunden als auch im eigenen Unternehmen ist, desto weniger Informationen müssen im eigenen Unternehmen verarbeitet werden. In gleichem Maß beschleunigt dies die Kommunikation mit dem Kunden, was wiederum zur Reduzierung der Informationsflüsse führt, wodurch die projektspezifische Komplexität weiter reduziert wird. Wichtig ist hierbei anzumerken, dass die Kenntnis über Kompetenzlücken bereits eine eigenständige Kompetenz darstellt, die in Feedbackgesprächen geschärft werden muss.

Des Weiteren ist wichtig, dass Unternehmen auf dynamische Marktentwicklungen, z. B. durch immer stärkere Individualisierung der Kundenangebote zur Konkurrenzabgrenzung reagieren. Dies sorgt für eine exponentielle Zunahme an Produktvarianten und Möglichkeiten. Die steigende Komplexität durch diese Akkumulation, kann oft nur noch von interdisziplinären Spezialistenteams hinreichend beherrscht werden.

Durch die Komplexität der individuellen Kundenangebote steigt das Risiko, in einer dynamischen Projektentwicklung, Risiken in Bezug auf Kosten, technischen Nutzen oder Projekttermine zu unterschätzen. Die daraus resultierenden Vertragswerke können v. a. bei größeren und multinationalen Projekten nur noch von spezialisierten Juristen bewertet und verhandelt werden. Das belastet die Leistungsfähigkeit der Organisation stark und ist auch ein wesentlicher Treiber von Projektverzögerungen durch entsprechend komplexe Entscheidungswege.

Unternehmen haben vorrangig das Ziel Gewinne zu erzielen, um so eine nachhaltige Unternehmensentwicklung sicherzustellen. Bereiche, die die Gewinnvorgaben der Unternehmensleitung nicht erreichen, sind oft gezwungen, harte Einschnitte durchzuführen (Meck 2017). Aus der Erfahrung, dass einzelne Projekte auch große Konzerne in Gefahr bringen können (Blasberg und Kotynek 2012), sind in vielen Unternehmen schon früh umfangreiche Kontrollinstrumente vor verbindlicher Angebotsabgabe installiert worden. Diese Vorgaben reduzieren die Geschwindigkeit in Entscheidungsprozessen erheblich.

Als Mittler zwischen Kunde und eigenem Unternehmen befindet sich der Verkauf auch zeitlich in der Komplexitätsfalle (Cespedes 2014). Einerseits sind die Möglichkeiten für die Beschaffung der erforderlichen Informationen beim Kunden durch den Verkäufer limitiert, die Ressourcen für die Bearbeitung von Projekten sind begrenzt und die Koordinationskomplexität zwischen Kunde, internen Organisationseinheiten und der Entscheidungsebene führen zu Reibungsverlusten und Opportunitätskosten durch entgangene weitere Verkaufsaktivitäten (Binckebanck und Lange 2013). Andererseits hat der Verkauf auch in der eigenen Organisation durch gegebene enge Entscheidungshierarchien nur bedingt die Möglichkeit, eine Entscheidung zu einem Projekt zu beschleunigen. Cespedes (2014) spricht hier von Entscheidungsanforderung in Marktgeschwindigkeit und nicht in Unternehmensgeschwindigkeit.

2 Verlässlicher und nachhaltiger Auftragsforecast

Um ein Unternehmen sicher und kostenoptimiert führen zu können, sind neben einer detaillierten Planung des Geschäftsjahrs eine Vielzahl von Key Performance Indicators im Kostenbereich zu erstellen. Hierbei handelt es sich um die klassische Ex-post-Betrachtung mithilfe von Tabellen mit unterschiedlichen Abweichungsanalysen für Kosten, Erlöse und Ergebnisse (Wöhe 2010; Schedel et al. 2013).

Grundsätzlich unterscheidet sich hiervon die Betrachtung der Zukunft, also der erwartete Auftragseingang, der im Auftragsforecast zusammengeführt wird. Dies ist innerhalb des Produktivitätssteigerungsziels eine Kernaufgabe des Vertriebs.

Mit den erwarteten Aufträgen werden Auslastungen in Produktion und Projektmanagement, Einkaufsmengen und letztendlich Cashflow geplant, die für eine nachhaltige Entwicklung der Produktionskette von entscheidender Bedeutung ist. Die Auswirkungen eines unzureichenden Forecast sind nicht nur im eigenen Unternehmen zu spüren. Letztendlich wirkt sich ein ungenauer Auftragsforecast entweder auf kurzfristig zu beschaffende Produktionskapazitäten in Form von z. B. Hilfskräften aus Arbeitnehmerüberlassungen und entsprechenden Mehrkosten oder eben zu reduzierenden Kapazitäten aus. Dies kann für die betroffenen Personen zu Einkommensverlusten und eventuell auch existenzbedrohenden Situationen führen, da kurzfristig das Erfordernis, alternative Beschäftigungsmöglichkeiten finden zu müssen, schwierig ist.

Neben einigen schwer zu beeinflussenden Risiken in der Erstellung eines Forecasts wie z. B. sämtliche Aktionen, die durch den potenziellen Kunden eigenständig zu tätigen sind, sind auch manipulative Aktionen durch unternehmensinterne Akteure zu betrachten.

Zu den vom Kunden zu tätigenden Aktionen gehören im Wesentlichen sämtliche verpflichtende Aktivitäten und finanzielle Transaktionen, also Auftragsvergabe, Anzahlungen oder Bankbürgschaften etc., aber auch eine realistische und verlässliche Kommunikation über Auftragschancen, Zeiträume und Zeitpunkte ist vom Vertrieb anzustreben und zu dokumentieren.

Der Vertrieb kann die Qualität des Auftragsforecasts durch eine Meilensteinbetrachtung im Verkaufsprozess erhöhen. Hierbei werden bestimmte Wahrscheinlichkeiten an klar definierten Aktionen oder Zusagen der Kunden fixiert. Kann eine vom Verkäufer angestrebte Einschätzung nicht verifiziert werden, bleibt das Projekt auf einer unteren Stufe im Auftragsforecast stehen und wird entsprechend bewertet. Im Allgemeinen wird dies mithilfe eines Customer-Relationship-Management(CRM)-Systems nachhaltig umgesetzt. Zusätzlich kann das eigene Unternehmen die Chance auf die Auftragserteilung mit entsprechender Nachhaltigkeitsmanagementsoftware erhöhen, zum einen, um die komplexen Informationsanforderungen der Kunden für den Vertrieb schnell und individuell abrufbar zu machen, und zum anderen, indem der Vertrieb über ein Dashboard des Nachhaltigkeitsmanagementsystems die tagesaktuellen Kennzahlen und Aktivitäten koordinieren kann und beim Kunden als kompetenter Partner wahrgenommen wird.

Für ein nachhaltiges Wirtschaften im eigenen Unternehmen ist eine frühe Konzentration auf chancenreiche Projekte sinnvoll. Dies erfordert neben allen genannten Punkten auch eine faire und verlässliche Kommunikation des Kunden zum Lieferanten.

Kunden haben ein hohes Interesse, sich alle Möglichkeiten in den Verhandlungen offen zu halten, und werden potenzielle Auftragnehmer im Vergabeprozess versuchen lange zu halten, was wiederum die Aussagekraft von Kundenbestätigungen minimiert. Aus diesem Grund ist auch ein Meilensteinsystem im Auftragsforecast mit Fehlern behaftet. In Organisationen besteht oft eine Ressourcenkonkurrenz für Projekte, die noch nicht Auftrag sind. Das kann zur Situation führen, dass nach einem langen Verkaufsprozess und harten Verhandlungen der Auftrag ein oder zwei Tage zu spät kommt und die Ressourcen bereits vergeben sind. Solange die Situation sich im eigenen Unternehmen einstellt und damit substituiert, sind die Auswirkungen meistens gering. Sollte sich die Ressourcenkonkurrenz auf exklusive Zulieferer ausdehnen, besteht die Möglichkeit im Zusammenhang mit zeitlichen Überschneidungen von Informationseingängen und -anforderungen, dass mehrere geplante Aufträge nicht angenommen werden können, mit den entsprechenden Folgen für das Unternehmen.

Auch kurzfristige und oftmals unerwartete Aktionen von Konkurrenten können die Aussagekraft eines optimalen Auftragsforecast in letzter Minute noch zerstören.

Trotz dieser weitreichenden Konsequenzen des Auftragsforecasts ist eine standardisierte und nachvollziehbare Vorgehensweise in vielen Unternehmen nicht sichergestellt. Der Verkauf hat große Freiheiten, den Auftragsforecast nach eigenen Kriterien zu formulieren. Die Konsequenzen einer darauf fußenden Planung in allen Bereichen des Unternehmens sind jedoch selten im Vertrieb selbst zu spüren. Es besteht also die Gefahr, dass Kosten in Produktion, Einkauf und Finanzplanung generiert werden, ohne dass die Jahres- oder Quartalsziele des Vertriebs zwingend verfehlt werden.

Dazu kommt, dass der Auftragsforecast von internen Seiten manipuliert werden kann. Zum ersten durch den Verkäufer selbst, der in überoptimistischer Weise Projekte benennt, die noch nicht reif oder unwahrscheinlich sind. Dies geschieht entweder, wenn der Druck auf den Verkäufer bereits groß ist, dieser aber keinen Ausweg aus seinem Dilemma sieht, oder z. B. durch die Unkenntnis über den Entscheidungsprozess, die Chancen, o. ä. beim Kunden; zum zweiten durch das Vertriebsmanagement selbst, das den Auftragsforecast so beschreibt, dass die Monats- oder Quartalszahlen erreichbar erscheinen. Auch hier ist oft Druck auf das Vertriebsmanagement der Auslöser; zum dritten, durch die Geschäftsführung, aus gleichem Grund wie zuvor.

Für einen nachhaltigen und verlässlichen Auftragsforecast ist es demnach erforderlich, dass eindeutige und nachvollziehbare Kriterien für den Vertrieb eingeführt und laufend hinterfragt werden. Gibt es eine Entscheidung auf der Topmanagementebene des Kunden zur Realisierung des Projekts? Hat der Topentscheider bzw. das Entscheidergremium des Kunden das eigene Angebot gesehen und seine grundsätzliche Zustimmung gegeben? Sind die technischen und/oder kaufmännischen Fragen ausreichend geklärt oder terminlich adressiert? Besteht im eigenen Unternehmen die Bereitschaft den Auftrag anzunehmen?

Darüber hinaus ist die Sinnhaftigkeit eines realistischen Auftragsforecasts in der Organisation als Kultur der nachhaltigen Unternehmensentwicklung zu verankern, um Schaden vom Unternehmen durch eine mögliche finanzielle Schieflage unrealistischer Aufträge zu vermeiden und eine verlässliche Arbeitszeitplanung für die Mitarbeiter im Unternehmen und bei externen Lieferanten sicherzustellen. Die Vermeidung bilanzieller Nachteile durch steigende Bestände gewährleistet eine optimale Ressourcennutzung in allen Bereichen des Unternehmens.

Für einen nachhaltigen und verlässlichen Auftragsforecast ist es erforderlich, die Vertriebskomplexität durch interne und externe Faktoren anzuerkennen. Diese Komplexität in dynamischen Marktsituationen erfordert ein Managementverständnis nachhaltiger Führung mit fortwährender Unterstützung des Vertriebs und der Verkäufer durch permanente Kundenorientierung aller Unternehmensteile, um die Produktivität nachhaltig zu steigern.

Literatur

Belz C, Schmitz C (2011) Verkaufskomplexität: Leistungsfähigkeit des Unternehmens in die Interaktion mit dem Kunden übertragen. In: Homburg C, Wieseke J (Hrsg) Handbuch Vertriebsmanagement. Gabler, Wiesbaden, S 179

Binckebanck L, Lange J (2013) Komplexitätsmanagement als Führungsaufgabe im Vertrieb. In: Binckebanck L, Hölter A-K, Tiffert A (Hrsg) Führung von Vertriebsorganisationen. Springer Gabler, Wiesbaden, S 91–113

Blasberg M, Kotynek M (2012) Die versenkten Milliarden. http://www.zeit.de/2012/28/DOS-ThyssenKrupp/. Zugegriffen: 20. März 2018

Cespedes FV (2014) Aligning strategy and sales. Harvard Business Review Press, Boston, S 11

Homburg C, Schäfer H, Schneider J (2012) Sales Excellence: Vertriebsmanagement mit System, 7. Aufl. Springer Gabler, Wiesbaden, S 110

Hutt M, Speh T (1992) Business marketing management, 4. Aufl. The Dryden Press, Fort Worth

Meck G (2017) Der neue Star bei Siemens. http://www.faz.net/aktuell/wirtschaft/unternehmen/siemens-personalchefin-janina-kugel-im-haertetest-15288181-p2.html. Zugegriffen: 20. März 2018

Schedel HL, Thöle A, Korany D (2013) Vertriebssteuerung und Icentivierung. In: Binckebanck L, Hölter A-K, Tiffert A (Hrsg) Führung von Vertriebsorganisationen. Springer Gabler, Wiesbaden, S 245–434

Schmitz C, Rader P (2010) Sales complexity – conceptualization and a new measure of complexity. AMA Winter Educators 2010 Conference Proceedings, New Orleans

Wöhe G (2010) Einführung in die Allgemeine Betriebswirtschaftslehre, 24. Aufl. Vahlen, München, S 188

Jörg Bothe, M.Sc., ist Unternehmensberater, Speaker und Autor. Während seiner über 25-jährigen Karriere als Manager, z. B. beim Medienriesen Bertelsmann, beim Caterpillar-Konzern oder im zivilen Segment der Krauss-Maffei-Gruppe konnte er noch in jedem Unternehmen Umsatz und Gewinn steigern, egal, ob es sich um Sanierungsfälle handelte, Kandidaten für einen Verkauf oder Champions, die noch besser werden wollten. Er hält einen Master of Science in Erneuerbare Energien und sein Erfolgsrezept lautet: Eine neue, umsetzungsstarke Vertriebskultur mit konsequenter Orientierung am Kunden. Ehrlich, klar, verlässlich!

Nachhaltigkeit im Trend der digitalen Transformation – Ökologischer Fußabdruck von IT-Hardware

Markus Bodemann und Gregor Weber

1 Einführung

Der folgende Beitrag demonstriert anhand unterschiedlicher Faktoren für einen Ersatzzeitpunkt einer technischen Unterstützungsleistung die Komplexität von Entscheidungen im Zusammenhang mit Nachhaltigkeit. Es wird nicht nur eine Möglichkeit des Einflusses auf die nachhaltige Entwicklung eines Unternehmens, sondern auch die Komplexität der Identifikation, Analyse, Bewertung und Priorisierung dieser Faktoren diskutiert. Im Ergebnis sind gleichartige und insbesondere routinemäßig vorzunehmende Entscheidungen nach einer ähnlichen Entscheidungsmatrix zu bewerten. Bei betriebskritischen Infrastrukturen, wie im gewählten Beispiel, ist zudem die Abwägung von einzugehenden technischen Risiken im Vergleich zu ökonomischen und ökologischen Gewinnen relevant. Diese Abwägung kann durch eigene statistische Auswertungen gestützt werden. Ergänzt wird die Matrix von Standardgewährleistungen, die nach Ablauf einer vorab bestimmten Phase ebenfalls dynamische Anpassungen bei der Finanzierung nach sich ziehen. Das gewählte Beispiel verdeutlicht, dass Entscheidungen auf zahlreichen Faktoren beruhen; ob und inwiefern diese Kriterien zudem in die Bewertung von Aktivitäten bezüglich Nachhaltigkeit zugerechnet werden können, ist in den jeweiligen Zertifizierungssystematiken zu berücksichtigen. Entscheidungsvorgaben sind demnach sehr vielschichtig; die Aufgabe des Managements besteht darin, geeignete Bewertungsmaßstäbe auszuwählen, um die Elemente von Nachhaltigkeit entsprechend der Managementvorgaben und aktuellen Entwicklungen zu berücksichtigen.

M. Bodemann · G. Weber (✉)
ecoistics.institute
Breunigweiler, Deutschland
E-Mail: markus.bodemann@ecoistics.institute

G. Weber
E-Mail: gregor.weber@ecoistics.institute

© Springer-Verlag GmbH Deutschland, ein Teil von Springer Nature 2018   19
G. Weber und M. Bodemann (Hrsg.), *CSR und Nachhaltigkeitssoftware*,
Management-Reihe Corporate Social Responsibility,
https://doi.org/10.1007/978-3-662-57307-5_3

2 Theoretische Grundlagen

Gemäß den Forschungsergebnissen verschiedener wissenschaftlicher Aufnahmen ist Nachhaltigkeit definiert als bewusste Entwicklung, die die aktuellen Erfordernisse berücksichtigt, ohne jedoch die zukünftigen Erfordernisse und Bedürfnisse der nachfolgenden Generationen einzuschränken (u. a. Verjel et al. 2015). Ursprünglich bestand das Modell der Nachhaltigkeit aus den drei Bereichen

- soziale Nachhaltigkeit,
- ökologische Nachhaltigkeit und
- wirtschaftliche Nachhaltigkeit.

Nach Ciegis et al. (2009) soll die nachhaltige Entwicklung als integriertes System nach wirtschaftlichen, ökonomischen, sozialen und organisationskulturellen Aspekten betrachtet werden.

Gemäß den Vorgaben der Brundtland-Kommission von 1987 (Hauff 1987) sehen die überlappenden Elemente von Nachhaltigkeit eine Überschneidung vor (Abb. 1).

Die Bereiche untergliedern sich demnach wiederum in Unterkategorien, beispielsweise können für die ökologische Sichtweise die Auswirkungen auf die Erde bzw. eine Region angewendet werden.

Für die wirtschaftliche Betrachtung können Gewinn, Marktanteile etc. als bestimmende Messgrößen verwendet werden, im Bereich der gesellschaftlichen Entwicklung u. a. Messgrößen zur Wohlfahrt, beispielsweise Durchschnittseinkommen, Analphabetenquote oder erfolgreiche Studienabschlüsse. Johnston und Santillo (2007) erweitern die drei Bereiche durch die Verbindung zum Return on Investment (ROI). Für sie kann es messbaren ROI für finanzielle, soziale und politische Bereiche geben.

Portney (2015) sieht zwischen den Bereichen eine jeweils unterschiedlich ausgeprägte Schnittmenge: Die Ziele der drei Nachhaltigkeitsbereiche müssen somit nicht zwangsläufig konfliktär zueinander verlaufen, sondern können im besten Fall sogar komplementär wirken.

Abb. 1 Überlappende Elemente von Nachhaltigkeit. (Nach Portney 2015)

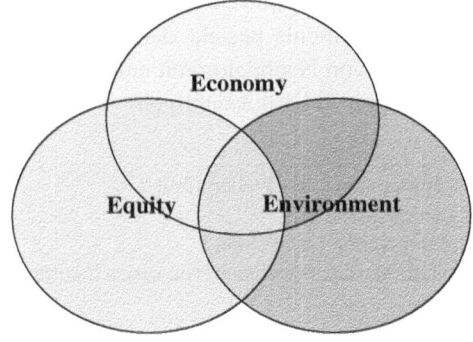

Caroll und Buchholtz entwickelten 2003 ein vierdimensionales Modell; demnach sind folgende Dimensionen zur Einordung von Nachhaltigkeitsbetrachtungen relevant (Caroll und Buchholtz 2003):

- Wirtschaftliche Dimension
- Rechtliche Dimension
- Ethische Dimension
- Philanthropische Dimension

Dazu führen Caroll und Buchholtz aus, dass die ersten drei Kriterien die vierte Dimension ergeben; die ersten beiden wiederum seien einfach zu messen, während die letzten beiden schwer messbare Punkte darstellen. Daher werden die Messungen immer um belastbare Statistiken zur Auswertung und Bewertung ergänzt werden müssen, geliefert von Regierung, privaten Organisationen oder anderen glaubhaften Organisationen.

Das Gabler Kompakt-Lexikon von 2006 definiert die vier Säulen der Nachhaltigkeit folgendermaßen (Arentzen 2006):

- Regenerative Ressourcen sollten nur so weit verwendet werden, wie sie auch im gleichen Zeitraum wieder hergestellt werden können.
- Nicht regenerative Ressourcen sollten nur soweit verwendet werden, als sie durch substitutive Ressourcen in Funktion bzw. Verwertbarkeit und Zusammensetzung ersetzt werden können.
- Der bilanzielle Verbrauch sollte damit bei null liegen. Es sollen nicht mehr Ressourcen endgültig verbraucht werden, als sie durch natürliche Prozesse wieder hergestellt werden.
- Es ist zu berücksichtigen, dass die Natur alle Eingriffe durch die Menschheit kompensieren muss.

Einen anderen Blickwinkel vertritt Weber (2018): Er verwendet das erweiterte Vier-P-Modell; dabei wird die Person in den Mittelpunkt der zu erwartenden Änderungen gerückt (Abb. 2). Für Weber sind die Personen per se integraler Bestandteil in der Nachhaltigkeitsdiskussion. Organisationen und Unternehmen bestünden aus verschiedenen Individuen, die ihre Interessen und Wünsche artikulierten; diese würden sich in der Nachhaltigkeitsstrategie unmittelbar wiederfinden, aggregiert bis hin zur nationalen Ökonomie. Die Person übernimmt dabei verschiedene Sichten, u. a. seine individuelle Sicht auf die Umwelt, von den Auswirkungen auf die Erde bis hin zum individuellem Umfeld; Personen werden somit als integraler Bestandteil von Nachhaltigkeit gesehen. Jedes Unternehmen oder jede Organisation besteht aus Personen, die jeweils Nachfragen und Wünsche äußern. Diese Personen repräsentieren und leben damit die Corporate Social Responsibility (CSR) und sind damit ein Bestandteil einer nationalen oder im Fall von internationalen Unternehmen supranationalen Nachhaltigkeitsstrategie.

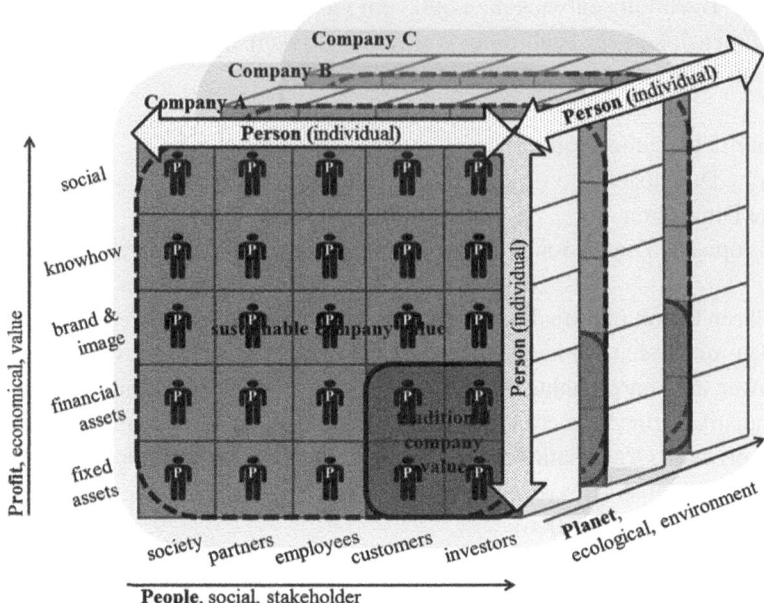

Abb. 2 Das Vier-P-Modell der Individual Social Responsibility einer Organisation. (Aus Weber 2018)

Die derzeit in Wissenschaft und Praxis verwendeten Modelle nutzen unterschiedliche Ausgangspunkte und damit auch Betrachtungen unterschiedlicher Ursachen-Wirkungen-Eingriffsmöglichkeiten. Um die Handlungen einzelner Unternehmungen nach Kriterien der Nachhaltigkeit richtig einzuordnen und vergleichbar zu machen, müssen die Bewertungskriterien und die Auswertungen multidimensionale Modelle verwenden, die auf einen Zeitraum bezogen zudem dynamisch aufgebaut sein sollten. In der folgenden Diskussion wird auf nur eine von zahlreichen Managemententscheidungen in einem Unternehmen sowie auf die damit verbundenen Erwägungen im Rahmen einer ganzheitlichen Nachhaltigkeitsbetrachtung eingegangen.

Eine Herausforderung bleibt jedoch die Frage nach der Bewertung und Abwägung der verschiedenen Interessen. Beispielsweise kann eine Übergewichtung der kurzfristigen Erfolge als überwiegendes Ziel der Shareholder die Interessen der Nichtshareholder zurückdrängen. Aufgrund der unterschiedlichen individuellen Bewertung im Vergleich zur kollektiven und politisch vertretenen Bewertung wird der Public Value, also der öffentliche Wert, auf lokaler oder regionaler Ebene komplex zu bewerten sein (Bodemann und Olaru 2014). Komplexer wird es bei Vorhersagen der Wirkung eines öffentlichen Guts, beispielsweise eines Kinderspielplatzes. Dieser hat unterschiedlich Wirkungen auf Nutzer oder Betroffene. Daher werden Entscheidungen oder Messungen zur Nachhaltigkeit immer mit dem Begriff des Public Value oder des Wohlfahrtstaats verbunden sein. Bereits im Jahr 1995 führte Moore diesen Begriff ein, um einen gesamtheitlichen, generell verwendeten und akzeptierten Begriff für Veränderungen in der Gesellschaft zu verwenden (Moore 1995). Moore geht dabei davon aus, dass sowohl Organisationen aber auch Einzelpersonen einen Einfluss auf den Public Value haben können und so die jeweiligen Auswirkungen von Entscheidungen je nach Perspektive sehr unterschiedlich ausfallen können. Hysing (2010, S. 57) sieht dabei im Staat eine weiterhin wichtige Rolle, u. a. als Akteur, als Anbieter einer Arena zum Austausch, als gesetzliche Einrichtung und als Form der Autorität.

An dem unten gewählten Beispiel wird deutlich, wie die unterschiedlichen Bereiche ineinander verwoben sind und eine Zuordnung zu den einzelnen Dimensionen aufgrund der Unschärfe immer schwieriger wird. Dabei handelt es sich bei dem gewählten Beispiel um eine einfache Managemententscheidung, die organisationsinterne Dienstleistungsbereitstellung betrifft.

3 Rahmen für den Austausch von physikalischen Assets zur IT-Bereitstellung

In den Sustainable Development Goals (SDG) wurden 17 Ziele vereinbart, die unter Nachhaltigkeit zu fassen und zu messen sind. Diese Ziele, die Bestandteil der Agenda 2030 sind, untergliedern sich wiederum in 169 Unterziele. Ein ähnlicher Aufbau wird für die Analyse und die Entscheidungsmatrix in der Betrachtung unten verwendet. Dabei werden mehrere Bereiche der Agendaziele gestreift; eine Ausrichtung auf diese Ziele ist aber nicht Bestandteil.

Neben den gesellschaftlichen Themen wie Armut, Gesundheit oder wirtschaftliche und technologische Entwicklung, nehmen Aktivitäten zum Klimaschutz einen wesentlichen Teil ein. Der Verbrauch von Energie ist ein Faktor, der unmittelbaren Einfluss auf das Klima hat; derzeit wird der gesamte Energiebedarf noch nicht durch nachwachsende Rohstoffe erzeugt, die Auswirkungen der Verwendung von Energie sind ebenfalls erst fragmentiert erforscht. Das folgende Beispiel soll verdeutlichen, dass im Fall von komplexen Produkten, die in den Produktions- oder Steuerungsprozess integriert sind, Nachhaltigkeitssteuerung nach den oben angegebenen Kategorien herausfordernd sein wird; insbesondere dann, wenn es sich nicht um Verbrauchsgüter handelt. Der Verbrauch von natürlichen Ressourcen, im Fall einer Optimierung des Verhaltens, und damit auch der „ecological footprint" können so verringert werden.

Angeführt sei in diesem Zusammenhang der Elektrizitätsverbrauch. Der Gesamtstromverbrauch stagniert seit etwa zehn Jahren, wenngleich es zwischen den Sektoren Verschiebungen in den Anteilen gibt, wie die Abb. 3 zeigt. Maßnahmen zur Steigerung der Energieeffizienz werden offensichtlich durch gesteigerten Bedarf an elektrischem Strom ausgeglichen.

Seit den 1950er-Jahren wird die globale Wirtschaft umfänglich durch den Einsatz von Informationstechnologie (IT) unterstützt. Wesentliche Entwicklungen konnten ohne diese Unterstützung nicht vollzogen werden, zumindest nicht annähernd in der Zeit oder mit den verwendeten Ressourcen. Waren es bis Mitte der 1990er-Jahre noch großrechner-

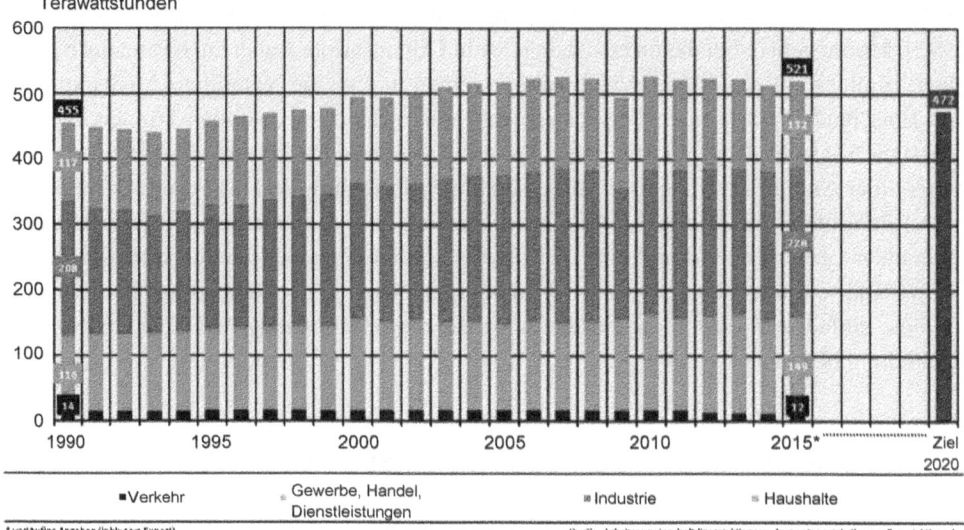

Abb. 3 Entwicklung des Stromverbrauchs nach Sektoren. (Umweltbundesamt 2017)

dominierte Verfahren, bieten das Internet und das Intranet nun die Möglichkeit, sich als Client oder mithilfe eines Portals im Netz von überall in seine Anwendung einzuwählen und zu arbeiten.

Die Rechnerleistung nimmt immer mehr zu, ebenfalls die Komplexität von Software nach den Wünschen der Kunden und Anwender. Dazu kommt die Speicherkapazität, die ein Unternehmen selbst oder ein beauftragtes Rechenzentrum bereitstellen muss. Als Referenz wird gern die Rechnerkapazität für die Mondlandung herangezogen: die aktuellen Smartphones bieten dabei mehr Leistung bei erheblich weniger Hardware bzw. Größe oder Gewicht.

Nach dem Bundesamt für Umweltschutz, Naturschutz, Bau und Reaktorschutz (BMUB) betrug der Stromverbrauch in Deutschland im Bereich der Informations- und Kommunikationstechnik im Jahr 2014 rund 57,2 Terawattstunden (TWh); das entspricht einem Zehntel des gesamten Stromverbrauchs in Deutschland. Ohne die schon jetzt vorgenommenen Maßnahmen zur Energieeffizienz wäre der Wert absolut und auch der Anteil am Gesamtverbrauch wesentlich höher. Es wird davon ausgegangen, dass aufgrund steigender Nachfrage nach Rechenleistung und Datenspeicherung der Verbrauch in deutschen Rechenzentren bis 2025 um mehr als 60 % steigen wird.[1]

Virtualisierungstechnologien sind derzeitig ein Trend, den steigenden Bedarf an Rechnerleistung und Speicherkapazität zumindest teilweise zu kompensieren. Diese Technologie bietet im Vergleich zur Hardware mehrere Vorteile, die nachhaltiges Handeln unter-

---

[1] http://www.bmub.bund.de/themen/wirtschaft-produkte-ressourcen-tourismus/produkte-und-konsum/produktbereiche/green-it/, Zugriff am 10.12.2017.

stützen. Selbst eine oberflächliche Vergleichsbetrachtung wäre in diesem Beitrag jedoch zu umfänglich.

Neben den Vorteilen und der anerkannten Abhängigkeit darf der Bereich der IT aus der Nachhaltigkeitsbetrachtung nicht ausgeschlossen werden. Sicherlich hat der Einsatz zu Rationalisierung und Beschleunigung geführt. Die digitale Transformation mit ihren Möglichkeiten, wie beispielsweise die hier im Buch vorgestellten Nachhaltigkeitssoftwaretools, bietet dabei beste Chancen, finanzielle, materielle und auch personelle Ressourcen effizienter einzusetzen. Dennoch sind auch bei der Bereitstellung dieser Infrastrukturservices Überlegungen sinnvoll, um den Nachhaltigkeitsgedanken konsequent fortzuführen.

Die folgenden Ausführungen werden daher unter Nachhaltigkeitsgesichtspunkten die Bereitstellung von sog. Servern betrachten und die objektiven und subjektiven Kriterien herausarbeiten, die zu einer optimalen Ausnutzung von Ressourcen führen und den Ersatzzeitpunkt bestimmen.

4 Serverbereitstellung und ökologischer Fußabdruck

Server sind in der aktuellen vernetzten Welt das Fundament sämtlicher digitaler Vorgänge, seien es Banktransaktionen, seien es Steuerungen für Motoren oder Grafikprogramme. Ohne Server, die lokal und global verwendet werden können, kann eine technologische Weiterentwicklung nicht stattfinden.

Es sind derzeitig zwei Arten von Servern zu unterscheiden; auf der einen Seite der konventionelle Server, eine dedizierte Hardware, die im Zusammenspiel mit Software bzw. Anwendungen dem Kunden und Anwender einen Nutzen erbringt, entweder als Maschine, um Rechenoperationen durchzuführen, oder als Datenbank mit verwertbaren Eintragungen. Weiterhin gibt es virtuelle Server; eine Hardware bzw. der Zusammenschluss von mehreren Hardwareservern erlaubt es, virtuelle Server zu erstellen, die sich der Hardware mit den damit bereitgestellten Leistungsparametern bedienen. Die maximale Rechenkapazität wird damit auf verschiedene virtuelle Server verteilt und erlaubt somit die maximale Auslastung des Hardwareverbunds. Diese Auslastung an der Leistungsgrenze wiederum führt zu einer höheren Abnutzung; aufgrund des Verhältnisses von virtuellen Servern pro Hardware wird dieser Nachteil schnell aufgehoben. Die Verwendung einer Cloud-Technologie wird hier nicht näher betrachtet, da die Basis auf den oben angegebenen Komponenten beruht.

In den folgenden Betrachtungen geht es um die erste Kategorie: Dem Einsatz und Ersatz von Hardwareservern.

Insbesondere die messbaren Werte zur Bestimmung eines optimalen Austauschzeitpunkts als auch die gegebenen Rahmenbedingungen machen den Wechsel von Hardwareservern in der IT sehr komplex.

Für die Entscheidungsmatrix kann die in Abb. 4 dargestellte allgemeingültige Reihenfolge verwendet werden.

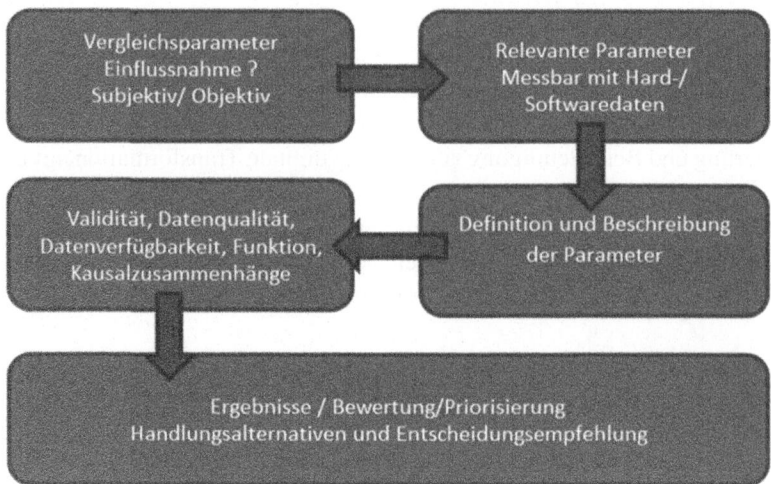

Abb. 4 Prozess zur Gewinnung und Verarbeitung entscheidungsrelevanter Parameter

Vereinfacht dargestellt besteht ein Server aus folgenden Komponenten:

- Gehäuse
- Mainboard, auf diesem sind
  - Prozessor/CPU
  - Arbeitsspeicher/RAM
  - Gegebenenfalls Grafikkarte/GP
  - Netzwerkkarte, gegebenenfalls mehrere
  - Kühlvorrichtung (aktiv mit Kühler, passiv mit Oberflächenkühlung)
  - Netzteil

Nachhaltigkeit stößt in diesem Fall an Grenzen; die erwartete Leistung eines Servers wird im Zusammenspiel der Einzelteile erreicht. Die einzelnen Komponenten wiederum können Mindeststandards unterworfen sein, gegebenenfalls auch Zertifizierungen oder auch Supportanforderungen der darauf verwendeten Anwendungen; diese sollen garantieren, dass die eingesetzte Software performant auf dem Server bereitgestellt werden kann.

Das Zusammenspiel der einzelnen Teile wird zudem vertraglich im Rahmen von Gewährleistungsverträgen abgesichert.

Für jedes einzelne Teil könnte ein Ersatzzeitpunkt errechnet werden, jedoch wird der Austausch als Einheit vollzogen. Die unterschiedlichen Entscheidungskriterien werden in Tab. 1 dargestellt. Es wird deutlich, dass die isolierte Betrachtung bereits n verschiedene Entscheidungskriterien erbringt; das Zusammenspiel der Teile vervielfacht die Entscheidungsalternativen und Zeitpunkte. Die Entscheidungsmatrix gibt einen Überblick, welche Eigenschaften in Rahmen der Betrachtung einer Ersatzbeschaffung betrachtet werden können. Die Tab. 1 ist nicht abschließend; je nach Verwendung wird es weitere Faktoren geben, die den Ersatzzeitpunkt mittelbar und unmittelbar beeinflussen können.

Tab. 1 Ursachen-Wirkungs-Diagramm bezüglich des Server-Life-Cycle-Managements

Herkunft	Symptom	Wirkung	Maßnahme	Mögliche Kompensation
Kühlung von Rechenzentren	Hitzentwicklung steigt aufgrund komplexerer Aufgaben	Temperatur im Rechenzentrum steigt über kritischen Wert	Höhere Kühlleistung durch mehr Energiezufuhr	Erhöhung Energieeffizienz Bauliche Maßnahmen Verlegung von Rechenzentren in kühlere Region
Kühlung eines Servers bzw. Geräts	Hitzentwicklung steigt aufgrund komplexerer Aufgaben	Temperatur im Server steigt über kritischen Wert	Höhere Kühlleistung durch mehr Energiezufuhr	Weniger Rechenleistung abrufen Leistungsfähigere Server einsetzen
Operativer Betrieb des Servers	Energieverbrauch steigt aufgrund komplexerer Aufgaben	Stromverbrauch für Prozessor steigt an	Weniger Rechenleistung abfragen Bessere Central Processing Unit (CPU) Steigerung der Energieeffizienz	Rechner neuerer Generation mit verbesserter Leistung
Ressourcenherkunft der Rohstoffe/ Bauteile/Module für den Server	Wertvolle Rohstoffe sind verbaut: Gold, seltene Erden, Metalle verschiedener Art	Nutzwert des Servers sinkt Materialien können nach Ende des Lebenszyklus nur mit Aufwand wiederverwendet werden		Längere Nutzungszeit des Servers Optimierung der Verwertungskette
Ethische Betrachtung der Beschaffung	Politische Situation Arbeitsbedingungen in den Bezugsländern	Zusicherung von anerkannten Standards in der Gewinnung von Rohstoffen bzw. in der Verarbeitung Vermeidung der Unterstützung politisch fragwürdiger Systeme oder von zweifelhaften Zulieferern	Prüfung der Situation Zusicherung der geforderten Rahmenbedingungen	Auswahl von zertifizierten Zulieferern in der Supply Chain Überprüfung Fair Trade etc.

Tab. 1 (Fortsetzung)

Herkunft	Symptom	Wirkung	Maßnahme	Mögliche Kompensation
Einzelbauteile des Servers	Einzelteile im Server fallen aus	Server nicht oder nur noch eingeschränkt zu nutzen	Ersatzbeschaffung Zu Beginn auf regulärem Markt möglich Später nur noch auf Sekundärmärkten möglich	Kannibalisierung Neubeschaffung
Lieferwege für Neugeräte Entsorgung	Transport von Servern auf Land-, See- und Luftweg	Belastung von Straße, Schiene, Luft Verbrauch von fossilen Brennstoffen	Konsolidierung von Bestellungen Anpassung der Service Level Agreements (SLA)	Lagerhaltung vs. Just-in-Time-Lieferung Verlängerung der Verwendungsdauer
Administration des Servers	Kompatibilität für Betriebssystem, Business oder Infrastrukturservices	Verwendung dadurch eingeschränkt bis nicht mehr verwertbar Kompromittierung von Programmen/Daten Gefährdung der Funktionalität	Verwendung dadurch eingeschränkt bis nicht mehr verwertbar	Ersatzbeschaffung
Mindeststandards Zusicherung von Leistung Funktionalität	Zertifizierung für bestimmten Stand der Technik bzw. Komponenten innerhalb der Hardware	Gegebenenfalls Interoperabilität gefährdet	Zugesicherte Eigenschaften können gegebenenfalls nicht erreicht werden bzw. fallen weg	Ersatzbeschaffung
Anschlussmöglichkeiten (u. a. USB)	Physische bzw. logische Anschlussstellen/Schnittstellen	Beispielsweise im Fall von Datenmengen wesentlich geringere Transferrate (bspw. USB 1.0 zu USB 3.0)	Timeout führt zu Wiederholung von Prozessen Längere Laufzeit Höherer Energieverbrauch und Betreuung	Teilaustausch

Tab. 1 (Fortsetzung)

Herkunft	Symptom	Wirkung	Maßnahme	Mögliche Kompensation
Interoperabilität bei gleichartigen Geräten Leistungsspektrum	Gleichartigkeit der Geräte innerhalb eines Clusters Inkompatibilitäten in der Kooperation	Unterschiedliche Leistungsstände und damit verbunden unterschiedliche Geschwindigkeiten in Rechenoperationen	Erwartete Bearbeitungszeiten wachsen exponentiell an Timeouts Bei Einbaugrößen können einheitliche Racks nicht verwendet werden	Angleichung der verwendeten Geräte Komplettausch
Serverarchitektur	Leistungsfähigkeit des Central Processor Unit (CPU) Leistungsfähigkeit Daten zu schreiben, Daten zu lesen (input/output operations per second, IOPS)	Neuere Generationen von CPU können schneller und mehr verarbeiten; dadurch weniger Auslastung	Vergleich von Rechenleistung von alter und neuer CPU und IOPS	Vollständiger bzw. teilweiser Austausch
Grundsätzliche Gewährleistungsdauer durch Hersteller	Leistungsfähigkeit kann je nach Verwendung wesentlich oberhalb der eingeräumten Gewährleistung liegen Ausfälle müssen gemäß Modell und Charge differenziert betrachtet werden	Im Fall von Ausfall keine Ersatzbeschaffung durch Hersteller	Eingehen eines Risikos Gegebenenfalls Inkompatibilität der Hardware mit Betriebssystem oder betriebener Software Zusätzliche Kosten für weitere Gewährleistung	Wegfall von Gewährleistung oder zusätzlicher Gewährleistung durch CarePacks

Tab. 1 (Fortsetzung)

Herkunft	Symptom	Wirkung	Maßnahme	Mögliche Kompensation
Bilanzielle Bewertung des Servers als Asset	Abschreibungsdauer nach Steuerrecht	Physischer Wert des Servers Materialwert vs. Nutzwert bzw. Marktwert Beschaffung und Abschreibungen wirken sich auf Bilanz und damit auf Erfolg des Unternehmens aus	Entsorgung bei Nichtmarktgängigkeit Gegebenenfalls Verkauf nach Material oder Nutzwert	Anpassung von Abschreibungsdauer
Bilanzielle Bewertung des Servers als Asset	Abschreibung nach Handelsrecht	Physischer Wert des Servers Materialwert vs. Nutzwert bzw. Marktwert Beschaffung und Abschreibungen wirken sich auf Bilanz und damit auf Erfolg des Unternehmens aus	Entsorgung bei Nichtmarktgängigkeit Gegebenenfalls Verkauf nach Material- oder Nutzwert	Anpassung von Abschreibungsdauer

5 Ökologischer Betrachtungswinkel

Das Servergehäuse besteht überwiegend aus Metall, ebenfalls besteht das Netzteil aus Metall; alle weiteren Teile enthalten unterschiedliche Materialien, u. a. auch Gold, Platin, und seltene Erden. Die Bestandteile der Server lassen sich bislang nicht normieren, im Gegensatz zum Gehäuse, das überwiegend nach industriellem Standard gefertigt wird. Je nach Zusammenschnitt werden die einzelnen Teile des Servers durch den Endanbieter zusammengefügt; nur wenige Anbieter produzieren und setzen alle Teile aus eigener Produktion zusammen.

5.1 Entscheidungsmatrix für die Werthaltigkeit eines Servers und den optimierten Ersatzzeitpunkt

Beim Betrieb des Servers wird elektrischer Strom benötigt; je mehr Leistung durch die Anwender abgefragt wird, desto mehr Strom wird verbraucht. Das hängt einerseits mit der benötigten Rechnerleistung zusammen, andererseits mit der Energie, die zum Kühlen des Prozessors benötigt wird. Je älter der Server, desto mehr Energie benötigt er für vergleichbare Rechenoperationen. Die Kühlung wird in Rechenzentren in thermisch abgeriegelten Rechnersälen erzeugt; jeder Server hat jedoch zusätzlich eine Kühlung, die konventionell mit einem Lüfterrad arbeitet. Beide Kühlsysteme benötigen folglich im Alterungsprozess mehr Leistung bei vergleichbaren Operationen.

Durch die Kühlung wird nicht nur Energie verbraucht, zudem wird Wärme erzeugt, die durch Belüftung abtransportiert wird. Die Kubikmeter erhitzte Luft variieren wiederum, haben aber unmittelbaren Einfluss auf die Umgebung. Neuere Rechenzentren werden deshalb in kühleren Regionen erstellt; die Erwärmung in der Umgebung ist jedoch derselbe Effekt, für das Unternehmen sind allerdings die Energiekosten wesentlich geringer, da die Server zwar warm sind, durch die kältere Umgebung jedoch grundsätzlich weniger Klimatisierungs- bzw. Kühlkosten erzeugen.

Die Aufstellung ist nicht abschließend, soll jedoch verdeutlichen, welche Faktoren und Parameter herangezogen werden können, um eine Entscheidung vorzubereiten. Im Kontext mit den drei Kategorien „economy", „environment" und „equity", die teilweise oder vollständig gegenläufige Erwartungen erzeugen, wird eine Entscheidungsempfehlung umfänglich.

6 Komplexität der Bewertung eines Austauschzeitpunkts

Das oben angeführte Beispiel zeigt, dass die Ursachen-Wirkungs-Analyse in einer Entscheidungssituation n Dimensionen annehmen kann. In diesem Fall handelt es sich um einen Server, der handelsüblich millionenfach in privaten und öffentlichen Rechenzentren Verwendung findet; dennoch ist die Entscheidung über einen standardisierten oder individualisierten Ersatzzeitpunkt von vielen Einflussfaktoren abhängig. Eine direkte Zuordnung der Maßnahmen zu den oben dargestellten drei Bereichen Ökologie, Ökonomie und Equity ist nicht trennscharf zu leisten; vielmehr sind die Abhängigkeiten zwischen den einzelnen Faktoren so komplex, dass eine Reduktion auf ausgewählte Faktoren eine Entscheidung vereinfachen wird.

Im Fall von umfangreicheren Produkten und Dienstleistungen ist der Beitrag aus Sicht der Nachhaltigkeit komplexer.

Die Betrachtung der zwingenden Punkte wie Zertifizierung oder Kompatibilität der Hardwaremit der eingesetzten Software kann einen bestimmbaren Ersatzzeitpunkt festsetzen; schwieriger für die Entscheidung sind die Bewertungen zur Rechnerleistung und dem damit verbundenen Energieverbrauch.

Bewertungsmöglichkeiten, um die Effekte eines Austausches und die damit verbundene optimale Laufzeit eines Servers sind möglich; für die Bewertung eines Prozessors werden u. a. folgende Parameter verwendet:

- Antwortzeitverhalten
- Verarbeitungsgeschwindigkeit (Floating Point Operations Per Second (FLOPS))
- Latenz
- Durchsatz/Verarbeitung von Daten
- Skalierbarkeit

Wesentlich im Vergleich ist die relative Effizienz; dabei können durchschnittlicher Energieverbrauch, Watt per Leistungseinheit oder Umwelteinfluss (environmental impact) herangezogen werden. Leistungsspitzen können durch neuere Generationen von Prozessoren wesentlich einfacher erbracht werden; somit ist die Leistung mit weniger Energieaufwand zu erbringen als bei älteren Modellen, die mit Rechenoperationen dann bereits am Leistungslimit liegen. Für eine Abwägung sind Aufzeichnungen von Rechenoperationen notwendig und eine Vergleichsdarstellung von gleichartigen Rechenprozessen für die vorhandene und zu beschaffende Hardware.

7 Bewertung und Ausblick

Die Suche nach dem optimalen Ersatzzeitpunkt eines Hardwareservers kann beliebig komplex gestaltet werden; je nach Priorisierung der Ziele aus den drei Bereichen Ökologie, Ökonomie und Equity werden die Entscheidungen unterschiedlich ausfallen.

Die zahlreichen Parameter, die zur Bewertung herangezogen werden können, können miteinander in Beziehung gesetzt werden; je nach Bedarf wird eine Wertigkeit oder Rangreihenfolge Einfluss auf das Ergebnis haben. Das Modell ist somit beliebig erweiterbar. Vorteil bei diesem Beispiel sind die automatisch herzustellenden Protokolle, welche Aussagen über Auslastung des Prozessors, zur verbrauchten durchschnittlichen Wattzahl oder zu Leistungsspitzen ermöglichen.

Schwieriger sind jedoch die unbeeinflussbaren Prozesse, wie Anlieferung, Herstellung oder Gewinnung von Rohstoffen zur Produktion zu bewerten und einzubringen.

Für eine ganzheitliche Nachhaltigkeitsstrategie ist ein abgewogenes Verhältnis zwischen Aufwand zur Darstellung von Bewertungsparametern und die erwarteten Wirkungen, sei es in materieller oder finanzieller Hinsicht, zu wählen. Auch die Instrumente zur Wahrnehmung von nachhaltigem Management sollten gleichsam nachhaltig sein.

Literatur

Arentzen U (2006) Gabler Kompakt-Lexikon. Gabler, Wiesbaden

Bodemann M, Olaru M (2014) Responsibility to customers in the context of public value management – a German case study. Amfiteatru Econ XVI(35):171–186

Caroll AB, Buchholtz AK (2003) Business & society. Ethics and stakeholder management. Thomson, South-Western, Mason

Ciegis R, Ramanauskiene J, Martinkus B (2009) The concept of sustainable development and its use for sustainability scenarios. Eng Econ 62(2):28–37

Hauff V (Hrsg) (1987) Unsere Gemeinsame Zukunft. Der Brundtland-Bericht der Weltkommission für Umwelt und Entwicklung. Eggenkamp, Greven

Hysing E (2010) Governing towards sustainability. Örebro Studies in Political Science, 27

Johnston E, Santillo R (2007) Reclaiming the definition of sustainability. Environ Sci Pollut Res 14:60–66

Moore M (1995) Creating public value: strategic management in government. Harvard University Press, Cambridge

Portney K (2015) Sustainability. MIT Press, Cambridge

Umweltbundesamt (2017) https://www.umweltbundesamt.de/sites/default/files/medien/384/bilder/dateien/2_abb_entw-stromverbrauch_2018-02-14.pdf. Zugegriffen: 23. März 2018

Verjel AM, Hohan AI, Schmid J (2015) Requirements for improving the performance and ensuring the sustainability of small and medium enterprises (SMEs) in relation with social responsibility (CSR). In: International Conference in a Competitive Economy PEEC, Bucharest, 5–6 May, 2014. Bucharest university of economic studies

Weber G (2018) Sustainability and energy management: research on innovative and responsible business practices for sustainable energy strategies of enterprises in relation with CSR. Springer, Berlin, Heidelberg

Dr. Markus Bodemann ist Referent für Rechenzentrumsautomation und Virtualisierungstechnologien bei der Landesdatenzentrale IT.NRW in Nordrhein-Westfalen. Er war in verschiedenen Rechenzentren u. a. für die Einführung der doppelten Buchführung und der Digitalisierung bei Kommunalverwaltungen verantwortlich. Parallel dazu arbeitet er als Reviewer bei verschiedenen wissenschaftlichen Journalen und forscht im ecoistics.institute zum Thema Nachhaltigkeit, insbesondere im Bereich Informationstechnologie, dauerhafte Wertschöpfung und Transformation des öffentlichen Sektors.

Dr. Gregor Weber ist geschäftsführender Inhaber des eco-istics.institute und Gründer der Nachhaltigkeitsinitiative ACT-ORANGE (UNESCO-Weltdekade-Projekt 2014). Er hat langjährige internationale Erfahrung als Berater, Referent, Dozent und Moderator im Effizienz- und Nachhaltigkeitsbereich; er lehrt Nachhaltiges Wirtschaften an verschiedenen Hochschulen. Speziell zu diesem Buch hat er ergänzend ein Seminarprogramm entwickelt, das er über renommierte Akademien anbietet. Seine Projekte wurden u. a. durch den Nachhaltigkeitsrat der Bundesregierung als Projekt Nachhaltigkeit 2017 ausgezeichnet und erhielten den Deutschen Industriepreis 2017. Details unter www.ecoistics.institute.

Tools für das Nachhaltigkeitsmanagement – Fachbeiträge der Softwarehersteller

Wesentliche Aspekte im Lebenszyklus von Corporate-Social-Responsibility-Tools

Thomas Fleissner, Wolfgang Berger und Timo Thunitgut

1 DFGE-Institut für Energie, Ökologie, Ökonomie

Die DFGE-Institut für Energie, Ökologie, Ökonomie (Gründung 1999) ist ein Spin-off des Lehrstuhls für Energiewirtschaft und Anwendungstechnik der Technischen Universität München (Prof. Schaefer, später Prof. Wagner[1]). Die Gründungsmitglieder beschäftigen sich seit 1993 mit energiewirtschaftlichen, sozialen und ökologischen Fragestellungen und kooperieren mit Unternehmen unterschiedlicher Größenordnung. Der Schwerpunkt liegt hierbei seit der Gründung auf der intelligenten Verknüpfung im Spannungsfeld Energie-, Emissions- und Ökobilanzen und sozialer Fragen in Hinblick auf die internationale Berichterstattung. Die DFGE bietet Unternehmen Komplettlösungen, Consulting, Software und Auditing-Services, um Corporate-Social-Responsibility(CSR)-Aktivitäten in Geschäftsprozesse und Supply Chain zu integrieren.

Ziel der DFGE-Services ist, Unternehmen mit korrekten Berechnungen, transparentem Reporting und Integration in bestehende Umweltsysteme eine Sustainability-Intelligence-Plattform zu bieten, die Treibhausgasemissionen und andere Nachhaltigkeits-Key-Performance-Indicators (KPI) nicht nur verwalten, sondern effektiv verbessern hilft. Zu den weltweiten Kunden zählen Unternehmen vom Mittelstand bis zu hin zu DAX- und Fortune-500-Konzernen sowie Behörden, Verbände und kommunale Einrichtungen.

---

[1] http://www.ewk.ei.tum.de.

T. Fleissner · W. Berger (✉) · T. Thunitgut
DFGE-Institut für Energie, Ökologie und Ökonomie
Greifenberg, Deutschland
E-Mail: fleissner@dfge.de

W. Berger
E-Mail: berger@dfge.de

T. Thunitgut
E-Mail: thunitgut@dfge.de

© Springer-Verlag GmbH Deutschland, ein Teil von Springer Nature 2018
G. Weber und M. Bodemann (Hrsg.), *CSR und Nachhaltigkeitssoftware*,
Management-Reihe Corporate Social Responsibility,
https://doi.org/10.1007/978-3-662-57307-5_4

Die DFGE ist aktiver Partner der relevanten Institutionen und Akteure im Bereich CSR wie z. B. Global Reporting Initiative (GRI), CDP-Disclosure, EcoVadis und auch in unterschiedlicher Form an Normen und Methoden über World Resources Institute (WRI), World Business Council for Sustainable Development (WBCSD), Greenhouse-Gas(GHG)-Protocol, DIN-Normenausschuss Grundlagen des Umweltschutzes (NAGUS) oder den Aktivitäten im Verein der Ingenieure (VDI) beteiligt.

2   Einführung

Die zunehmende Nachfrage nach transparenter Darstellung von Nachhaltigkeitsbemühungen und -kriterien pflanzt sich über die globalen Konzerne und Marken unaufhaltsam über die gesamte Supply Chain hinweg bis zu kleinen und mittelständischen Unternehmen fort. Dabei genügen heute keine Marketingphrasen und intransparenten Ziele mehr, um die unterschiedlichen Stakeholder und die Öffentlichkeit zufriedenzustellen. Immer mehr CSR-Themen werden zu einer harten Compliance-Anforderung – v. a. im Business-to-Business(B2B)-Bereich.

Die eingespielten Teams in den Fachabteilungen wie Umwelt, Personal, Finanzen oder Qualität sehen sich vor der Herausforderung, interdisziplinäre Teams zu bilden und einen konsistenten, externen Auftritt sowie eine nachvollziehbare interne Botschaft darzustellen.

Besonders die im Jahr 2018 greifende EU-CSR-Richtlinie[2] setzt die Verantwortung in die Vorstandsetagen und involviert die Finanzabteilungen. Das führt auch oft zu unklaren Zuständigkeiten und doppelter Arbeit. Offensichtliche Synergien werden hier zumeist nicht genutzt. Vielmehr werden neue Anforderungen als reine Belastungsübung gesehen, die vermeintlich weder Wertschöpfung, noch einen Wettbewerbsvorteil bietet.

Doch gerade in der Verzahnung der Bereiche Umwelt, Personal, Finanzen, Einkauf, Supply Chain und Nachhaltigkeit liegt auch die große Chance, nun endlich die Unternehmen vom Kopf her und bis in ihre Supply Chain auf CSR-Kriterien hin gesteuert und transparent zu gestalten. Die unterschiedlichen Disziplinen bedienen sich bereits spezifischer, prozessgestützter Software, um v. a. wiederkehrende Prozesse zu automatisieren und Massendaten zu verarbeiten. Allzu verlockend scheint nun eine Konvergenz zu mächtigen CSR-Tools, die sowohl externe Anforderungen und interne Prozesse, Datenquellen und v. a. Zuständigkeiten (eine andere Lesart könnte hier auch Haftung sehen) sinnvoll und auf Knopfdruck verknüpfen.

Im Zeitalter der Digitalisierung, in dem unternehmensumfassend Daten zu allen relevanten Prozessen zentralisiert vorliegen, liegt der Schlüssel zu vielen Aufgabenstellungen in geeigneten Tools und Softwarelösungen. Hochspezialisierte Anwendungen können einem Unternehmen viel Arbeit ersparen und viele Prozesse und Verfahren vereinfachen.

---

[2] https://www.bundestag.de/dokumente/textarchiv/2017/kw10-de-berichtspflichten-unternehmen-csr/493972.

Allerdings werden Unternehmen bei der Auswahl geeigneter Programme sowie während deren Nutzungsphase kontinuierlich mit internen und externen Rahmenbedingungen konfrontiert, die im Vorfeld umfassend berücksichtigt werden sollten, um eine möglichst lange und sinnvolle Nutzung des zu erwerbenden Produkts zu ermöglichen.

3 Auswahlkriterien für Software

Die Softwarelösungen im Environmental-Health-and-Safety(EHS)- bzw. CSR-Bereich sind aktuell sehr unterschiedlich in der Nutzbarkeit und stark abhängig vom Einsatzfall und dem Detaillierungsgrad. Damit ist auch die Nutzung stark von der Firmengröße abhängig.

Nachfolgend sind einige wesentliche Punkte aufgeführt, die bei der Auswahl der passenden Software berücksichtig werden sollten.

- Funktion
  - Datenverwaltung
  - Funktionalität und Detailgrad
  - Nutzer-Interface (GUI)
  - Analyse und Export
- Architektur
  - Bedienung
  - Userverwaltung
  - Sprachen
  - Anpassung
  - Datenbanksystem
  - Versionierung und regelmäßige Updates
  - Sicherheit
  - Skalierbarkeit
- Informationstechnologie(IT)-Umfeld
  - Integration
  - Installation und Nutzung („software as a service" vs. On-Premise)
  - Rechenleistung und Performance
- Sonstige
  - Support
  - Schulung
  - Referenzen
  - Kosten

Je nach Unternehmensgröße und Szenario sollte diese Liste angepasst werden, v. a. hinsichtlich eines Lasten- und Pflichtenhefts. Es empfiehlt sich immer eine (kostenfreie) Testphase (Trial) mit Begleitung des Herstellers zu organisieren und in diesem sowohl die

Anforderungen, als auch die Basisfunktionalität zweifelsfrei festzustellen. Ebenso sollte das operative Kernteam bereits in einer frühen Phase Gelegenheit haben, die Lösung mit realen Fällen zu testen. Allzu oft scheitern vermeintlich gute Lösungen an der Nutzerakzeptanz bzw. der richtigen Bedienung und Dateneingaben. Hier sollten Nutzer jeglicher Hierarchiestufe einen deutlichen Mehrwert durch die Anwendung bekommen und nicht nur reine Datenlieferanten für ein – schlimmstenfalls schlecht kommuniziertes – Unternehmensziel sein.

4   Der Lebenszyklus von Softwaretools

Auch Softwareprodukte unterliegen, wie in Abb. 1 beschrieben, einem Lebenszyklus. Nach der ersten Bestimmung der Anforderungen an das Produkt wird das Design geplant. Danach wird die Software programmiert und individualisiert. Sobald diese Phase abgeschlossen ist, folgen angemessene Tests. Nach erfolgreicher Implementierung erfolgt weiterhin konsequent produktbegleitende Pflege und Instandhaltung. Diese Phase schließt auch mögliche Individualisierungen der Software mit ein. Die gewünschte Funktionalität sollte sich so weit wie möglich an den realen, physikalischen bzw. organisatorischen Gegebenheiten orientieren.

Die drei wichtigsten Punkte umfassen die Auswahl geeigneter Tools, die Implementierung in die bestehende Unternehmensstruktur und letztlich Pflege und Instandhaltung in der Nutzungsphase. Nicht alle davon liegen in der Hand des Käufers. Entsprechend sind die steuerbaren Teilbereiche in Abb. 2 dargestellt und werden nachfolgend auch detaillierter betrachtet.

4.1   Wesentliche Auswahlkriterien

Zuerst ist es nötig, die eigenen Ansprüche genau zu definieren. Nicht nur offensichtliche Fragen wie das zur Verfügung stehende Budget oder das gewünschte Ergebnis, z. B. hoch-

Abb. 1 Lebenszyklus von Softwareprodukten. (Nach Pigoski 2001)

Abb. 2 Lebenszyklus von Softwareprodukten. (Nach Hölzer-Klüpfel 2008)

spezialisierte Einzelanwendungen für CO_2-Bilanzierung, Benchmarking oder Reporting oder umfassende All-in-One-Lösungen, sondern auch Themenfelder wie notwendige Mitarbeiterschulungen, Wartungsaufwand oder die Integration in bestehende Systeme müssen berücksichtigt werden (Nicolay 2017).

Natürlich ist eine eigenständige Entwicklung von entsprechenden Tools möglich, allerdings mit erheblichem fachlichem, monetärem und zeitlichem Aufwand verbunden. Daher ist der Zukauf von Drittanbietern, mittlerweile in den meisten Fällen in Form von „software as a service", die bevorzugte Wahl (Farbey und Finkelstein 2001).

Während selbstentwickelte Tools individuell auf die eigenen Bedürfnisse und Gegebenheiten zugeschnitten sind, so ist dies bei externen Lösungen nicht der Fall. Um daher so effektiv wie möglich von einer Neuimplementierung externer Tools profitieren zu können, ist eine gründliche Auswahl dieser eminent wichtig. Abb. 3 zeigt die üblichen Schritte, die von der Entscheidung für externen Zukauf bis zur Verifizierung und damit der Einsetzbarkeit in der Praxis zu gehen sind.

Da die Software nach der einmaligen Anschaffungs- und Implementierungsphase lange Zeit im Einsatz sein wird, ist auch eine entsprechend perspektivische Planung wie z. B. modulare Erweiterbarkeit notwendig, um auch zukünftig Kompatibilität zu den eigenen Prozessen und der sich möglicherweise intern ändernden Infrastruktur zu gewährleisten (Uta et al. 2007).

Oft existieren einfache interne Tools oder Rechner, die – häufig auf Basis von MS Excel – bereits gute Dienste leisten, jedoch abhängig von wenigen geübten und geschulten Anwendern sind. Sollten diese Anwender bzw. Ersteller die Abteilung oder gar die Firma wechseln, geht oft auch das gesamte Know-how verloren. Die existierende Basis ist aber oft genug eine geeignete Blaupause, um das weitere Vorgehen zu bestimmen und Funktionen zu evaluieren.

Die Tab. 1 zeigt die möglichen Kriterien an, die idealerweise in der Anschaffungsphase berücksichtigt werden können. Hier wird zwischen den beiden Themengebieten Nutzbarkeit und Kompatibilität und Integration unterschieden. Besonders in der Anfangsphase sollten nur die absolut notwendigen ersten Funktionen umgesetzt werden.

Neben einigen harten Fakten, die die Unternehmensstruktur betreffen, wie z. B. Umsatz, Standorte oder Anzahl der Mitarbeiter, können individuelle Schwerpunkte gesetzt werden, die die Auswahl maßgeblich beeinflussen. Aufbauend auf die vorhergehende, detaillierte Identifikation der eigenen Ansprüche sollte es in diesem Schritt einfach möglich sein, die für das eigene Unternehmen relevanten Aspekte zu identifizieren.

Abb. 3 Der Weg zum Softwarekauf. (Nach Farbey und Finkelstein 2001)

Tab. 1 Auswahlkriterien für Softwarebezug. (Nach Jackson et al. 2011)

Criterion	Sub-criterion	Notes – to what extent is/does the software …
Usability	Understandability	Easily understood?
	Documentation	Comprehensive, appropriate, well-structured user documentation?
	Buildability	Straightforward to build on a supported system?
	Installability	Straightforward to install on a supported system?
	Learnability	Easy to learn how to use its functions?
Sustainability and maintainability	Identity	Project/software identity is clear and unique?
	Copyright	Easy to see who owns the project/software?
	Licencing	Adoption of an appropriate licence?
	Governance	Easy to understand how the project is run and the development of the software managed?
	Community	Evidence of current/future community?
	Accessibility	Evidence of current/future ability to download?
	Testability	Easy to test correctness of source code?
	Portability	Usable on multiple platforms?
	Supportability	Evidence of current/future developer support?
	Analysability	Easy to understand at the source level?
	Changeability	Easy to modify and contribute changes to developers?
	Evolvability	Evidence of current/future development?
	Interoperability	Interoperable with other required/related software?

Im Kern sollten laut Nicolay (2017) die folgenden Themen in die Entscheidung mit einbezogen werden:

1. die Anzahl der einzubindenden Standorte,
2. der Bedarf von komplexem Rollenmanagement/Workflowsteuerung,
3. die Integration von externen Managementsystemen (z. B. Eco-Management and Audit Scheme),
4. der verfügbare zeitliche Rahmen,
5. das Budget,
6. die abzudeckenden CSR-Richtlinien,
7. individuelle Firmen- oder Prozessspezifika.

4.2 Implementierung und Integration

Sobald die Auswahl getroffen und die Rahmenbedingungen festgelegt sind, muss die Software in das Unternehmen implementiert werden. In Abhängigkeit der Struktur, Komplexität und Einbindung in bestehende Systeme kann dieser Vorgang vergleichsweise schnell gehen, aber u. U. auch sehr umfangreiche Ressourcen erfordern (Smith et al. 2014). In der Konsequenz sollte der erste Schritt immer aus der Analyse der vorhandenen Struktu-

Abb. 4 Der Implementierungsprozess. (Nach Smith et al. 2014)

ren und Schnittstellen bestehen. Darauf folgt die Schaffung der internen Grundlage zur reibungslosen Integration in die bestehende Infrastruktur und zur Gewährleistung eines nahtlosen Übergangs. Je nach Unternehmensgröße kann darauf aufbauend ein Pilotprojekt sinnvoll sein, um potenzielle Probleme bereits in dieser Phase zu erkennen und zu beheben. Danach folgt die vollumfängliche Implementierung. Diese beinhaltet neben der reinen Installation und Integration auch eine entsprechende Schulung der Mitarbeiter, Verteilung der Zuständigkeiten und eine umfangreiche Überprüfung und Verifizierung der erfolgten Einbindung. So kann zum Beispiel ein Benchmark mit den manuell erhobenen Daten der Vorjahre mit dem Ergebnis des Softwaretools sinnvoll sein, um Vergleichbarkeit über die Systemgrenzen hinweg sicherzustellen.

Die Abb. 4 zeigt den Implementierungsprozess zusammengefasst dargestellt.

4.3   Pflege und Instandhaltung

Die Instandhaltung bzw. die regelmäßigen und notwendigen Updates eines Softwareprodukts werden bei einer Neuanschaffung oftmals nicht oder nur peripher berücksichtigt. Dabei ist dies zentraler Bestandteil einer zukunftsfähigen Investition. Hierzu zählt u. a. die Anpassungsfähigkeit des Tools hinsichtlich einer sich ändernden Unternehmensstruktur oder sich wandelnden Anforderungen. Rund 80 % der Änderungen, die in dieser Phase am Produkt vorgenommen werden, stellen Non-corrective-Maßnahmen dar, die der Weiterentwicklung und dem stetigen Ausbau dienen (Pigoski 2001). Auch sollte in Bezug auf Updates das Nutzungsmodell geprüft werden.

5   Nutzungs- und Lizenzmodell

Eine wesentliche Entscheidung für den Lebenszyklus eines Softwaretools ist die Abwägung zwischen einer On-Premise- sowie einer Software-as-a-Service-Lösung (Gross 2012). Beide Lösungen bieten unterschiedliche Vor- und Nachteile.

5.1   On-Premise-Lösung

On-Premise ist das traditionelle Format des Softwarevertriebes. Hier wird auf lokalen (eigenen) Servern oder auch Rechnern die gewünschte Software inklusive der erworbenen Lizenzschlüssel installiert. Dabei wird im Vorfeld der benötigte Umfang festgelegt und die gesamte Anschaffung einmalig finanziell abgegolten. Für erweiternde Dienstleistungen wie Support oder den Anspruch auf Updates müssen zusätzliche Vereinbarungen getroffen werden. Die Installation dieser erfordert fachkundiges Personal, allerdings ist dieses auch in der Lage, die Software entsprechend individuell auf die eigenen Bedürfnisse zuzuschneiden. Durch die Möglichkeit, die Software selbst auf eigenen Servern zu installieren, stellt dieser Ansatz zudem eine In-house-Lösung dar, die auch langfristige die Datensicherheit vereinfacht.

5.2 Software-as-a-Service-Lösung

Ein immer attraktiver werdendes Softwarekonzept ist das Software-as-a-Service-Modell. Dieses umfasst die Inanspruchnahme eines durch Drittanbieter zur Verfügung gestellten Tools, das für gewöhnlich über eine Cloud betrieben wird (Sysmans 2006). Es wird eine Softwaredienstleistung über eine Onlineplattform angeboten, die durch die zentrale Organisationsstruktur über das Internet ständig aktualisiert und weiterentwickelt werden kann. Die Nutzungsgebühren werden auf regelmäßiger Basis bezahlt und beinhalten stetige Updates und auch Support. Auch ist eine sehr schnelle Anpassungsmöglichkeit an sich ändernde Umstände möglich. So kann beispielsweise der Erwerb zusätzlicher Lizenzen oder Kapazitäten schnell durch ein Upgrade des Tarifs bewerkstelligt werden. Dadurch ist dieser Ansatz wesentlich flexibler als das On-Premise-System.

5.3 Direkter Vergleich

Der Lebenszyklus von Software-as-a-Service-Produkten ist quasi unbegrenzt. Durch die ständige Möglichkeit der Weiterentwicklung kann der Produktlebenszyklus unlimitiert erweitert und die Software an sich ändernde Anforderungen angepasst werden. Bei lokalen Installationen erfordert der Updateprozess einen vergleichsweise großen Aufwand. Das System muss dazu im Regelfall heruntergefahren und von entsprechend geschultem Personal gewartet werden. Dies führt zum Komplettausfall der Arbeitsleistung im betroffenen Bereich.

Eine wesentlich bessere Skalierbarkeit spricht ebenfalls für den Einsatz von Software-as-a-Service-Tools, insbesondere für kleine und mittlere Unternehmen. Diese müssen somit nicht dieselbe Software und Infrastruktur beziehen, wie es gleichfalls für große Konzerne nötig ist, sondern können für eine begrenzte Anzahl an Usern Lizenzen erwerben.

Während On-Premise-Distributionen die Daten komplett in der Hand des Nutzers belassen, lagern Cloud-Lösungen diese auf externe Server aus. Die Tab. 2 zeigt die wichtigsten Unterschiede zwischen den beiden Lösungsmöglichkeiten auf.

Tab. 2 Unterschied zwischen On-Premise- und Software-as-a-Service-Software

	On-Premise-Lösung	Software-as-a-Service-Lösung
Installation bzw. Wartung notwendig	Ja	Nein
Skalierbarkeit	Ja	Ja
Server bzw. Rechner	Eigene	Cloud-Service
Support	Optional	Integriert
Update	Selbstständig nötig	Regelmäßig durch Anbieter
Kosten	Einmaliger Kauf	Flexible Rechnungsstellung
Speicherort	In-house	Cloud-Service

6   Herausforderungen

Beide Einsatzmöglichkeiten bieten unterschiedliche Herausforderungen, die es zu bewerkstelligen gilt. Einige davon sind hier zusammengetragen.

6.1   Datenschutz

Ab 25. Mai 2018 gilt in Europa die General Data Protection Regulation (GDPR; Van Overstraeten et al. 2016). Diese bestärkt u. a. das Recht von Privatpersonen, persönliche Daten
aus Unternehmensdatenbanken nachhaltig löschen zu lassen. Das führt dazu, dass Betrie-
be nun gezwungen werden, die hauseigene IT-Infrastruktur zu analysieren. Eigene Server
sind vergleichsweise einfach zu erfassen, während cloudbasierte Angebote – je nach Host
sowie Standort des Servers – für massive Probleme sorgen können (Kandek 2016). Aus
diesem Grund ist es wichtig, dass im Vorfeld überprüft wird, ob die zu verwaltenden Daten
von der GDPR betroffen sein könnten und ob durch die Nutzung des angedachten Tools
nicht sogar einen Verstoß gegen europäisches Recht möglich wäre.

6.2   Datenqualität

Für den funktionierenden Betrieb einer Software ist eine lückenlose Datengrundlage notwendig. Oftmals kann diese aber aus unterschiedlichen Gründen nicht gewährleistet werden. Daher ist es nicht nur wichtig, ein gut auf das Unternehmen zugeschnittenes Tool
zu verwenden, sondern zugleich über entsprechend geschultes Personal zu verfügen, das
über das notwendige Hintergrundwissen verfügt, um eine reibungslose Nutzung zu ermöglichen.

Der Umgang mit Datenlücken oder die Plausibilisierung von erhobenen Werten sind
zwei wichtige Schritte, die die Qualität und Aussagekraft erhöhen.

7   Fazit

Im Fall einer einem steten Wandel unterworfenen Unternehmensstruktur gilt es zu über-
denken, ob eine Softwarelösung tatsächlich die richtige Antwort auf die CSR-Fragestel-
lung ist. Die Ansprüche von Unternehmen an Lösungen sind oftmals zu hoch, während der
Aufwand der Implementierung, des Unterhalts und des Betriebs mit wachsendem Umfang
des Tools exponentiell steigen.

Durch den Zukauf externer Softwaredienstleistungen werden Mitarbeiter zudem entgegen der Annahme nicht entlastet, sondern erfahren im Regelfall eher eine Aufgabenän-
derung durch die anfallende Datenaufbereitung und -überprüfung sowie Systempflege.

Es sollte möglichst auf hochspezialisierte Lösungen zurückgegriffen werden, die lediglich nur einen kleinen Teilbereich des großen CSR-Aufgabengebiets abdecken. Durch
einen klar abgegrenzten Einsatzzweck werden zwar mehrere Einzellösungen nötig, die
unterschiedliche Themen behandeln, allerdings können diese vergleichsweise einfach von
einem eingearbeiteten Personenkreis gehandhabt werden. Allumfassende Lösungen scheitern bereits oftmals an strukturellen und organisatorischen Anforderungen wie der Zusammenarbeit von bisher autark agierenden Abteilungen, denen die interne Infrastruktur nicht
gewachsen ist.

Literatur

Farbey B, Finkelstein A (2001) Software acquisition: a business strategy analysis. http://www0.cs.
    ucl.ac.uk/staff/a.finkelstein/papers/acquisition.pdf. Zugegriffen: 14. Dez. 2017
Gross J (2012) Saas versus on-premise ERP. http://hosteddocs.toolbox.com/on-demand%20vs.
    %20on-premise%20erp.pdf. Zugegriffen: 20. Dez. 2017
Hölzer-Klüpfel M (2008) Software-Lebenszyklus für Medizinprodukte. https://www.hoelzer-
    kluepfel.de/downloads/Elektronik_Software-Lebenszyklus_fuer_Medizinprodukte.pdf. Zuge-
    griffen: 18. Dez. 2017
Jackson M, Crouch S, Rob B (2011) Software evaluation: criteria-based assessment. https://www.
    software.ac.uk/sites/default/files/SSI-SoftwareEvaluationCriteria.pdf. Zugegriffen: 14. Dez.
    2017
Kandek W (2016) EU-Datenschutz: Cloud-Sicherheit und die GDPR – erste Schritte für
    die Compliance. http://www.searchsecurity.de/meinung/EU-Datenschutz-Cloud-Sicherheit-
    und-die-GDPR-erste-Schritte-fuer-die-Compliance. Zugegriffen: 20. Dez. 2017
Nicolay J (2017) Tools zur CSR-Berichterstattung im Vergleich. In: UmweltDialog 16.05.2017.
    http://www.umweltdialog.de/de/csr-management/nachhaltigkeitsberichte/2017/CSR-
    Reportingtools-im-Vergleich.php. Zugegriffen: 14. Dez. 2017
Van Overstraeten T, Cumbley R, Pauly D (2016) The general data protection regulation – a sur-
    vival guide. http://content.linklaters.com/pdfs/mkt/london/TMT_DATA_Protection_Survival_
    Guide_Singles.pdf. Zugegriffen: 20. Dez. 2017
Pigoski T (2001) Software maintenance. http://sce.uhcl.edu/helm/swebok_ieee/data/swebok_
    chapter_06.pdf. Zugegriffen: 18. Dez. 2017

Smith B, Hurth J, Pletcher L, Shaw E, Whaley K, Peters M, Dunlap G (2014) A guide to the implementation process: stages, steps and activities. http://ectacenter.org/~pdfs/implementprocess/implementprocess-stagesandsteps.pdf. Zugegriffen: 18. Dez. 2017

Sysmans J (2006) Software-as-a-service; a comprehensive look at the total cost of ownership of software applications. http://www.winnou.com/saas.pdf. Zugegriffen: 18. Dez. 2017

Uta A, Intorsureanu I, Mihalca R (2007) Criteria for the selection of ERP software. In: Informatica Economica, Nr 2 (42)/2007. http://www.revistaie.ase.ro/content/42/Articol-Uta.pdf. Zugegriffen: 18. Dez. 2017

Dr.-Ing. Thomas Fleissner ist Geschäftsführer und hat die DFGE 1999 gegründet; 1999 Promotion in Elektro- und Informationstechnik an der Technischen Universität München. Arbeitsgebiete: Ökobilanzen, kumulierter Energieaufwand, Life Cycle Assessment, Carbon-Footprint-IT-Lösungen und Carbon Disclosure Project. Mehr als 20 Jahre Erfahrung in Forschung, Analyse und Entwicklung in der Technologieentwicklung auch im Automotive-Bereich mit BMW, Audi und Mercedes. Dr. Fleissner war zudem seit der Forschungstätigkeit an der TU München an (u. a. EU-geförderten) internationalen Forschungsprojekten beteiligt, Gutachter der Europäischen Kommission sowie 2017 Chairman des deutschen Review-Komitees zur Global Reporting Initiative.

Dipl.-Ing. (FH) Wolfgang Berger ist Experte für Carbon Footprints und ganzheitliche Analysen. Erfahrung in Verbundforschungsprojekten auf EU Ebene im Bereich Automotive Powertrain and Renewables. Key Account Manager bei der DFGE und Projektdurchführung im Bereich Nachhaltigkeitsberichterstattung, soziale Fragen und Ökobilanzen. Beirat im Verein der Deutschen Ingenieure (VDI) und Technischer Redakteur. Zudem aktive Mitarbeit in internationalen Normungsgremien und -ausschüssen wie dem DIN-Normenausschuss Grundlagen des Umweltschutzes oder der VDI-Gesellschaft Elektrotechnik.

M.Sc. Timo Thunitgut ist Experte für Carbon Footprint Accounting. Er absolvierte sowohl sein Bachelor- als auch sein Masterstudium der Geographie an der Universität Augsburg. Darin befasste er sich schwerpunktmäßig mit Ressourcenmanagement, nachhaltiger Entwicklung und Emissionsaccounting. Seit 2017 ist er als Sustainable Supply Chains and Supply Chain Manager bei der DFGE tätig.

N-Kompass – die Strategiemethode für Nachhaltigkeit im Unternehmen

Matthias Kannegiesser und Marie-Lucie Linde

1 Unternehmensvorstellung NWB Verlag und sustainable natives eG

Der N-Kompass ist eine toolgestützte Methode zur Entwicklung einer Nachhaltigkeits-strategie im Unternehmen. Entwickelt wurde die Methode vom NWB Verlag, schwer-punktmäßig für mittelständische Unternehmen. Im Jahr 2018 ist der N-Kompass in die nachhaltige Unternehmensberatung sustainable natives eG übertragen worden und wird von dieser u. a. in Strategieprojekten eingesetzt.

1.1 Aus der Praxis für die Praxis: Die Entwicklungsgeschichte des N-Kompass

Der N-Kompass wurde 2014 vom NWB Verlag – einem mittelständischen Fachverlag für Steuerberater und Wirtschaftsprüfer aus dem Ruhrgebiet (Herne) – unter einer eige-nen Marke in den Markt gebracht. Ideengeber für die N-Kompass-Methode ist Dr. Ludger Kleyboldt, Verlagsinhaber in dritter Generation. Geprägt durch seine Studienreisen und als vierfacher Familienvater persönlich engagiert, trägt Ludger Kleyboldt als geschäftsführen-der Gesellschafter selbst das Thema Nachhaltigkeit und den Anspruch der nachhaltigen Unternehmensführung 2009 in das Familienunternehmen. „2009 habe ich bei NWB die erste Präsentation zum Thema Nachhaltigkeit gehalten. Ich wollte das Unternehmen sys-tematisch nach nachhaltigen Grundsätzen und Überzeugungen ausrichten. Und ich war

M. Kannegiesser · M.-L. Linde (✉)
sustainable natives eG
Berlin, Deutschland
E-Mail: matthias.kannegiesser@sustainablenatives.com

M.-L. Linde
E-Mail: marie.linde@sustainablenatives.com

© Springer-Verlag GmbH Deutschland, ein Teil von Springer Nature 2018
G. Weber und M. Bodemann (Hrsg.), *CSR und Nachhaltigkeitssoftware*,
Management-Reihe Corporate Social Responsibility,
https://doi.org/10.1007/978-3-662-57307-5_5

überrascht: Die eigentliche Botschaft haben zwar alle verstanden. Aber es ist ein langer Weg, bis dies in allen Bereichen auch umgesetzt wird", bekennt Ludger Kleyboldt heute.

Als der NWB Verlag damals begann sich kundig zu machen, was es für eine nachhaltige Ausrichtung des Unternehmens bedarf, mangelte es nicht an Informationen. Doch eine Frage blieb stets offen: Wo steht das Unternehmen in Sachen Nachhaltigkeit und wo liegen die tatsächlichen Hebel, um nachhaltiger wirtschaften zu können? Hierauf eine konkrete und strategische Antwort zu finden, fiel zu diesem Zeitpunkt ohne externe Unterstützung (z. B. durch Berater) schwer. Und so entstand die Produktidee für einen strukturierten und strategischen Einstieg in das Thema nachhaltige Unternehmensführung – der N-Kompass. Mit der N-Kompass-Methode sollten insbesondere mittelständische Unternehmen befähigt werden, einfach und strukturiert einen Einstieg zu finden und einen Strategieprozess für Nachhaltigkeit durchlaufen zu können. Dieser sollte eine Standortanalyse, auf deren Grundlage Handlungsfelder ermittelt und priorisiert werden können, sowie eine umfangreiche Fachdatenbank an Leitfäden für die praktische Umsetzung von Nachhaltigkeitsmaßnahmen im Unternehmen umfassen. Es sollte eine Do-it-yourself-Methode entwickelt werden, die eine eigenständige Nachhaltigkeitsanalyse ermöglicht, aus der eine kohärente Strategie abgeleitet werden kann. „Es muss ja nicht jeder das Rad für sich selbst nochmal neu erfinden", ist schon damals die Meinung Kleyboldts.

Nach fünf Jahren der intensiven Recherche, Expertengesprächen und mit der maßgeblichen Unterstützung des Nachhaltigkeitsexperten Dr. Matthias Kannegiesser und weiteren Stakeholdern, wie u. a. dem Wuppertal Institut für Klima, Umwelt und Energie, A.T. Kearney und der Leuphana Universität, ist die N-Kompass-Methode 2014 in den Markt gebracht worden. Seitdem ermöglicht sie Unternehmen einen strukturierten und schnellen Einstieg in die nachhaltige Unternehmensführung.

1.2 Der N-Kompass als exklusive Strategiemethode der sustainable natives eG

Die Genossenschaft sustainable natives ist eine nachhaltige Unternehmensberatung, die 2017 in Berlin von selbstständigen Beratern, Kreativen, Autoren, Trainern und Coaches gegründet wurde. Ziel der Genossenschaft ist es, die Kräfte von einzelnen Freiberuflern und kleinen Unternehmen sowie Teams zu bündeln, die für eine nachhaltige Transformation der Wirtschaft und Gesellschaft arbeiten. Sie unterstützt insbesondere Unternehmen und Organisationen, Nachhaltigkeitsvorreiter ihrer Branche zu werden (Abb. 1).

Die Genossenschaft ist als offene Kollaborations- und Innovationsplattform konzipiert. Sie kann verschiedenste Menschen als Mitglieder zusammenbringen, die für das gemeinsame Ziel einer nachhaltigen Transformation für Unternehmen, Wirtschaft und Gesellschaft arbeiten wollen. Dazu zählen z. B. Unternehmen, Berater und Kreativschaffende, Experten von Nichtregierungsorganisationen, Hochschulvertreter und -absolventen. Die

sustainable
natives

Eine Genossenschaft für nachhaltige Unternehmensberatung.

Wir sind selbstständige UnternehmerInnen im Zusammenschluss einer Genossenschaft. Diese Unternehmensform haben wir gewählt, weil sie einlädt und ermöglicht, die Kräfte von vielen verschiedenen Akteuren über Grenzen hinweg zu bündeln für eine nachhaltige Transformation. Sie gibt uns gleichermaßen Stabilität und Flexibilität für gemeinsames Arbeiten. Für unsere Kunden ermöglichen wir den Zugang zu ausgewiesener Kompetenz und Erfahrung in wachsender Breite und Tiefe, über Branchen und Regionen hinweg.

So arbeiten wir.

Von unseren verschiedenen Hubs arbeiten wir über digital vernetzte Plattformen. Wir leben New Work und arbeiten partizipativ und in offenen Kreisen organisiert. Wir erbringen unsere Leistungen ko-kreativ: im digitalen und analogen Zusammenspiel und in agilen und transparenten Arbeitsweisen. Wir initiieren Innovationsprojekte für wirkungsmächtige Ideen – eigeninitiativ oder in Zusammenarbeit mit Kunden und Partnern. Jedes Mitglied übernimmt Aufgaben in der Genossenschaft als Lead oder Teammitglied. Wir lernen voneinander: Seniors von Juniors, Berater von Kreativen, Experten von Generalisten und umgekehrt.

Abb. 1 Profil der Genossenschaft sustainable natives eG

Genossenschaft unterstützt Unternehmen und Organisationen mit verschiedenen Services und Expertise u. a. in den Themen

- Transformation und Leadership,
- Strategie und Management,
- Innovation und Businessmodelle,
- Empowering und Learning,
- Performance und Reporting,
- Communication und Stakeholder.

Alle Services sind integriert nachhaltig gedacht und gestaltet, d. h. ökologisch, ökonomisch und sozial. sustainable natives setzt in der Zusammenarbeit mit Unternehmen als auch in der internen Arbeit führende Tools, Methoden und Standards ein. Sie ist ist dabei nicht auf eine einzelne Lösung beschränkt, sondern nutzt ein breites Portfolio verschiedener Lösungen. Die Genossenschaft entwickelt dazu eigene Methoden und Lösungen oder kooperiert mit Softwarepartnern und Methodenanbietern im Markt. Ziel ist es, immer die für den jeweiligen Kunden beste und passendste Methode und das geeignetste Tool einzusetzen, um die Transformation im Unternehmen effektiv und effizient zu unterstützen.

Die N-Kompass-Methode ist im Portfolio der Genossenschaft eine wichtiger Baustein und wird insbesondere bei Strategieprojekten und Managementthemen für Unternehmen und Organisationen eingesetzt. In der Genossenschaft sind mehrere Berater spezifisch für die N-Kompass-Methode ausgebildet und zertifiziert. sustainable natives wird auch künftig weitere Berater ausbilden, die die N-Kompass-Methode im Rahmen von Strategieprojekten mit Unternehmen einsetzen können.

sustainable natives eG verfügt vom NWB Verlag über die exklusiven Nutzungsrechte für die N-Kompass-Methode und das Mandat, Methode (und Software) schrittweise und nach Kundenanforderungen sowie in Unterstützung von Hochschulen, dem Deutschen Nachhaltigkeitskodex und weiteren Stakeholdern weiterzuentwickeln. Geschäftsführender Gesellschafter des NWB Verlags, Dr. Ludger Kleyboldt, und die ehemalige N-Kompass-Produktmanagerin Marie-Lucie Linde sind zudem Gründungsmitglieder der sustainable natives eG.

2 Die N-Kompass-Strategiemethode

2.1 Die N-Kompass-Methode mit ganzheitlicher 360-Grad-Perspektive

Der N-Kompass ist eine Strategiemethode für Unternehmen, um effizient und effektiv eine Nachhaltigkeitsstrategie zu entwickeln. Der N-Kompass zeichnet sich dadurch aus, dass er strukturiert und strategisch zentrale Handlungsfelder und Maßnahmen der Nachhaltigkeit prüft und damit in großem Umfang Nachhaltigkeits-Know-how und Expertise dem Nutzer in zeiteffizienter und strukturierter Form vermittelt. Der N-Kompass erlaubt einem Unternehmen mit einer stringent und logisch aufgebauten Bewertungsmethode, einfach und pragmatisch Prioritäten für Handlungsfelder und Maßnahmen zu setzen, um so ein für das Unternehmen individuelles Nachhaltigkeitsprogramm zu entwickeln. Die Methode erleichtert damit insbesondere mittelständischen Unternehmen den Einstieg in das Thema Nachhaltigkeit. Spezifische Zielsetzungen des N-Kompass sind:

- Das komplexe Thema Nachhaltigkeit soll klar strukturiert werden und Unternehmen wichtiges Know-how und Inhalte vermitteln, um so den Einstieg in die nachhaltige Unternehmensführung (ohne Vorwissen) zu erleichtern.
- Unternehmen mit geringen Ressourcen, z. B. kein eigenes Nachhaltigkeitsmanagement, sollen effizient den Einstieg schaffen.
- Unternehmen sollen befähigt werden, ihr individuelles Nachhaltigkeitsprogramm – passend für das Unternehmen und die jeweilige Branche – entwickeln zu können und die wesentlichen Chancen und Herausforderungen zu adressieren.
- Die Strategie soll einfach mit Berichtsstandards wie dem Deutschen Nachhaltigkeitskodex (DNK) verknüpft werden können.

Unternehmen finden im N-Kompass mehr als 70 Nachhaltigkeitsprojektmaßnahmen aus der Praxis, aus denen das Unternehmen sich passende Projekte für das eigene Programm nach der N-Kompass-Methode zusammenstellt. Die Maßnahmen sind in zehn Handlungsfelder und vier übergreifende N-Managementprozesse strukturiert. Anders als ökologisch-soziale Berichtsstandards wie Global Reporting Initiative (GRI) und DNK bil-

N-Kompass Überblick

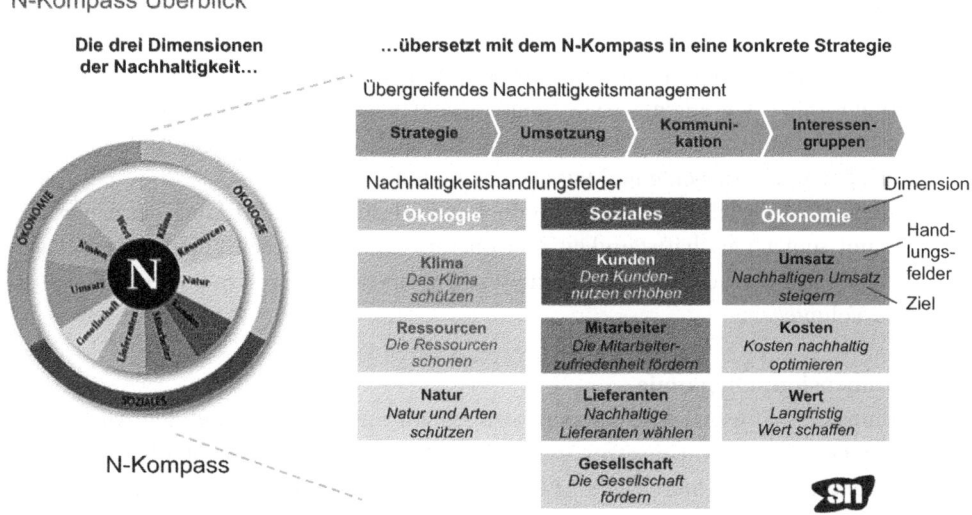

Abb. 2 N-Kompass Überblick

det der N-Kompass in den Handlungsfeldern alle drei Dimensionen der Nachhaltigkeit ab, d. h. auch die ökonomische sowie die soziale Perspektive des Kunden. Ersteres ist gerade für Mittelständler wichtig, deren Nachhaltigkeitsverständnis oft aus einer wirtschaftlichen Perspektive heraus startet, z. B. Erhalt des Unternehmens über Generationen hinweg.

Die Handlungsfelder sind klar formuliert und damit einfach verständlich (Abb. 2). Im Einzelnen:

In der Dimension: Ökologie
- Handlungsfeld Klima: Maßnahmen zum Klimaschutz und für die Energiewende, z. B. Aufstellung einer Klimabilanz, Umsetzung von Energieeffizienzmaßnahmen, Einführung erneuerbarer Energien oder Umstellung auf emissionsfreie Mobilität und Transport
- Handlungsfeld Ressourcen: Maßnahmen für die Ressourcenwende, z. B. Gestaltung ressourcenschonender Produkte bzw. Produkte für die Kreislaufwirtschaft, Umsetzung von Ressourceneffizienz im Unternehmen oder spezifische Ressourceneffizienzmaßnahmen bei Themen wie Wasser, Verpackung und Papier
- Handlungsfeld Natur: Maßnahmen zum Naturschutz, z. B. Reduktion und Vermeidung von Schadstoffemissionen in die Umwelt, Bewertung und Schutz der Artenvielfalt, nachhaltige Agrarprodukte etc.

In der Dimension: Soziales
- Handlungsfeld Kunden: soziale Wirkung der Geschäftstätigkeit des Unternehmens auf den Kunden mit Themen zum Verbraucherschutz, Kundennutzen und -einfachheit, Kundenservice und -zufriedenheit, Kundengesundheit und -sicherheit

- Handlungsfeld Mitarbeiter: soziale Wirkung des Unternehmens auf seine Mitarbeiter mit Themen wie soziale Standards und Vergütung, Vielfalt und Inklusion, Vereinbarkeit von Familie und Beruf, Gesundheit und Arbeitssicherheit sowie Unternehmenskultur
- Handlungsfeld Lieferanten: soziale Standards bei den Lieferanten in der Lieferkette des Unternehmens mit Themen wie nachhaltige Beschaffung, Kodizes und Audits bezogen auf Nachhaltigkeitsaspekte und fairer Umgang mit Lieferanten
- Handlungsfeld Gesellschaft: übergeordnete gesellschaftliche Wirkung des Unternehmens mit seiner Geschäftstätigkeit und über zusätzliches gesellschaftliches Engagement mit Themen wie gesellschaftliche Wirkungsmessung, Fördern und Spenden, Corporate Volunteering

In der Dimension: Ökonomie
- Handlungsfeld Umsatz: Maßnahmen bezogen auf die Sicherung und den Ausbau des eigenen Geschäfts und Umsatzes, z. B. mit nachhaltigen Produkten und Dienstleistungen. Weitere Themen betreffen Strategien zur Geschäftstransformation oder Sicherung der Profitabilität über nachhaltige Preisgestaltung.
- Handlungsfeld Kosten: Maßnahmen zur Sicherung einer intelligenten und nachhaltig optimierten Kostenstruktur im Unternehmen. Nicht nachhaltige Kostenmaßnahmen, insbesondere das Drücken von Löhnen und Preisen bei Arbeitnehmern und Lieferanten werden ersetzt durch intelligente Instrumente, die z. B. auf Kooperation, Prozessoptimierung und Technologieeinsatz im Einkauf, Supply-Chain-Management oder Unterstützungsfunktionen abzielen.
- Handlungsfeld Wert: Maßnahmen zur nachhaltigen Sicherung und Steigerung des Unternehmenswerts. Hierzu zählen Themen wie Finanzierung des Unternehmens und Sicherung der Nachfolge.

Handlungsfelder können je nach Branche und Geschäftsmodell unterschiedlich wesentlich für die Nachhaltigkeit eines Unternehmens sein. Zusätzlich gibt es Schritte im Management von Nachhaltigkeit, die übergreifend über das Programm hinweg zu berücksichtigen sind (Abb. 3).
Diese sind

- Strategie: Unter anderem Ausrichtung der Vision und Mission des Unternehmens auf Nachhaltigkeit, Analyse von Treibern und Szenarien, Analyse von Nachhaltigkeit für das Unternehmen mit Blick auf Wesentlichkeiten und derzeitiger Leistung als Basis für eine Strategie, Konkretisierung von Maßnahmen in einem Programm. In dieser Phase wird der N-Kompass selbst typischerweise genutzt (Kannegiesser und Zimmermann 2016)
- Umsetzung: Umsetzung des Nachhaltigkeitsprogramms und Schaffung von Voraussetzungen, z. B. bei Rollen und Organisation, Prozessen und Regeln, Controlling und Steuerung oder auch einem Verhaltenskodex

Übergreifendes Nachhaltigkeitsmanagement im N-Kompass

Phasen

Strategie	Umsetzung	Kommunikation	Interessengruppen

Maßnahmen

• Vision und Mission	• Rollen und Organisation	• Nachhaltigkeitsstory	• Stakeholderengagement
• Treiber und Szenarien	• Controlling und	• Interne Kommunikation	• Mitarbeitereinbindung
• Nachhaltigkeitsanalyse	Steuerung	• Externe Kommunikation	• Geschäftspartner
und -strategie	• Nachhaltigkeits-	und Bericht	Einbindung
• Programmentwicklung	kostenrechnung	• Ranking, Preise,	• Öffentlichkeitseinbindung
	• Verhaltenskodex	Zertifizierung	

Abb. 3 Nachhaltigkeitsmanagementphasen im N-Kompass

- Kommunikation: Entwicklung einer Nachhaltigkeitsstory für das Unternehmen und Kommunikation von Maßnahmen sowie Erfolgen nach innen und außen; Veröffentlichung eines Berichts sowie Teilnahme bei Rankings, Preisen und Zertifizierungen
- Interessengruppen: Beteiligung von Anspruchsgruppen des Unternehmens und Aufnahme von Ideen, Anforderungen und Kritik, z. B. von Mitarbeitenden, Geschäftspartnern oder auch aus Öffentlichkeit und Zivilgesellschaft

Das Nachhaltigkeitsmanagement ist Dach und Überbau, um Maßnahmen in einzelnen Handlungsfeldern umsetzen zu können. Es soll Kohärenz über Handlungsfelder hinweg schaffen und eine effiziente und effektive Umsetzung gewährleisten, mit der die gesetzten Nachhaltigkeitsziele erreicht werden.

Unternehmen, die mit Nachhaltigkeit gerade erst anfangen, haben typischerweise bei dem Aufbau strategischer Strukturen und Prozesse am meisten zu tun, um sich die notwendigen Grundlagen zu legen. In der Regel werden bereits viele Themen in konventioneller Form im Unternehmen existent sein, wie z. B. ein Controlling. Idealerweise schafft es das Unternehmen, bestehende Funktionen und Prozesse zu nutzen, die zuvor vornehmlich finanzorientiert abgelaufen sind, um diese mit der ökologischen und sozialen Dimension der Nachhaltigkeit anzureichern.

Zusammenfassend strukturiert der N-Kompass ganzheitlich mithilfe einer 360-Grad-Perspektive und mit einfacher Sprache das Thema Nachhaltigkeit im Unternehmen, damit Unternehmen sich daraus ein individuelles Programm erarbeiten und umsetzen können. Wie dieser Prozess genau funktioniert, wird im folgenden Abschnitt beschrieben.

2.2 Ein zeiteffizienter Strategieprozess für ein klar strukturiertes Programm

Im N-Kompass-Strategieprozess wird Schritt für Schritt und toolgestützt eine 360-Grad-Nachhaltigkeitsanalyse für ein Unternehmen durchgeführt und eine Programmauswahl unterstützt. In der Analyse können mehrere Nutzer als Stakeholder des Unternehmens beteiligt werden und ihre individuelle Sicht einfließen lassen.

Der Strategieprozess erfolgt in sechs Schritten, wie in Abb. 4 dargestellt:

1. Einstellungen
2. Wesentlichkeitsanalyse
3. Leistungsanalyse
4. Auswertung
5. Handlungsfelder und Maßnahmen
6. Programm

2.2.1 Einstellungen zur Branchenverortung und Basisdaten

Am Anfang einer Analyse legt das Unternehmen Basiseinstellungen für die Nachhaltigkeitsanalyse fest. Dazu zählen Unternehmensname, Branche und Bezugsjahr, das für die Analyse zugrunde gelegt werden soll (Abb. 5).

Die Branche ist besonders wichtig, da der N-Kompass Nachhaltigkeitsthemen branchenspezifisch analysiert. Alle Branchen werden im N-Kompass über 16 Brancheneinteilungen gruppiert. Je nach gewählter Branche fließen unterschiedliche Expertenbewertungen der Nachhaltigkeitsthemen in die Analyse mit ein.

Zudem können die gewünschten Stakeholder in der Analyse festgelegt werden. Stakeholder können sowohl interne Rollen wie die Geschäftsführung, der Nachhaltigkeitsmanager oder Mitarbeitende aus Fachbereichen sein oder aber externe Rollen, wie der Berater oder weitere externe Stakeholdervertreter und Experten. In einer Analyse können bis zu sechs Stakeholder das Unternehmen in Sachen Nachhaltigkeit bewerten und somit eine Multistakeholderperspektive in der Analyse gewährleisten.

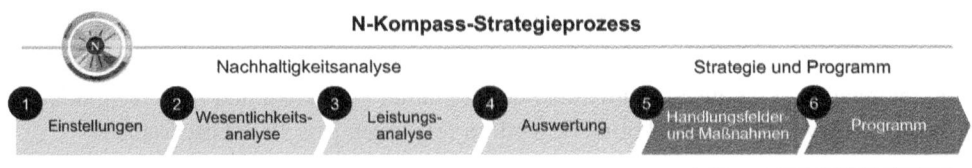

Abb. 4 N-Kompass-Strategieprozess

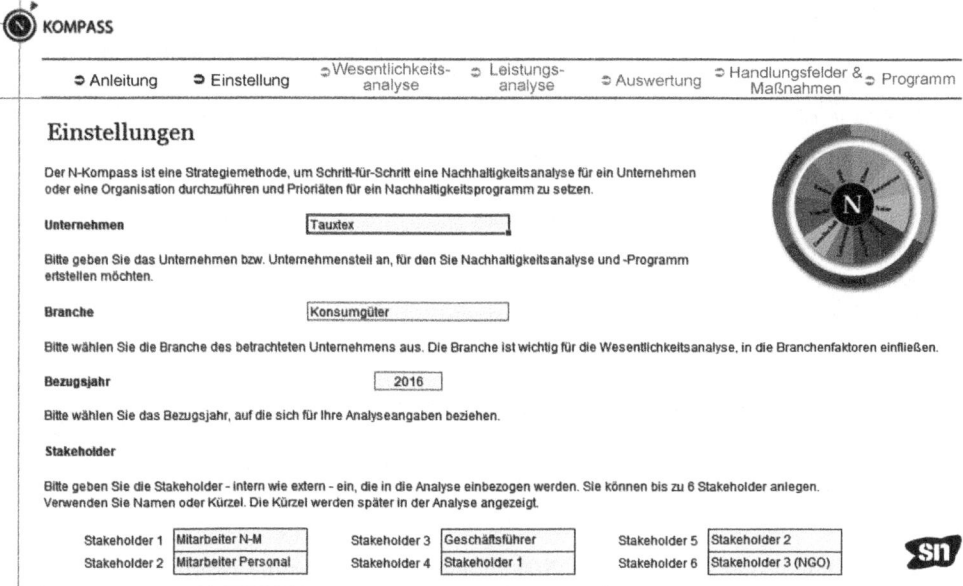

Abb. 5 N-Kompass-Einstellungen für die Nachhaltigkeitsanalyse

2.2.2 Wesentlichkeitsanalyse

Der erste Schritt der Analyse ist die Wesentlichkeitsanalyse. Hier bewerten die Stakeholder, wie wesentlich jedes der zehn Handlungsfelder der Nachhaltigkeit aus Sicht des Unternehmens ist. In der Bewertung geht es um zwei Fragen:

- Wichtigkeit: Wie wichtig ist ein Handlungsfeld für das Geschäftsmodell des Unternehmens?
- Wirkung: Welche Wirkung hat ein Unternehmen mit seiner Geschäftstätigkeit auf ein Handlungsfeld?

Die Bewertung erfolgt mit einem Exzellenzstufenmodell. Dieses besteht aus vier Stufen, aus denen ein Stakeholder die Stufe auswählt, die am ehesten auf das Unternehmen in der Bewertung des Themas zutrifft.

Für jedes Handlungsfeld werden Beispiele und spezifische Kriterien für eine jeweilige Stufe aufgeführt, an denen sich der Stakeholder bei seiner Bewertung und Einstufung orientieren kann (Abb. 6). Jede Stufe ist in einem Fragebogen pro Handlungsfeld individuell beschrieben.

Da die Stakeholderbewertungen untereinander abweichen können, kann eine Konsensbewertung über die Gruppeneinschätzungen hinweg erstellt werden. Für die Auswertung kann das Unternehmen flexibel auswählen, welche Bewertung genutzt werden soll, ob Einzelbewertung eines Stakeholders oder die Konsensbewertung.

Fragen zur Analyse der Wesentlichkeit		Fragen zur Analyse der Leistung
Wichtigkeit	**Wirkung**	
*Welche **Wichtigkeit** hat ein Handlungsfeld für das **Geschäftsmodell** des Unternehmens?*	*Welche **Wirkungsmöglichkeit** hat das Unternehmen im relativen Kontext seiner Größe **auf ein Handlungsfeld**?*	*Welchen **Leistungsstand** hat das Unternehmen in Handlungsfeld/ Maßnahme erreicht?*
Stufen	Stufen	Stufen
1. Nicht relevant	1. Keine Wirkung	1. Untätig
2. Zu berücksichtigen	2. Geringe Wirkung	2. Standard
3. Bedeutender Einfluss	3. Bedeutende Wirkung	3. Beginnend
4. Existenzieller Einfluss	4. Außergewöhnliche Wirkung	4. Fortgeschritten
		5. Nachhaltig

- Für jede Stufe gibt es eine charakteristische Beschreibung pro Handlungsfeld bzw. Maßnahme.
- Es gilt die Stufe auszuwählen, in denen die Mehrzahl der Beschreibungen auf das Unternehmen passt.
- Die Leistungsbewertung „nachhaltig" folgt dem Generationenprinzip.

Abb. 6 Fragetypen in der Nachhaltigkeitsanalyse

Es ist möglich und sinnvoll, dass Stakeholder ihre Bewertung begründen bzw. kommentieren. Dazu gibt es ein Kommentarfeld für jede Frage der Analyse. Hinterher können die Kommentare aller Stakeholder konsolidiert ausgewertet werden. So kann das in der Gruppe verfügbare Know-how und die unterschiedlichen Perspektiven effizient gesammelt und ausgewertet werden.

Die Bewertungen der Stakeholder fließen schließlich in die Gesamtbewertungen der Wesentlichkeit eines Handlungsfelds für das Unternehmen ein. Zudem finden die Vorbewertungen der Branche, in dem das Unternehmens wirtschaftet, Berücksichtigung und wirken in der Auswertung als Experteneinfluss auf die Ergebnisse.

2.2.3 Leistungsanalyse

In der Leistungsanalyse bewerten die Stakeholder den derzeitigen strategischen Leistungsstand des Unternehmens in Sachen Nachhaltigkeit entlang der zehn Handlungsfelder und vier Nachhaltigkeitsmanagementphasen. Die Leistungsanalyse betrachtet mehr als 70 Maßnahmen, zu denen die Stakeholder spezifisch den Leistungsstand des Unternehmens einschätzen. Zusätzlich gibt es die Möglichkeit, unternehmensspezifische Maßnahmen zu ergänzen und mitzubewerten.

Wie bei der Wesentlichkeitsanalyse bewertet jeder Stakeholder einzeln in einem Fragebogen das Leistungsniveau des Unternehmens entlang eines Exzellenzstufenmodells aus der eigenen Sicht. Wieder können Bewertungen kommentiert und so Wissen, Daten und Perspektiven effizient zusammengetragen werden.

Eine Besonderheit der Leistungsanalyse ist, dass es neben den aufsteigenden Stufen (standard, beginnend, fortgeschritten, nachhaltig) auch die Stufe untätig gibt, in der das Unternehmen in einer konkreten Maßnahme agieren müsste, aber untätig ist oder gegebenenfalls auch konträr zur Nachhaltigkeit handelt.

Wie bei der Wesentlichkeitsanalyse gibt es am Ende eine Konsensbewertung über alle Stakeholderangaben hinweg.

2.2.4 Auswertung

Die Auswertung ist nach Handlungsfeldern gegliedert. Hier liegt die Hauptfunktion des graphischen N-Kompass: Er visualisiert in Form des Kompasses die relative Wesentlichkeit der Handlungsfelder zueinander (Abb. 7). In einer weiteren, leicht zu erfassenden Übersicht werden die Wesentlichkeit und die Leistung in den einzelnen Handlungsfeldern nebeneinander ausgewertet, um erste Schwerpunkte zu erkennen. Der Nutzer kann dabei auswählen, welche Analyse er angezeigt bekommen möchte, ob Bewertung eines einzelnen Stakeholders oder die Konsensbewertung.

In die N-Kompass-Wesentlichkeitsbewertung fließen ein

- die eigene Bewertung von Wichtigkeit und Wirkung der Handlungsfelder aus dem Fragebogen sowie
- voreingestellte Expertenvorbewertungen von Wichtigkeit und Wirkung eines Handlungsfelds für die jeweilige Branche sowie die Bedeutung des Handlungsfelds für die globale Nachhaltigkeit heute und in Zukunft.

In die Leistungsbewertung nach Handlungsfeldern fließen die durchschnittlichen Eigenbewertungen für dahinter liegende Maßnahmen ein. Die Auswertung im Überblick des N-Kompass zeigt dann die Wesentlichkeiten zusammen mit der Leistung an und be-

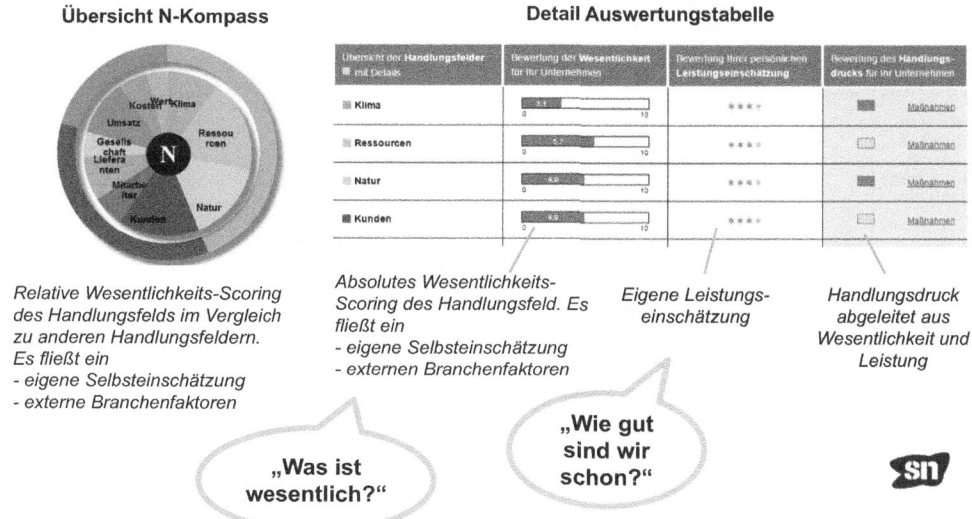

Abb. 7 Auswertungsergebnisse des N-Kompass

rechnet daraus einen resultierenden Handlungsdruck für die Handlungsfelder. So ist bei einer hohen Wesentlichkeit und einer noch geringen Leistung der Handlungsdruck hoch.

Der Handlungsdruck wird in einer pragmatischen Ampelsystematik (grün, gelb, rot) dargestellt und ist dadurch für den Nutzer eingängig.

Die Auswertung zeigt somit auf einen Blick, welche Handlungsfelder besonders wesentlich für das Unternehmen sind und wie gut das Unternehmen bereits mit Blick auf die dazugehörige Nachhaltigkeitsleistung ist. Bei den übergeordneten Nachhaltigkeitsmanagementthemen werden ausschließlich die Leistungen bewertet, da diese als grundsätzlich wesentlich von der N-Kompass-Methode bewertet werden. Denn ohne solide Managementprozesse und -strukturen kann die beste Nachhaltigkeitsstrategie nicht zielführend umgesetzt werden.

Zusätzlich erhält der Nutzer im N-Kompass weiterführende Auswertungen zu den Einflussfaktoren, die die Wesentlichkeitsergebnisse beeinflussen und auch das Verhältnis von Leistungen im N-Management zu operativen Einzelleistungen in den unterschiedlichen Handlungsfeldern angeben (Abb. 8).

Mit den Auswertungen des N-Kompass kann ermittelt werden, ob die Bewertungen der Stakeholder und/oder die Vorbewertungen der Branchenexperten die Wesentlichkeitsergebnisse bedingt haben. In der N-Kompass-Methode selbst gibt es zu den voreingestellten Branchenbewertungen jeweils detaillierte Beschreibungen der Experten, damit auch diese Branchenbewertungen für den Nutzer nachvollziehbar sind.

Genauso kann auf einen Blick die Balance zwischen Leistungen in Handlungsfeldern und Leistungen im Nachhaltigkeitsmanagement festgestellt werden. Dies ist wichtig, um

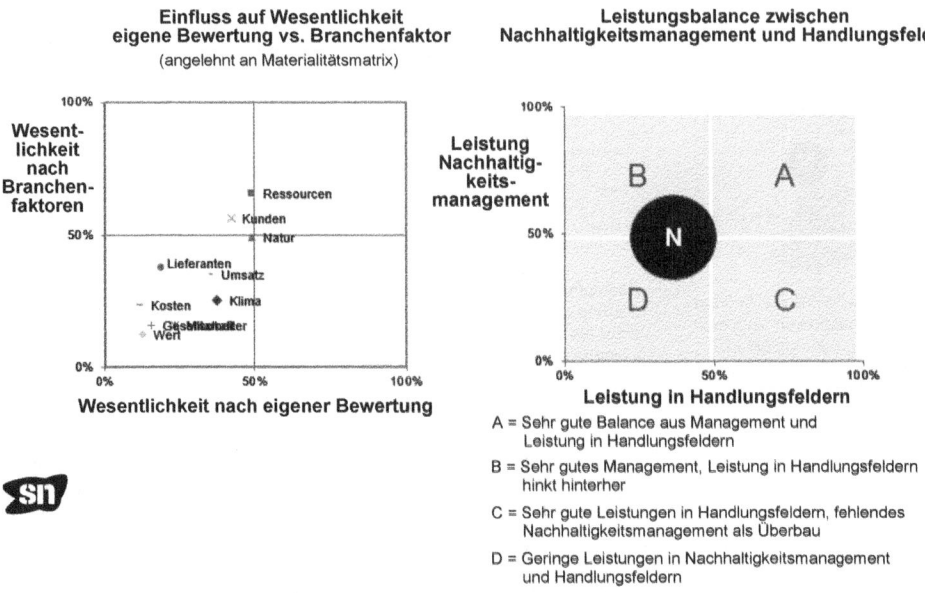

Abb. 8 Erweiterte Analysen zu Einflussfaktoren und Leistungsbalance

Handlungsfelder & Maßnahmen

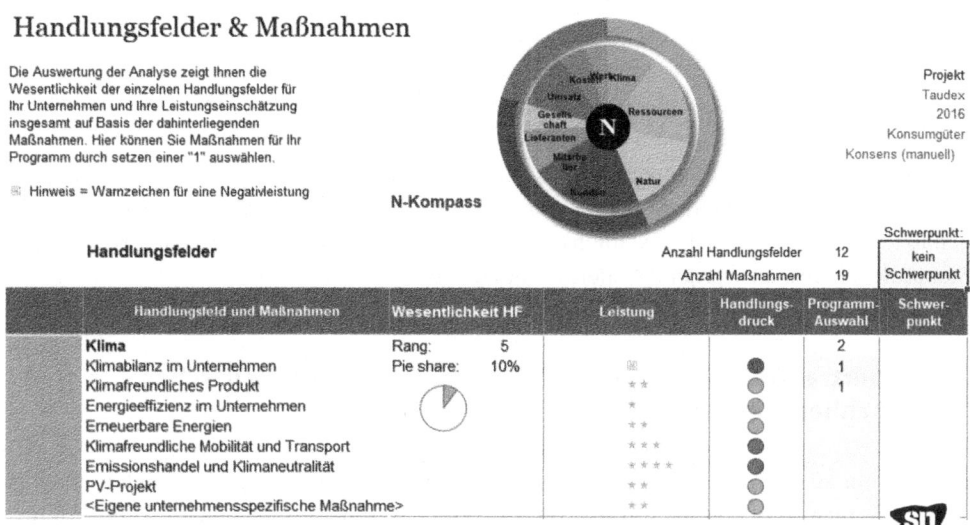

Die Auswertung der Analyse zeigt Ihnen die Wesentlichkeit der einzelnen Handlungsfelder für Ihr Unternehmen und Ihre Leistungseinschätzung insgesamt auf Basis der dahinterliegenden Maßnahmen. Hier können Sie Maßnahmen für Ihr Programm durch setzen einer "1" auswählen.

Projekt
Taudex
2016
Konsumgüter
Konsens (manuell)

⚠ Hinweis = Warnzeichen für eine Negativleistung   **N-Kompass**

Handlungsfelder

Anzahl Handlungsfelder   12
Anzahl Maßnahmen   19

Schwerpunkt:
kein Schwerpunkt

Handlungsfeld und Maßnahmen	Wesentlichkeit HF		Leistung	Handlungs-druck	Programm-Auswahl	Schwer-punkt
Klima	Rang:	5			2	
Klimabilanz im Unternehmen	Pie share:	10%	⚠	●	1	
Klimafreundliches Produkt			★ ★	◐	1	
Energieeffizienz im Unternehmen			★	◐	1	
Erneuerbare Energien			★ ★	◐		
Klimafreundliche Mobilität und Transport			★ ★ ★	◑		
Emissionshandel und Klimaneutralität			★ ★ ★ ★	●		
PV-Projekt			★ ★	◔		
<Eigene unternehmensspezifische Maßnahme>			★ ★	○		

Abb. 9 Auswahl von Handlungsfeldern und Maßnahmen (Ausschnitt)

ein mögliches Missverhältnis zwischen Aktionismus und Elfenbeinturm in Sachen Nachhaltigkeit im Unternehmen ausfindig machen zu können.

2.2.5 Auswahl der Handlungsfelder und Maßnahmen

Auf Grundlage der Auswertung werden im nächsten Schritt Handlungsfelder und Maßnahmen priorisiert und ausgewählt. Der Handlungsdruck einer Maßnahme ergibt sich aus der Wesentlichkeit des Handlungsfelds und der Leistung in der jeweiligen Maßnahme. Zusätzlich kann der Nutzer eine Schwerpunktsetzung über das Programm vornehmen und sich z. B. Schwerpunkte bei umsatzorientierten Maßnahmen anzeigen lassen (Abb. 9).

Maßnahmen können einzeln ausgewählt und so in das Nachhaltigkeitsprogramm des Unternehmens übernommen werden. Damit wird automatisch auch das Handlungsfeld der Maßnahme ins Programm überführt. Eine Auswertungsfunktion zeigt, wie viele Handlungsfelder und Maßnahmen ausgewählt wurden. Durch diese Funktion kann der Nutzer nachverfolgen, ob er sich eine pragmatische und realistische Anzahl an Handlungsfeldern und Maßnahmen für sein Nachhaltigkeitsprogramm vornimmt.

2.2.6 Nachhaltigkeitsprogramm

Am Ende werden alle ausgewählten Handlungsfelder und Maßnahmen in einer Programmübersicht dargestellt. Das Programm ist das entscheidende Ergebnis des N-Kompass-Prozesses. Das Programm strukturiert alle Nachhaltigkeitsaktivitäten des Unternehmens und dient somit als Gesamtarchitektur. Daraus leiten sich dann viele weitere Maßnahmen ab, z. B. die Strukturierung des Berichts oder auch die Organisation von Projekten. Das Programm wird i. d. R. zu Beginn einmalig festgelegt und z. B. für die nächsten 18 bis 24 Monate aufgesetzt. In der Regel wird es kontinuierlich weiterentwickelt bzw. einmal im Jahr strategisch überprüft und angepasst.

Eine wichtige Komponente im Programm sind Kennzahlen und Zielwerte, um ausgewählte Maßnahmen zu steuern und sich Nachhaltigkeitszielwerte im Zeitbezug für die Organisation zu setzen (Kannegiesser 2016). Der N-Kompass bietet für jede Maßnahme eine Referenzliste an Kennzahlen, die entweder in Berichtsstandards wie GRI und DNK genutzt werden (Berichtskennzahlen), oder die in der Praxis zur handlungsorientierten Steuerung eingesetzt werden (Steuerungskennzahlen).

2.3 Übertragung der N-Kompass-Ergebnisse in den Deutschen-Nachhaltigkeitskodex-Bericht

Die Ergebnisse der N-Kompass-Analyse können direkt für den Bericht des Unternehmens genutzt werden, d. h. den integrierten Bericht oder den separaten Nachhaltigkeitsbericht:

- Die klare Struktur des Programms aus Handlungsfeldern und Maßnahmen kann direkt zur Strukturierung des Berichts genutzt werden.
- Ergebnisse der Wesentlichkeits- und Leistungsanalyse können im Bericht transparent dargelegt und kommentiert werden.
- Die in der Analyse durch die Stakeholder ergänzten Kommentare, Erklärungen und Daten können als Input für den Bericht dienen.

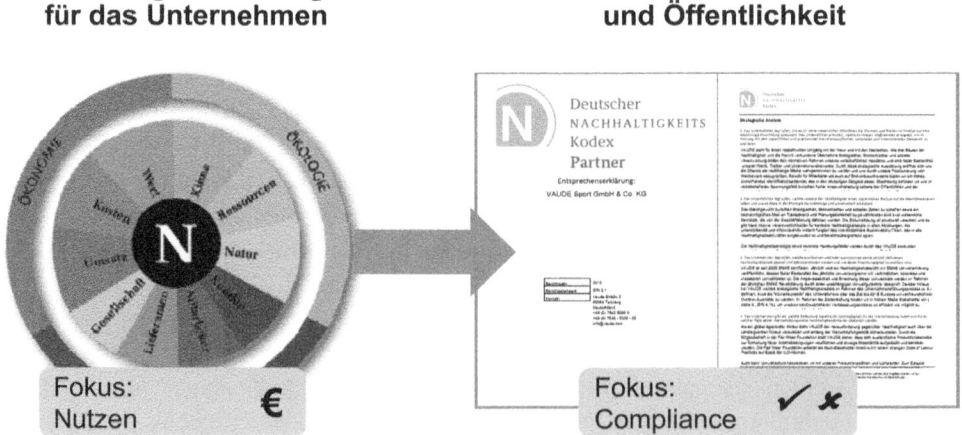

Abb. 10 N-Kompass-Anbindung an den Deutschen Nachhaltigkeitskodex

- Etwaige ausgewählte Kennzahlen und Zielwerte können für den Bericht übernommen werden.

Der N-Kompass ist inhaltlich kohärent zum DNK gestaltet. Das bedeutet, dass Ergebnisse aus der N-Kompass-Analyse und dem Programm direkt den Strukturen und Kriterien des DNK zugeordnet sowie in die DNK-Entsprechenserklärung übernommen werden können (Abb. 10).

Der DNK ist ein pragmatisches Rahmenwerk für die Nachhaltigkeitsberichterstattung, dass v. a. Erstberichterstattern den Einstieg erleichtert und den EU-Berichtsvorgaben zu nicht finanziellen Kennzahlen gerecht wird (Bachmann und Riess 2016).

Der N-Kompass und DNK sind somit komplementär: der N-Kompass hilft dem Unternehmen bei der Strategieentwicklung (Fokus: Nutzen für das Unternehmen), der DNK liefert den Standard zur Berichterstattung (Fokus: Compliance, d. h. Erfüllung von Berichtsvorgaben und Standards). Weitere Details zum Deutschen Nachhaltigkeitskodex (DNK) finden sich unter Rat für Nachhaltige Entwicklung (2016).

2.4 Eine funktionale Toolunterstützung für die individuelle Strategiearbeit

Der N-Kompass ist eine toolgestützte Strategiemethode. Anders als Kennzahlen- und reine Berichtssoftware liegt der Schwerpunkt beim N-Kompass nicht auf der Software und möglichen skalierbaren Systemen, sondern auf der Methode und dem Strategieprozess. Da eine Strategie für jedes Unternehmen ein individueller Prozess ist, bei dem das Top-Management eingebunden werden muss, wird der N-Kompass als pragmatische Unterstützung und Strukturierungshilfe im individuellen Strategieprozess eingesetzt. Denn es ist klar, dass kein Unternehmen einer automatisierten Software seine Unternehmensstrategie anvertrauen würde.

Daher ist der N-Kompass zwar für die einfachere Handhabung toolunterstützt, entfaltet aber in der individuellen Zusammenarbeit verschiedener Stakeholder wie Führungskräften, dem Nachhaltigkeitsmanager und Beratern sein Potenzial.

Die Genossenschaft sustainable natives setzt in Beratungsprojekten eine netzwerkfähige Desktoplösung der N-Kompass-Methode ein, die in Projekten einfach und unabhängig von der Systemlandschaft des Unternehmens an die jeweiligen Anforderungen angepasst werden kann. Zusätzlich kann die Methode auf Kundenanforderung hin als Onlinelösung weitergeführt werden, die eine noch stärker vernetzte Anwendung ermöglicht.

Das Preismodell der N-Kompass-Methode ist an die Beratungsunterstützung geknüpft. Je nach Beratungsunterstützungsmodell (Report, Workshop, Projekt etc.) fallen Lizenzkosten für die Nutzung der N-Kompass-Methode an, die in das Beratungsprojekt einmalig eingepreist werden. Schulungen in Bezug auf die N-Kompass-Methode sind in der Beratungsunterstützung integriert.

3 Anwendungsbeispiele

Der N-Kompass wurde und wird in verschiedenen Anwendungsformen von Unternehmen eingesetzt. Vier Nutzungsszenarien sind dabei besonders relevant.

1. Nutzung des N-Kompass im Rahmen einer Outside-In-Bewertung und eines N-Kompass-Reports. Hier wird das Unternehmen durch Berater bzw. Experten von außen auf Basis öffentlich verfügbarer Informationen bewertet und erhält die Ergebnisse der N-Kompass-Analyse in Form eines Berichts bzw. einer Vorbewertung. Die Ergebnisse können zum Anlass genommen werden, ein Strategieprojekt aufzusetzen.
2. Einzelnutzung der Methode im Rahmen einer definierten Workshopserie mit einem Analyse- und einem Programmworkshop. Hier sind Stakeholder des Unternehmens beteiligt und arbeiten in zwei fokussierten Workshops an der Analyse, z. B. über beteiligte Führungskräfte und Fachexperten, mit. Aus den Workshops können Unternehmen schnell und fokussiert ein robustes, erstes Programm erarbeiten, dass dem Unternehmen Orientierung und eine individuelle Perspektive für ein umfassenderes Projekt gibt.
3. Nutzung der Methode im Rahmen eines umfassenden Transformationsprojekts, typischerweise zu Beginn in der Analyse- und Strategiephase. Hier wird der N-Kompass eingebettet in ein individuelles Strategie- und Transformationsprojekt, in dem typischerweise weitere Methoden und individuelle Beratungsansätze auf Kundenanforderung kombiniert werden.
4. Nutzung der N-Kompass-Methode im Do-it-yourself-Verfahren, wie es ursprünglich vom NWB Verlag konzipiert worden ist. Hier füllt das Unternehmen selbst die Analyse aus und leistet eigenständig Auswahl und Programmentscheidungen.

Insgesamt hat sich gezeigt, dass die Integration des N-Kompass in übergeordnete Analyse- und Strategieprozesse bzw. -projekte den meisten Nutzen für Unternehmen im Vergleich zu einer Stand-alone-Nutzung als Tool stiften kann. In dieser Erkenntnis wird die Methode kontinuierlich weiterentwickelt und neue Anforderungen werden kundenorientiert integriert.

Literatur

Bachmann G, Riess B (2016) Leitfaden zum Deutschen Nachhaltigkeitskodex – Orientierungshilfe für mittelständische Unternehmen. Rat für Nachhaltige Entwicklung und Bertelsmann Stiftung. http://www.deutscher-nachhaltigkeitskodex.de/fileadmin/user_upload/dnk/dok/Leitfaden_zum_Deutschen_Nachhaltigkeitskodex.pdf. Zugegriffen: 15. Okt. 2017

Kannegiesser M (2016) Nachhaltigkeitscontrolling und -steuerung – Wie Sie ein integriertes Nachhaltigkeits-Controlling aufbauen und damit Ihre Ziele strukturiert messen und berichten, 1. Aufl. NWB, Herne

Kannegiesser M, Zimmermann K (2016) Nachhaltigkeitsanalyse und -strategie – Wie Sie bei der Nachhaltigkeitsanalyse methodisch vorgehen und Ihre Strategie ganzheitlich definieren, 1. Aufl. NWB, Herne

Rat für Nachhaltige Entwicklung (2016) Der Deutsche Nachhaltigkeitskodex: Maßstab für nachhaltiges Wirtschaften. 3. aktualisierte Fassung, Texte Nr. 52, Rat für Nachhaltige Entwicklung. http://www.deutscher-nachhaltigkeitskodex.de/fileadmin/user_upload/dnk/dok/DNK-Brosch%C3%BCre_Der_Deutsche_Nachhaltigkeitskodex.pdf. Zugegriffen: 1. Mai 2017

Dr. Matthias Kannegiesser hat 17 Jahre Berufserfahrung als Unternehmensberater und ist Experte für Nachhaltigkeitsmanagement. Er war im Gründungsteam des Deutschen Nachhaltigkeitspreises und hat die Auswertung der Unternehmen methodisch mitkonzipiert und mehrfach geleitet. Matthias Kannegiesser veröffentlicht und forscht zu Methoden für nachhaltiges Wirtschaften und ist u. a. Architekt und Autor der N-Kompass-Methode für nachhaltiges Wirtschaften im N-Kompass-Netzwerk sowie des Deutschen-Nachhaltigkeitskodex(DNK)-Scorings für Unternehmen. Er ist Gründer der nachhaltigen Unternehmensberatung time2sustain und Vorstand der sustainable natives eG. Er hat Wirtschaftsingenieurswesen studiert an der Universität Karlsruhe und Valencia sowie an der TU Berlin promoviert.

Marie-Lucie Linde verantwortet beim NWB Verlag – mittelständischer Fachverlag für Steuerberater und Wirtschaftsprüfer – den Bereich Unternehmensverantwortung, -kultur und -kommunikation. Sie ist zertifizierte Corporate-Social-Responsibility-Managerin (FA). Über fünf Jahre hat sie u. a. als verantwortliche Produktmanagerin für den NWB Verlag die Nachhaltigkeitsmarke und Managementmethode N-Kompass mitentwickelt und am Markt platziert. Sie ist verantwortliche Redakteurin des *N-Kompass Magazins*, einem Fachmagazin rund um das nachhaltige Wirtschaften im Mittelstand. Zu ihren Erfahrungen zählt die Beratung von Unternehmen beim Aufbau eines Nachhaltigkeitsmanagements und der Maßnahmenumsetzung. Ihre Leidenschaft liegt in der Nachhaltigkeitskommunikation, der Berichterstattung, der redaktionellen Arbeit sowie dem Change-Management im Mittelstand. Sie hat Mehrsprachige Kommunikation (Bachelor) und European Studies (Master) studiert.

Der United Nations Global Compact und das Deutsche Global Compact Netzwerk – Berichtsformat und Lernplattform zugleich

Sophie von Gagern und Johanna Raphaela Wahl

1 Der United Nations Global Compact

Der United Nations Global Compact (UNGC) ist die weltweit größte und wichtigste Initiative für verantwortungsvolle Unternehmensführung. Auf Grundlage von zehn universellen Prinzipien entlang der vier Kernthemen Arbeitsnormen, Menschenrechte, Umwelt und Klima sowie Korruptionsprävention und den Sustainable Development Goals (SDG) verfolgt das Multistakeholdernetzwerk die Vision einer inklusiven, ressourcenschonenden und nachhaltigen Weltwirtschaft. Rund 13.000 Unternehmen und Non-business-Organisationen wie Universitäten, Verbände und Kammern, Städte, zivilgesellschaftliche Organisationen und öffentliche Institutionen aus 170 Ländern sind Unterzeichner des UNGC (Abb. 1). International und in Deutschland liegt dem Global Compact das Prinzip der freiwilligen Selbstverpflichtung zugrunde. Unterzeichner verpflichten sich explizit, die universellen Grundregeln des UNGC in ihrem Kerngeschäft zu verankern, ihre Unternehmenspraxis Stück für Stück entlang der zehn Prinzipien zu verbessern und transparent über Aktivitäten, Ziele und Fortschritte zu berichten. Auf dieser Grundlage sollen Unterzeichner zu einer nachhaltigen Entwicklung weltweit beitragen.

Der UN Global Compact wurde im Jahr 2000 als Initiative von Kofi Annan, dem damaligen Generalsekretär der Vereinten Nationen, ins Leben gerufen und bietet seither einen

---

Sämtliche Publikationen sowie weitere Informationen finden Sie auf unserer Homepage www.globalcompact.de. Die Publikation des United Nations Global Compact finden Sie auf der Webseite UNGC: www.unglobalcompact.com.

S. von Gagern (✉)
Deutsche Gesellschaft für Internationale Zusammenarbeit (GIZ) GmbH, Deutsches Global Compact Netzwerk
Berlin, Deutschland
E-Mail: sophie.gagern@giz.de

J. R. Wahl
E-Mail: Johanna.wahl@hu-berlin.de

© Springer-Verlag GmbH Deutschland, ein Teil von Springer Nature 2018   67
G. Weber und M. Bodemann (Hrsg.), *CSR und Nachhaltigkeitssoftware*,
Management-Reihe Corporate Social Responsibility,
https://doi.org/10.1007/978-3-662-57307-5_6

Die 10 Prinzipien des Global Compacts	
Menschenrechte	1. Unternehmen sollen den Schutz der internationalen Menschenrechte unterstützen und achten.
	2. Unternehmen sollen sicherstellen, dass sie sich nicht an Menschenrechtsverletzungen mitschuldig machen.
Arbeitsnormen	3. Unternehmen sollen die Vereinigungsfreiheit und die wirksame Anerkennung des Rechts auf Kollektivverhandlungen wahren.
	4. Unternehmen sollen für die Beseitigung aller Formen von Zwangsarbeit eintreten.
	5. Unternehmen sollen für die Abschaffung von Kinderarbeit eintreten.
	6. Unternehmen sollen für die Beseitigung von Diskriminierung bei Anstellung und Erwerbstätigkeit eintreten.
Umweltschutz	7. Unternehmen sollen im Umgang mit Umweltproblemen dem Vorsorgeprinzip folgen.
	8. Unternehmen sollen Initiativen ergreifen, um größeres Umweltbewusstsein zu fördern.
	9. Unternehmen sollen die Entwicklung und Verbreitung umweltfreundlicher Technologien beschleunigen.
Korruptionsprävention	10. Unternehmen sollen gegen alle Arten der Korruption eintreten, einschließlich Erpressung und Bestechung.

Abb. 1 Die zehn Prinzipien des UNGC im Überblick

einzigartigen Rahmen, um über Branchen und Ländergrenzen hinweg über eine gerechte und ressourcenschonende Ausgestaltung wirtschaftlicher Aktivitäten zu diskutieren und diese durch die Entwicklung geeigneter Strategien in Unternehmen zu verwirklichen. Ziel ist es, Veränderungsprozesse anzustoßen, Transparenz zu fördern und innovative Ideen zwischen den verschiedenen Stakeholdern zu teilen. Dabei versteht sich die Initiative nicht als zertifizierbarer Standard oder als Regulierungsinstrument, sondern als eine Lern- und Dialogplattform mit eigenem Berichtsformat. Der Fortschrittsbericht des UNGC, der sog. Communication on Progress (COP), muss jährlich von Unternehmen eingereicht werden. In etwa 80 nationalen Netzwerken werden die Unterzeichner dabei unterstützt, konkrete Lösungsansätze zu entwickeln und tragen damit zur globalen Vision des UNGC bei.

Der vorliegende Text soll einen Überblick über den UNGC und sein Berichtsformat geben. Im Folgenden wird zunächst das Deutsche Global Compact Netzwerk (DGCN) vorgestellt, um dann genauer auf die vier Kernthemen der Berichterstattung und die formalen Anforderungen des COP einzugehen.

2 Das Deutsche Global Compact Netzwerk

Das DGCN entstand auf Initiative deutscher Unternehmen im Jahr 2000 als eines der ersten lokalen Netzwerke des UNGC. In ihm versammeln sich die deutschen Unterzeichner des UNGC: Derzeit sind dies rund 420 Unternehmen – von DAX-Konzernen über Mittelständler bis hin zu kleinen Spezialisten – und über 50 Organisationen aus Zivilgesellschaft, Wissenschaft und dem öffentlichen Sektor. Im Netzwerk können sich die Teilnehmer im Rahmen von Lern- und Dialogformaten wie Webinaren, Coachings und Peer-Learning-Groups über Themen unternehmerischer Verantwortung informieren, Ideen austauschen und gemeinsam an praxisorientierten Lösungen arbeiten. Darüber hinaus bietet das DGCN eine Reihe von Publikationen und Tools zu den Themen Wirtschaft und Menschenrechte, Umwelt und Klima, Korruptionsprävention, Reporting und SDG an, die sich an den Bedürfnissen der teilnehmenden Unternehmen orientieren. Das DGCN unterstützt damit, Veränderungsprozesse bei den Unterzeichnern anzustoßen, die entlang der gesamten Wertschöpfungskette verankert werden sollen. Außerdem hilft das DGCN den deutschen Unterzeichnern bei der Erstellung ihrer Fortschrittsberichte.

3 Communication on Progress – das Berichtsformat des United Nations Global Compact

Im jährlichen Fortschrittsbericht (COP) stellen Unternehmen ihre Aktivitäten in den vier Themenbereichen dar und beschreiben, wie sie Veränderungen vorantreiben und überprüfen. Mit der Berichterstattungspflicht verfolgt der UNGC das Ziel, dass sich die Unterzeichner mit ihren Auswirkungen auf Mitarbeiter, Umwelt und Menschen entlang der Wertschöpfungskette auseinandersetzen, sich Ziele setzen und Maßnahmen ergreifen, die sie sowohl nach innen als auch nach außen kommunizieren. Das Berichtsformat ist kompatibel mit bekannten Nachhaltigkeitsberichtsstandards wie den Global-Reporting-Initiative(GRI)-Standards und dem Deutschen Nachhaltigkeitskodex (DNK).

Neben einer Erklärung der Geschäftsführung zum fortdauernden Engagement im UNGC müssen teilnehmende Unternehmen auch konkrete Angaben darübermachen, wie sie die gesetzten Ziele messen und bewerten. Darüber hinaus werden Unterzeichner auf freiwilliger Basis dazu aufgerufen, die SDG der Vereinten Nationen zu fördern und darzulegen, zu welchen dieser Ziele sie einen aktiven Beitrag leisten.

Durch das Reporting wird Transparenz und Rechenschaft nicht nur gegenüber dem UNGC, sondern gegenüber allen Stakeholdern gewährleistet, denn der COP ist vollständig öffentlich auf der Webseite des UNGC einsehbar. Mehr als 28.000 Berichte können dort bereits eingesehen werden.

Zu den inhaltlichen Mindestanforderungen zählt die Erklärung der Geschäftsführung zum fortdauernden Engagement des Unternehmens und zu weiteren Anstrengungen hinsichtlich der Umsetzung und Förderung der zehn Prinzipien (Abb. 2). Damit soll die Unterstützung von höchster Ebene gewährleistet werden. Falls ein Unternehmen nicht über

Erklärung des Hauptgeschäftsführers		
Menschenrechte	Assessment, Richtlinien und Ziele	
	Umsetzung	
	Messung der Ergebnisse	
Arbeitsnormen	Assessment, Richtlinien und Ziele	
	Umsetzung	
	Messung der Ergebnisse	
Umwelt und Klima	Assessment, Richtlinien und Ziele	
	Umsetzung	
	Messung der Ergebnisse	
Korruptionsprä-vention	Assessment, Richtlinien und Ziele	
	Umsetzung	
	Messung der Ergebnisse	

Abb. 2 Mögliche Struktur des Communication on Progress (COP)

die einzelnen Themenfelder oder Teilaspekte der zehn Prinzipien des UNGC berichten kann, muss dies von ihm begründet werden („report or explain"). Um einen kontinuierlichen Fortschritt zu zeigen, müssen die Ergebnisse des Fortschritts letztlich anhand definierter qualitativer und/oder quantitativer Indikatoren für die vier Kernthemen gemessen und bewertet werden.

Zusätzlich zu der Erfüllung dieser Mindestanforderungen werden Unternehmen beim Hochladen des COP gefragt, mit welchen Nachhaltigkeitszielen (SDG) sie sich in ihrem Fortschrittsbericht bereits befassen. Beschäftigt sich ein Unternehmen noch nicht mit den SDG, muss es hier keine Angaben machen.

4 Berichterstattung zu den vier Kernthemen des UNGC und den SDGs

Mit der Unterzeichnung des UNGC verpflichten sich die teilnehmenden Unternehmen dazu, Veränderungsprozesse anzustoßen und die zehn Prinzipien strategisch in der Unternehmensphilosophie zu verankern. Die Berichterstattung ist dabei nur das Ergebnis und kein Selbstzweck. Aber was genau kann dies ganz konkret in den Kernthemen des UNGC bedeuten?

4.1 Arbeitsnormen und Menschenrechte

Menschenrechte zielen darauf ab, die Würde und Freiheit der Menschen zu schützen. Sie haben den Anspruch, für alle Menschen gleichermaßen und weltweit zu gelten. Zu ihnen gehören beispielsweise das Diskriminierungsverbot, das Recht auf einen angemessenen Lebensstandard und das Recht auf Schutz der Privatsphäre. Die Kernarbeitsnormen der Internationalen Arbeitsorganisation, die Sozialstandards im Rahmen der Welthandelsordnung umfassen, gehören ebenfalls zum Kanon der Menschenrechte.

Nahezu alle Staaten erkennen die UN-Menschenrechtsabkommen an und verpflichten sich damit, diese zu respektieren, umzusetzen und vor Beeinträchtigungen durch Dritte, wie z. B. Unternehmen, zu schützen. Die Achtung der Menschenrechte ist daher eine wesentliche Voraussetzung für die gesellschaftliche Akzeptanz der unternehmerischen Geschäftätigkeit und für die Begrenzung imagebezogener, betrieblicher, finanzieller und rechtlicher Risiken. Ein proaktiver Menschenrechtsansatz hilft bei der Vermeidung bzw. Verringerung von Managementkosten, dem Schutz der eigenen Reputation und der Vorbereitung auf oder der Umsetzung von neuen Regulierungsmaßnahmen. Darüber hinaus bringt ein proaktiver Menschenrechtsansatz Vorteile hinsichtlich der Erfüllung der Anforderungen von Geschäftskunden, eine verbesserte Kreditwürdigkeit, eine positivere Wahrnehmung im Vergleich zu Wettbewerbern sowie eine größere Mitarbeiterzufriedenheit und somit ein besseres Betriebsklima.

Die ersten sechs Prinzipien des UNGC zielen auf die Achtung der Menschenrechte und damit auf die Umsetzung von Arbeitsnormen ab. Ihre Inhalte basieren auf der Allgemeinen Erklärung der Menschenrechte sowie auf der Erklärung über die grundlegenden Prinzipien und Rechte bei der Arbeit der Internationalen Arbeitsorganisation.

Prinzipien zu Menschenrechten und Arbeitsnormen des UNGC

Prinzip 1: Unternehmen sollen den Schutz der internationalen Menschenrechte unterstützen und achten

Prinzip 2: Unternehmen sollen sicherstellen, dass sie sich nicht an Menschenrechtsverletzungen mitschuldig machen

Prinzip 3: Unternehmen sollen Vereinigungsfreiheit und die wirksame Anerkennung des Rechts auf Kollektivverhandlungen wahren

Prinzip 4: Unternehmen sollen für die Beseitigung aller Formen von Zwangsarbeit eintreten

Prinzip 5: Unternehmen sollen für die Abschaffung von Kinderarbeit eintreten

Prinzip 6: Außerdem sollen Unternehmen für die Beseitigung von Diskriminierung bei Anstellung und Erwerbstätigkeit eintreten.

In der Berichterstattung empfiehlt es sich, den Fokus auf die zugrundeliegenden Sorgfaltsprozesse zu setzen. Ausgehend von den UN-Leitprinzipien für Wirtschaft und Menschenrechte, dem seit 2011 international anerkannten Handlungsrahmen, sind Unternehmen angehalten, Prozesse menschenrechtlicher Sorgfalt zu implementieren. Auf einzelne Elemente wie Grundsatzerklärung, Ermittlung von Risiken und Auswirkungen, Integration von Maßnahmen in Unternehmensaktivitäten, Monitoring und Kommunikation sowie Einrichtung von Beschwerdemechanismen kann dann in der COP-Berichterstattung eingegangen werden.

4.2   Umwelt und Klima

Die drei Umweltprinzipien des UNGC wirken einer Vielzahl der aktuellen Herausforderungen wie Ressourcenknappheit, Klimawandel, Entwaldung, Wüstenbildung, Wassermangel, Verschmutzung der Atmosphäre und dem Artensterben entgegen. Sie sind aus der Rio-Erklärung über Umwelt und Entwicklung abgeleitet, die 1992 auf dem UN-Erdgipfel in Johannesburg verabschiedet wurde.

Immer mehr Unternehmen erkennen, dass sie mit entsprechenden Strategien und Maßnahmen auch eigene Risiken senken und neue Geschäftschancen erschließen können. Ziel soll deshalb sein, auf der einen Seite den negativen Einfluss auf die Umwelt so gering wie möglich zu halten und auf der anderen Seite den positiven Einfluss auszubauen.

Prinzipien zu Umwelt und Klima des UNGC

Prinzip 7: Unternehmen sollen im Umgang mit Umweltproblemen einen vorsorgenden Ansatz unterstützen

Prinzip 8: Unternehmen sollen Initiativen ergreifen, um ein größeres Verantwortungsbewusstsein für die Umwelt zu erzeugen

Prinzip 9: Unternehmen sollen die Entwicklung und Verbreitung umweltfreundlicher Technologien fördern

Wichtig ist dabei, dass die Aktivitäten im Kerngeschäft des Unternehmens integriert werden – sowohl am eigenen Standort als auch entlang der gesamten Wertschöpfungskette. Dabei sollte es nicht nur darum gehen, die Gesetze einzuhalten, sondern darüber hinaus Risiken zu minimieren und Chancen zu ergreifen. Maßnahmen mit positivem Einfluss können Recycling, Energieeffizienz, Schaffung von Habitaten, Renaturierung sowie die Entwicklung von alternativen, ressourcen- und energieeffizienten Technologien, Produkten oder Dienstleistungen sein. Dadurch können auch neue Geschäftspotenziale und Wettbewerbsvorteile erschlossen werden.

Es gibt eine Vielfalt an Themen, zu denen Unternehmen im Bereich Umwelt und Klima berichten können: Energieverbrauch, Treibhausgasemissionen, Erhalt der Biodiversität, Abfall, Verwendung von Wasser, Nutzung natürlicher Ressourcen und vieles mehr. Um zu bestimmen, welche der Themen für das Unternehmen wesentlich sind, sollten Unternehmen im ersten Schritt anhand von klar definierten Kriterien eine Wesentlichkeitsanalyse durchführen. Dabei sollten auch die Auswirkungen und Abhängigkeiten entlang der Wertschöpfungskette berücksichtigt werden.

In der Berichterstattung geht es dann darum, die Auswirkungen der Geschäftstätigkeit auf Umwelt und Klima sowie die Chancen eines aktiveren Umweltschutzes für das Unternehmen zu beschreiben. Der Fokus sollte dabei auf der Beschreibung von Grundsätzen, öffentlichen Verpflichtungen, Unternehmenszielen, Aktivitäten zur Umsetzung der Ziele und Maßnahmen[1] liegen. Der Fortschrittsbericht muss zudem Angaben zu Kennzahlen und Indikatoren enthalten, mit denen die Ergebnisse und Fortschritte bei der Zielerreichung gemessen werden. Diese können sowohl quantitativ dargestellt als auch qualitativ beschrieben werden.

4.3 Korruptionsprävention

Korruption existiert in unterschiedlichen Ausprägungen in fast allen Unternehmen, Branchen und Ländern. Sie verstärkt Armut und politische Instabilität, untergräbt nachhaltiges Wirtschaftswachstum und verzerrt fairen Wettbewerb. Dies sind nur einige ihrer Folgen. Unternehmen haben bei der Bewältigung dieses Problems eine wichtige Rolle.

Im Jahr 2004 hat der UNGC das zehnte Prinzip zu den bestehenden Prinzipien hinzugefügt. Es basiert auf der UN-Konvention gegen Korruption UN Convention Against Corruption (UNCAC) und ist inzwischen fester Bestandteil der Arbeit des UNGC und seiner lokalen Netzwerke.

---

[1] Maßnahmen sind stark abhängig von der Geschäftstätigkeit des Unternehmens. Hier nur exemplarische Beispiele: Einführung von Umweltmanagementsystemen, vermehrter Bezug von nach Umweltstandards zertifizierter Ware, energieeffizientere Beladung von Transportsystemen, Nutzung recycelter, erneuerbarer und kompostierbarer Materialien, Schulung von Mitarbeitern und Lieferanten im Umwelt- und Klimamanagement, Reduktion des Wasserverbrauchs in Risikogebieten, Sensibilisierung von Lieferanten, Integration von Umweltaspekten in Forschung und Entwicklung, Renaturierungen etc.

Das 10. Prinzip des UNGC zu Korruptionsprävention
Prinzip 10: Unternehmen sollen gegen alle Arten der Korruption eintreten, einschließlich Erpressung und Bestechung

In den letzten zehn Jahren haben Unternehmen deutlich mehr Verantwortung übernommen. Es wurden interne, externe und kollektive Maßnahmen zur Korruptionsprävention
eingeführt. Als Beispiel für Letzteres sei an dieser Stelle etwa die Allianz für Integrität
genannt, die sich als Multiakteurspartnerschaft für unternehmerische Integrität einsetzt.
Durch Compliance, also Regeltreue, können Unternehmen aktiv gegen Betrug, Bestechung, Erpressung und andere Formen der Korruption vorgehen.

Im Fortschrittsbericht sollen Unternehmen die Bedeutung der Korruptionsprävention
für ihre Organisation beschreiben, ihr Korruptionsrisiko einstufen sowie die Grundsätze,
öffentlichen Verpflichtungszusagen und Unternehmensziele in diesem Bereich darstellen.
Das eigene Null-Toleranz-Bekenntnis des Unternehmens gegen Korruption und die Verpflichtung zur Einhaltung gesetzlicher Vorgaben sind hierbei Aspekte, die aufgenommen
werden können. Es geht darum, das unternehmenseigene Risiko im Hinblick auf Korruption einzustufen und Ansätze sowie Aktivitäten, die bereits unternommen werden, um
der Thematik zu begegnen, darzustellen. Dies können etwa Kommunikationsmaßnahmen,
interne Schulungen und Kontrollen oder die Teilnahme an Initiativen zur Korruptionsprävention und -bekämpfung sein. Ferner können auch Ziele angeführt werden, die sich das
Unternehmen im kommenden Jahr diesbezüglich setzt. Darüber hinaus kann die Berichterstattung dazu genutzt werden, aufzuzeigen, wie auf Vorfälle reagiert wird.

Der Fortschrittsbericht muss außerdem im Bereich Korruptionsprävention Angaben
zur Überwachung und Auswertung der Umsetzungsmaßnahmen beinhalten, etwa interne
oder externe Audits. Die Messung der Ergebnisse im Bereich Antikorruption kann im COP
sowohl quantitativ dargestellt als auch qualitativ erläutert werden. Wie in den anderen Themenbereichen steigert das Reporting zum zehnten Prinzip die Transparenz des Unternehmens und seiner Handlung – etwa gegenüber Kunden, Investoren oder der Zivilgesellschaft.

5   Formale Anforderungen des Communication on Progress

Der COP kann als eigenständiges Dokument erstellt oder in bestehende Berichtsformate wie den Nachhaltigkeits- oder Jahresbericht integriert werden. Sein Format ist frei
wählbar, dabei kann die jährliche Berichterstattung nach der Erfahrung der Unternehmen
variieren. Einige formale Anforderungen müssen erfüllt und der Bericht auf der Webseite des UNGC hochgeladen werden. Außerdem soll er in der Sprache der wichtigsten
Stakeholder des Unternehmens verfasst sein. Für deutsche Unterzeichner kann der Bericht
demnach auch in deutscher Sprache verfasst und veröffentlicht werden. Im Folgenden
werden die verschiedenen Differenzierungslevel und die Vorlagefrist genauer erläutert.

5.1   Differenzierungslevel

Die Berichterstattung differenziert sich je nach Erfahrung der Unternehmen in drei verschiedene Level: Learner, GC Active und GC Advanced. Die Differenzierung wird dabei nicht vom UNGC vorgenommen, sondern hängt von der Selbstevaluierung des Unternehmens und dem eingereichten COP ab. Ziel der verschiedenen Differenzierungslevel ist es, einen kontinuierlichen Fortschritt zu fördern, eine Lernplattform zum Austausch zu schaffen sowie Fortschritte anzuerkennen.

Weniger erfahrene Unternehmen können als Learner starten. Dieses Level ist als Einstiegsstufe für neue Unternehmen im UNGC zu verstehen. Unternehmen können so im ersten Jahr ihrer Unterzeichnung die Grundlagen für die Berichterstattung lernen und einen COP einreichen, der noch nicht alle Mindestanforderungen erfüllt. Im zweiten Jahr muss dann die Basis für einen Fortschrittsbericht auf dem Level GC Active bestehen. Berichtet man nach dem Differenzierungslevel GC Active werden alle Anforderungen der COP-Policy erfüllt. Das heißt eine Erklärung der Geschäftsführung liegt vor, es wird zu den vier Themenbereichen berichtet und Indikatoren zur Messung in den Bereichen werden definiert und angewandt.[2] Die höchste Stufe in der Berichterstattung des UNGC ist GC Advanced. Die Berichterstattung geht hierbei über die Mindestanforderungen an den Fortschrittsbericht hinaus: 21 fortgeschrittene Kriterien werden in den Bereichen Umsetzung der zehn Prinzipien in Geschäftsstrategien und Aktivitäten des Unternehmens, Unterstützung der Ziele und Anliegen der UN sowie nachhaltige Unternehmensführung erfüllt und diese im COP beschrieben.

5.2   Wann muss der Communication on Progress vorliegen?

Die Vorlagefrist für den COP basiert auf dem Eintrittsdatum, d. h. er muss spätestens ein Jahr nach dem Beitritt zum UNGC vorliegen. Teilnehmer, die die Vorlagefrist nicht einhalten können, haben die Möglichkeit vor Ablauf der Frist ein Nachfristersuchen (Grace Request) mit einer stichhaltigen Erklärung für die Verzögerung einzureichen. Durch das Einreichen eines Nachfristersuchens verlängert sich die Frist um 90 Tage. Unternehmen, die ihren Bericht nicht fristgerecht einreichen, erhalten den Status „non-communicating" (nicht berichtend). Kommen die Teilnehmer der Berichtspflicht nicht nach – werden also länger als ein Jahr als „non-communicating" geführt – folgt der Ausschluss aus dem UNGC. Teilnehmer, die die Vorlagefrist an ihre internen Berichtszyklen anpassen möchten, können über die Webseite des UNGC ein Anpassungsersuchen (Adjustment Request) stellen. Damit kann die Frist einmalig um bis zu elf Monate verschoben werden.

---

[2] Für kleine und mittelständische Unternehmen mit weniger als 250 Mitarbeitern gibt es auch die Möglichkeit, einen Express-COP zu erstellen. Dieser stellt eine deutlich vereinfachte Form der Berichterstattung dar.

5.3 Communication on Progress und andere Berichtsformate

Der COP des UNGC ist kein alleinstehendes Berichtsformat. Vielmehr ist eine Einbettung in die Nachhaltigkeitsberichterstattung des Unternehmens möglich und auch gewünscht.

Ein Corporate-Responsibility(CR)-Bericht nach den GRI-Standards kann beispielsweise als COP genutzt werden, wenn alle Themenbereiche des COP abgedeckt sind und die Erklärung der Geschäftsführung zur Unterstützung des UNGC enthalten ist. Die Vorgaben für die Berichterstattung sind beim COP eindeutiger als bei GRI-Standards, denn der COP muss jährlich eingereicht werden. Anwender des GRI-Standards, die einen COP erstellen möchten, können sich an dem Dokument *Verbindung schaffen: Nutzung der GRI G4 Leitlinien zur Berichterstattung über die Global Compact Prinzipien* (DGCN 2014) orientieren.

Einem Bericht nach den Kriterien des DNK muss die Erklärung der Geschäftsführung zur Unterstützung des UNGC hinzugefügt werden, um die Anforderungen des COP zu erfüllen. Im Gegensatz zu der Entsprechenserklärung des DNK muss der COP jährlich veröffentlicht werden. Weitere vergleichende Informationen zu den beiden Berichtsformaten können im Abgleich Communication on Progress zum UN Global Compact und Deutscher Nachhaltigkeitskodex des Rates für Nachhaltige Entwicklung (DGCN et al. 2017) eingesehen werden, der in der Bibliothek auf der Homepage des DGCN zu finden ist.

Bei einer Berichterstattung nach dem Eco-Management Audit Scheme (EMAS) ist die Umwelterklärung für den Teil der Ergebnismessung für den Bereich Umwelt und Klima verwendbar. Für den COP ist zusätzlich die Erklärung der Geschäftsführung zur Unterstützung des UNGC nötig. Diese kann in das Vorwort der Umwelterklärung integriert werden. Außerdem sind die Darstellung praktischer Maßnahmen für alle vier Themenbereiche des UNGC und die Messung der Ergebnisse für die Bereiche Menschenrechte, Arbeitsnormen und Korruptionsprävention hinzuzufügen. Es ist möglich (aber nicht zwingend erforderlich), in den COP weitere Angaben aus der Umwelterklärung, wie z. B. Angaben zur Organisation und deren Tätigkeit, zu integrieren.

Weitere Unterschiede und Gemeinsamkeiten zwischen den Rahmenwerken des UNGC zur Erstellung eines Fortschrittsberichts und anderen Leitlinien, Berichtsstandards und Managementstandards können in der Publikation CR-Berichterstattung (DGCN 2016) eingesehen werden.

5.4 Unterstützung durch das Deutsche Global Compact Netzwerk

Das DGCN bietet Teilnehmern Unterstützung für eine erfolgreiche Berichterstattung, z. B. im Bereich der Anwendung und Verknüpfung verschiedener Berichtsformate, der Integration des COP in andere Formate, bei der Berücksichtigung inhaltlicher Anforderungen und der wirkungsvollen Kommunikation unternehmerischer Aktivitäten. Außerdem bietet das Netzwerk regelmäßig Webinare zum Einstieg in die Berichterstattung an. Darüber hinaus empfiehlt das DGCN die Nutzung des CR-Kompasses[3] , einem onlinebasierten Tool, das bei der Erstellung des COP unterstützt und insbesondere für kleine und mittlere Unternehmen hilfreich ist, die noch am Anfang der Berichterstattung stehen. Diese können sich an den Beispielen der deutschen Unternehmen auf den Webseiten des UNGC und des DGCN orientieren. Dort sind auch zahlreiche Materialien zur Erstellung zu finden.

Literatur

DGCN (2014) Verbindung schaffen: Nutzung der GRI G4 Leitlinien zur Berichterstattung über die Global Compact Prinzipien. DGCN, Berlin
DGCN (2016) Corporate Responsibility Berichterstattung – Eine Übersicht zum UN Global Compact und weiterer CR-Rahmenwerken. DGCN, Berlin
DGCN et al (2017) Abgleich Communication on Progress zum UN Global Compact und Deutscher Nachhaltigkeitskodex des Rates für Nachhaltige Entwicklung. DGCN, Berlin

Weiterführende Literatur
DGCN et al (2014) Korruptions-Prävention. Ein Leitfaden für Unternehmen. DGCN, Berlin
DGCN (2015) 5 Schritte zum Management der menschenrechtlichen Auswirkungen Ihres Unternehmens. DGCN, Berlin
DGCN et al (2015) Menschenrechtliche Risiken und Auswirkungen ermitteln. Perspektiven aus der Unternehmenspraxis. DGCN, Berlin
DGCN (2017) Einführung Klimamanagement – Schritt für Schritt zu einem effektiven Klimamanagement in Unternehmen. DGCN, Berlin
UNGC (2017) Making global goals local business: a new era for responsible business. United Nations Global Compact, New York

Sophie von Gagern verantwortet im Deutschen Global Compact Netzwerk (DGCN) die Themenbereiche Umwelt und Klima und Reporting. Zuvor arbeitete Frau von Gagern in der Deutschen Gesellschaft für Internationale Zusammenarbeit (GIZ) GmbH an der Schnittstelle zwischen unternehmerischer Verantwortung und Entwicklungszusammenarbeit. Ihren B.A. in Politikwissenschaften und Volkswirtschaftslehre absolvierte sie in München und Birmingham und ihren M.Sc. in Sustainability Sciences and Policy an der Maastricht University.

---

[3] In der Basisversion kostenlos.

Johanna Raphaela Wahl war bis Februar 2018 für die Bereiche Public Relations und Communication beim Deutschen Global Compact Netzwerk (DGCN) verantwortlich. Neben ihrem M.A. in Kulturwissenschaft an der Humboldt-Universität zu Berlin ist sie gerade bei der Deutschen UNESCO-Kommission und kulturweit tätig. Zuvor arbeitete sie sechs Monate als Volunteer bei der Mongolischen UNESCO-Nationalkommission. Ihren B.A. in Literatur-, Kunst- und Medienwissenschaften sowie Wirtschaftswissenschaften absolvierte sie in Konstanz und Avignon.

Tools für das Nachhaltigkeitsmanagement – Fachbeiträge der Softwarehersteller mit Praxisberichten der Anwender

Tofuture – Wir kombinieren Know-how und Technik!

Frode Hobbelhagen, Veli Kalle Tavakka, Torsten Göbel, Verena Schulz-Klemp und Sven Reule

1 Das Unternehmen

Tofuture Oy wurde 1997 als Softwarehaus mit dazugehörigen Dienstleistungen gegründet. Zunächst waren Themen wie E-Commerce, insbesondere Onlinebanking vorherrschend. Darauf aufbauend hat Tofuture sein Produktspektrum auf die Bereiche Governance, Risk Management und Compliance erweitert und sich damit auf das nicht finanzielle Datenmanagement spezialisiert. Nach der Übernahme der Firma Proventia solutions Oy wurde Tofuture endgültig der führende Anbieter von Lösungen für Nachhaltigkeitsmanagement in den nordischen Ländern. Schon damals waren in den skandinavischen Unternehmen die Nachhaltigkeitsaktivitäten weit fortgeschritten – viel weiter als in Mitteleuropa.

F. Hobbelhagen (✉)
PEP ökotec Consult GmbH
Birkenau, Deutschland
E-Mail: f.hobbelhagen@pep-oekotec.de

V. K. Tavakka
Tofuture Oy
Espoo, Finnland
E-Mail: velikalle.tavakka@tofuture.eu

T. Göbel
Dometic Dienstleistungs-GmbH
Siegen, Deutschland
E-Mail: torsten.goebel@dometic.com

V. Schulz-Klemp
Outokumpu Holding Germany GmbH
Krefeld, Deutschland
E-Mail: verena.schulz@outokumpu.com

S. Reule
Seeheim-Jugenheim, Deutschland

© Springer-Verlag GmbH Deutschland, ein Teil von Springer Nature 2018
G. Weber und M. Bodemann (Hrsg.), *CSR und Nachhaltigkeitssoftware*,
Management-Reihe Corporate Social Responsibility,
https://doi.org/10.1007/978-3-662-57307-5_7

Die Idee war damals wie heute, komplexe Prozesse und Dienstleistungen für die Kunden verständlich und einfach zu machen. Das Produkt Tofuture Corporate Sustainability Management (Tofuture CSM) ist gemeinsam mit herausragenden nordischen bzw. skandinavischen Nachhaltigkeitsmanagern entwickelt worden. Es erfüllt die Bedürfnisse des Nachhaltigkeitsmanagers bei der nicht finanziellen Datenerfassung, Validierung, Analyse und Berichterstattung. Unterschiedliche Berichtsstandards sowie individuelle Anforderungen und Vorschriften werden erfüllt. Damit ist Tofuture CSM ein Produkt aus der Praxis für die Praxis. Unter dem Abschnitt Best Practice kann man nachlesen, wie verschiedene namhafte Firmen in Skandinavien CSM einsetzen. Es sind Inputs von, u. a. diesen Unternehmen, die zur Weiterentwicklung des Produkts CSM beitragen.

Durch diese enge Zusammenarbeit mit den Anwendern werden Benutzerfreundlichkeit und Funktionalität der CSM-Lösung ständig verbessert. Unser Ziel ist es sicherzustellen, dass CSM immer den aktuellen Anforderungen entspricht, die in den einschlägigen Normen und Vorschriften angegeben sind.

Deshalb arbeitet Tofuture sehr eng mit verschiedenen Organisationen für nachhaltige Entwicklung zusammen, wie beispielsweise Global Reporting Initiative (GRI) für die Berichterstattung oder den umweltrelevanten Organisationen Greenhouse Gas (GHG) Protocol oder Carbon Disclosure Projekt (CDP) für die Berechnung des CO_2-Ausstoßes (Scope 1, 2 und 3).

Abb. 1 Life Science Center, Espoo

Heute ist Tofuture eine Firma innerhalb des IFCX-Verbunds mit verschiedenen Softwareherstellern, die unterschiedliche Lösungen im Bereich des Gesundheitsschutzes und der Diagnostik anbieten. Wir sind GRI-Gold-Community-Mitglied und GRI-zertifizierte Trainingspartner sowie Softwareanbieter. CSM ist sehr gut in unserem skandinavischen Heimatmarkt bei den hiesigen globalen Playern eingeführt. In über 80 Ländern weltweit wird mit dieser Lösung gearbeitet.

Tofuture hat ihren Sitz in Espoo, direkt außerhalb der Toren Helsinkis. Im Life Science Center (Abb. 1) arbeiten die Mitarbeiter in einer technologischen und sehr innovativen Umgebung.

2 Nachhaltigkeit muss gelebt werden

Nachhaltigkeit ist wie ein dreibeiniger Hocker: das ökologische und das soziale/gesellschaftliche Bein sind genauso wichtig wie das ökonomische. Denn auf nur zwei Beinen kippt der Hocker einfach um! Unser Ehrgeiz ist es, den Nachhaltigkeitsaktivitäten von Unternehmen Schwung zu geben und generell aufzuwerten und zwar für alle drei Bereiche – ökonomisch, ökologisch und sozial/gesellschaftlich. Das Arbeitswerkzeug CSM ermöglicht hierzu ein sehr effizientes Nachhaltigkeitsmanagement.

Für uns ist Nachhaltigkeitsmanagement sehr eng mit dem klassischen Controlling verknüpft. Der ökonomische Bereich überlappt sich ja weitgehend. Auch beim Nachhaltigkeitsmanagement geht es um Kennzahlenbildung (Key Performance Indicators, KPI), Zielwerte bzw. Zielerreichung und, ganz wichtig, um internes oder externes Benchmarking. Daher ist es wichtig, dass die Tools skalierbar und flexibel sind und an sich verändernde Bedürfnisse angepasst werden können (verschiedene Unternehmensteile, Benutzeranforderungen, Indikatoren, KPI etc.).

Unternehmen benötigen eine Nachhaltigkeitsberichterstattung und eine darauf aufbauende Kommunikationsstrategie. So können sie sicherstellen, dass aktuelle und zukünftige Anforderungen und rechtliche Verpflichtungen so früh wie möglich berücksichtigt wer-

Abb. 2 PDCA-Zyklus

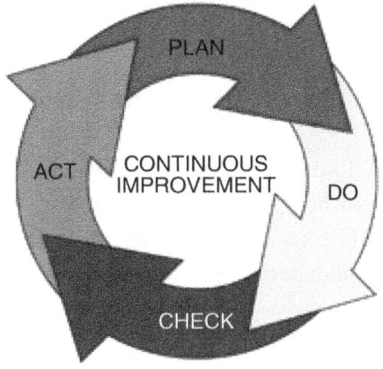

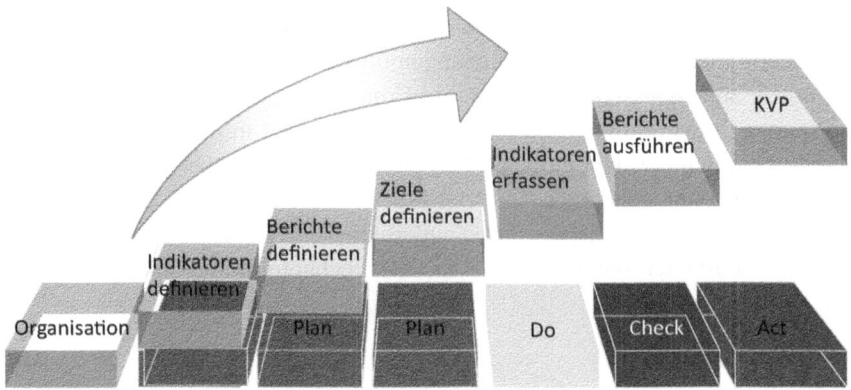

Abb. 3 Kontinuierlicher Verbesserungsprozess (KVP)

den, z. B. EU-Richtlinien. Dies wird auch von externen Stakeholdern verstärkt eingefordert.

In jedem Fall soll sich Nachhaltigkeit wirtschaftlich lohnen! Es geht also nicht in erster Linie darum, das Gewissen zu beruhigen. Es handelt sich eher um eine Art Unternehmensphilosophie, um sich langfristig auf dem globalen Markt behaupten zu können. Deshalb muss der Nachhaltigkeit von oben eine hohe Priorität gegeben werden und im täglichen Business vorgelebt werden.

Nachhaltigkeit folgt auch einer dynamischen Entwicklung, die im Controlling als Plan-Do-Check-Act-Darstellung bezeichnet wird (Abb. 2). Das bedeutet, dass die Ziele der verschiedenen Indikatoren für Nachhaltigkeit ständig überprüft und neu definiert werden müssen. Somit unterliegt Nachhaltigkeit auch einem kontinuierlichen Verbesserungsprozess (KVP; Abb. 3), genau wie die technischen Fertigungsprozesse im Unternehmen. Wenn der Plan-Do-Check-Act-Prozess auf CSM transferiert wird, müssen zuerst die Indikatoren, Berichtsinhalte und Zielwerte definiert werden, dann erfolgt die Datenerfassung und zum Schluss die Berichterstattung. Die Herausforderung für die verantwortlichen Mitarbeiter ist es, die Berichtsergebnisse so zu nutzen, dass neue Maßnahmen oder Ideen umgesetzt werden, um die laufende Geschäftsentwicklung noch nachhaltiger zu gestalten.

3   Für wen passt das Tool Corporate Sustainability Management?

Tofuture CSM unterscheidet zwischen dem Administrator und dem User. Jeder User hat sein begrenztes Handlungsfeld, das vom Administrator vorab festgelegt wird. Die Anzahl User ist nahezu unbegrenzt, jede Datenerfassungsstelle wird als User definiert. Dies können einzelne Niederlassungen oder auch Geschäftsstellen sein, je nach Datenverfügbarkeit.

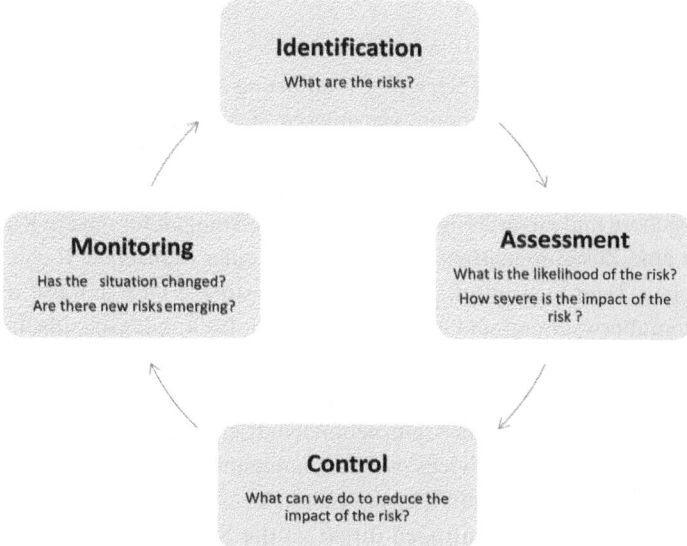

Abb. 4 Risk-Management

Der Administrator (es können auch mehrere sein) steuert die gesamte Datensammlung und die entsprechenden Auswertungen. CSM ist im Kern ein Tool für den Nachhaltigkeitsmanager und durch dieses arbeitserleichternde Werkzeug werden alle Nachhaltigkeitsaktivitäten gemanagt. Selbstverständlich kann es auch bei Performance- und Risk-Management (Abb. 4) sowie bei Compliance und Integrated Reporting eingesetzt werden.

In CSM kann man sehr gut Unternehmenshierarchien abbilden. Je dezentraler ein Unternehmen aufgebaut ist, umso sinnvoller ist eine Web-Applikation für die Datenerfassung. Das gilt besonders für global agierende Unternehmen, sofern für die einzelnen Unternehmensteile Daten vorhanden sind.

Im Hierarchiebaum können Konsolidierungsknoten eingebaut werden. Sie ermöglichen es, Nachhaltigkeitsdaten für verschiedene Unternehmensbereiche, Regionen oder einzelne Länder separat zu sammeln. Die Datenverwaltung kann gut strukturiert werden, so können auch große Datenmengen leicht gehandhabt werden.

Die Kunden von Tofuture sind größere, international tätige Konzerne, die hauptsächlich ihren Sitz im skandinavischen Raum haben. Diese Unternehmen haben umfangreiche Aktivitäten im Ausland, auch im deutschsprachigen Raum, dem wichtigsten europäischen Markt.

4 Allgemeines zu CSM

CSM wird als eine Software-as-a-Service-Cloudlösung angeboten, d. h. Kunden arbeiten automatisch mit der aktuellen Version, sie müssen sich nicht selbst mit neuen Releases oder Updates befassen. Dennoch stehen ihnen die neuesten Nachhaltigkeitsstandards und -normen sowie Informationstechnologien zur Verfügung.

Wir bieten sichere und zuverlässige Hostingdienstleistungen für unsere Kunden an. Seit Jahren besteht eine Zusammenarbeit mit Nebula Oy, einer finnischen Tochtergesellschaft der schwedischen Telefongesellschaft Telia. Der Hostingservice umfasst die komplette Wartung, Systemüberwachung und 24/7-Verfügbarkeit für kundenspezifische Anfragen.

Es besteht natürlich auch die Möglichkeit, das System in Deutschland zu hosten. In diesem Fall werden Verfügbarkeit und Wartung im Einzelnen geregelt.

Single-Sign-On (SSO) kann im Unternehmensintranet verwendet werden. Microsoft Active Directory Federation Services werden unterstützt. Für die weitere Zugriffsbeschränkung ist IP-adressenbasierte Filterung möglich.

Kunden können ihre Hotlineanfragen direkt an die Spezialisten bei Tofuture oder an den deutschen Kooperationspartner PEP ökotec Consult GmbH stellen.

5 Preissystem

5.1 Lizenzerwerb

Durch die Cloudlösung erwirbt man eine Lizenz für die Nutzung von CSM. Der Preis der Monatslizenz unterscheidet sich nach Inhalt und Umfang der eingesetzten Lösung. Er ist abhängig von der Anzahl Administratoren, User und Indikatoren, er beginnt bei etwa 1500 €, je nach Unternehmensgröße. Darin sind sowohl die halbjährlichen Updates, Hosting und Support eingeschlossen, als auch kundenspezifische Lösungen mit Zusatzfunktionen und standardisierten Indikatoren.

5.2 Implementierung und Investition

CSM ist einfach zu implementieren. In wenigen Wochen ist das System einsatzfähig. Das hängt v. a. von der Verfügbarkeit und der Qualität der Daten ab.

Die Kosten für die Implementierung werden üblicherweise separat abgerechnet. Einige Kunden arbeiten in dieser Projektphase intensiv mit, sie können dadurch ihre Kosten signifikant senken. Normalerweise liegen sie zwischen 10.000–20.000 €.

6　Wichtige Funktionen

6.1　Sukzessive Einführung

Bei der Implementierung des CSM-Tools besteht die Möglichkeit, sukzessiv vorzugehen. Empfehlenswert ist eine Einführung Land für Land oder ein Unternehmensteil nach dem anderen. Dabei behält man den Überblick und übernimmt sich nicht.

In CSM gibt es einen Indikatoren-Pool mit etwa 200 vordefinierten Indikatoren. Sie sind im Wesentlichen auf GRI 4 bzw. GRI-Standard aufgebaut, aber sie gelten natürlich auch für den Deutschen Nachhaltigkeitskodex (DNK) oder ISO 26000. Bei einer Systemeinführung kann im ersten Schritt die Anzahl der Indikatoren begrenzt werden; anschließend können sie nach und nach erweitert werden. Bei dieser Vorgehensweise wird die Datenerfassung nicht sofort überfrachtet.

Eine andere Variante ist, die Datenerfassung in der Startphase grundsätzlich jährlich zu definieren. CSM bietet die Möglichkeit einer quartalsweisen bzw. monatlichen Datenerfassung. Man kann frei wählen, wie häufig die Daten erfasst werden sollen. Für einige Indikatoren wie beispielsweise Energieverbrauch ist eine monatliche Erfassung sinnvoll. Bei vielen anderen reicht es jährlich, z. B. bei Mitarbeiterstrukturen.

6.2　Individualität und Mehrsprachigkeit

Das Dashboard von CSM wird mit Ihrer Corporate Identity dargestellt, zusammen mit Ihrem Logo und den passenden Farben dazu. Ihre Geschäftssprache kann ausgewählt oder hinzugefügt werden. Standardsprache ist Englisch, die von fast allen Kunden verlangt wird. Deutsch und die skandinavischen Sprachen werden ebenfalls angeboten und mit relativ geringem Aufwand können weitere Sprachen hinzugefügt werden. Lokale User können deshalb ihre eigene Sprache benutzen, dies vereinfacht die Handhabung.

6.3　Datenkontrolle von Administratoren

Der Nachhaltigkeitsmanager ist verantwortlich dafür, dass die internen und externen Nachhaltigkeitsberichte vollständig und korrekt sind. Das ist in vielerlei Hinsicht leichter gesagt als getan.

Der User kann bei der Dateneingabe einen Vergleich mit der Vorperiode machen bzw. zum Zielwert. Diese Art der Eigenkontrolle sichert die Datenqualität; bei der Skalierung werden nur die relevanten Größen als Alternativen angeboten.

In CSM werden die Indikatoren bei der Dateneingabe mit einem Status bewertet. Damit kann verfolgt werden, wie weit die Eingaben vorangeschritten sind und welche Indikatoren noch verarbeitet werden müssen. Nach dem vollständigen Abschluss der Dateneingabe

werden die Indikatoren i. d. R. vor der Veröffentlichung von einem Wirtschaftsprüfer geprüft.

Nach der neuen EU-Richtlinie müssen die nicht finanziellen Daten im Lagebericht des
Unternehmens beschrieben werden (Abb. 5). Als Bestandteil des Geschäftsberichts muss
natürlich der Lagebericht vom Wirtschaftsprüfer testiert werden.

Eine andere praktische Handhabung von CSM ist die Gestaltung des Dashboards. Dieses Dashboard dient auch als Kommunikationsplattform für alle CSM-User im Unternehmen. Hier kann der Administrator (Nachhaltigkeitsmanager) den User (lokale Nachhaltigkeitsverantwortliche) über Dinge der täglichen Arbeit informieren. Darüber hinaus
können weitere Informationen (z. B. von GRI) oder interne Berichte abgespeichert werden. Alle diese Informationen stehen als eine Art Nachhaltigkeitsinformationsbibliothek
für alle User ständig zur Verfügung. In Abb. 6 ist ersichtlich, wie die Informationen strukturiert werden können.

Auf dem Dashboard gibt es auch ein Feld über IT-Informationen von Tofuture. Bei
Updates wird man hier über Änderungen informiert.

Zu guter Letzt kann der Administrator eine Frist für die Dateneingabe setzen und
auch die User mit einer Alert-Funktion rechtzeitig vorwarnen. Insgesamt ist CSM eine
Art Data-Warehouse für die Mitarbeiter im Unternehmen, die sich mit den verschiedenen
Themen der Nachhaltigkeit beschäftigen.

Üblicherweise haben die Administratoren und User ihr Dashboard so gestaltet, dass
alle einen Sofortzugriff auf die Indikatoren und die definierten Berichte haben. Die Abb. 7
zeigt ein Beispiel.

Abb. 5 Themen der nichtfinanziellen Informationen im Lagebericht bzw. Geschäftsbericht

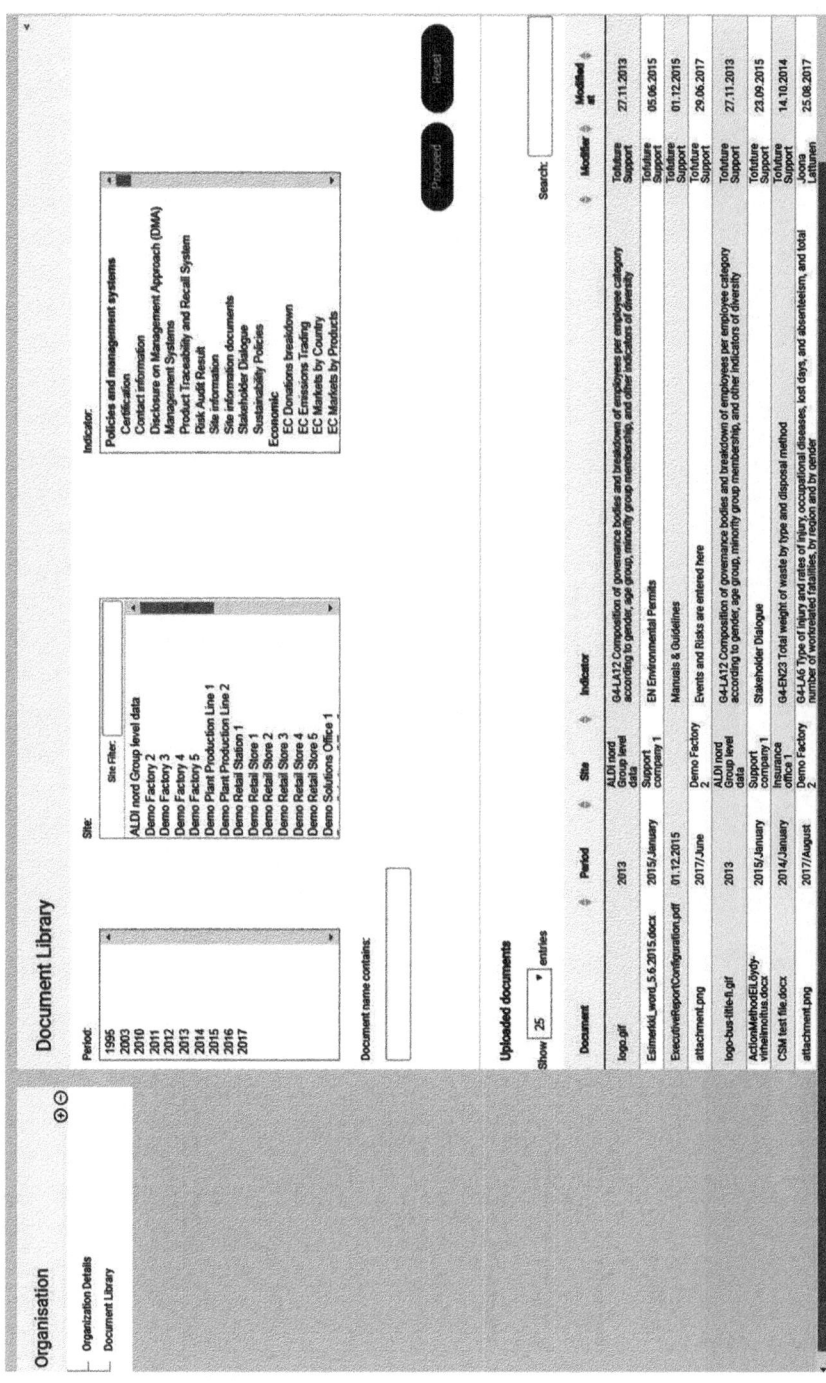

Abb. 6 CSM-Informationsbibliothek der Nachhaltigkeit

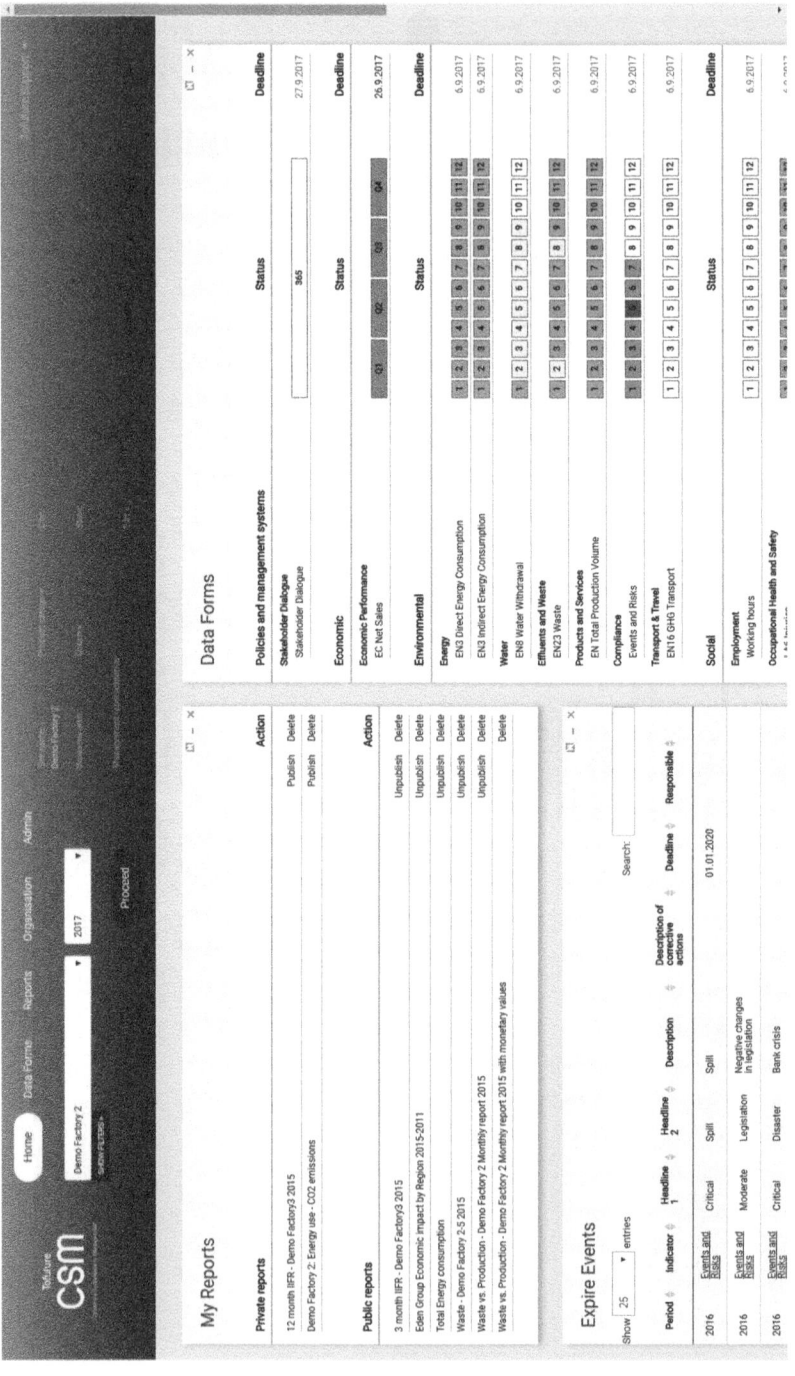

Abb. 7 CSM Dashboard

6.4 Indikatoren

Wie erwähnt beinhaltet CSM sehr viele vordefinierte Indikatoren, angelehnt an die Systematik von GRI. Ein Unternehmen sollte zunächst eine Materialitätsmatrix aufstellen, die als Grundlage für die Auswahl und Definition der Indikatoren dient. Damit können die wichtigsten Themenkreise sowohl für das Unternehmen als auch den externen Stakeholdern festgelegt und die entsprechenden Indikatoren definiert werden. Ein entsprechender Prozess wird schematisch in Abb. 8 dargestellt.

Für jeden Standort werden die Indikatoren zugeordnet; sie werden ab einem angegebenen Berichtsjahr gültig und die Erfassungshäufigkeit wird festgelegt (monatlich, quartalsweise, jährlich). Darüber hinaus werden die Indikatoren passend für das Unternehmen skaliert.

Selbstverständlich kann man unternehmensinterne Indikatoren definieren, die für die Darstellung der Nachhaltigkeit wichtig sind. Beispiel hierzu ist, wie viel Strom ein Unternehmen selbst produziert, z. B. durch eigene Solaranlagen.

Die Abb. 9 zeigt die individuell gestaltbare Eingabemaske für den Indikator Direkte Energie entsprechend Environment 3 (EN3) bei GRI.

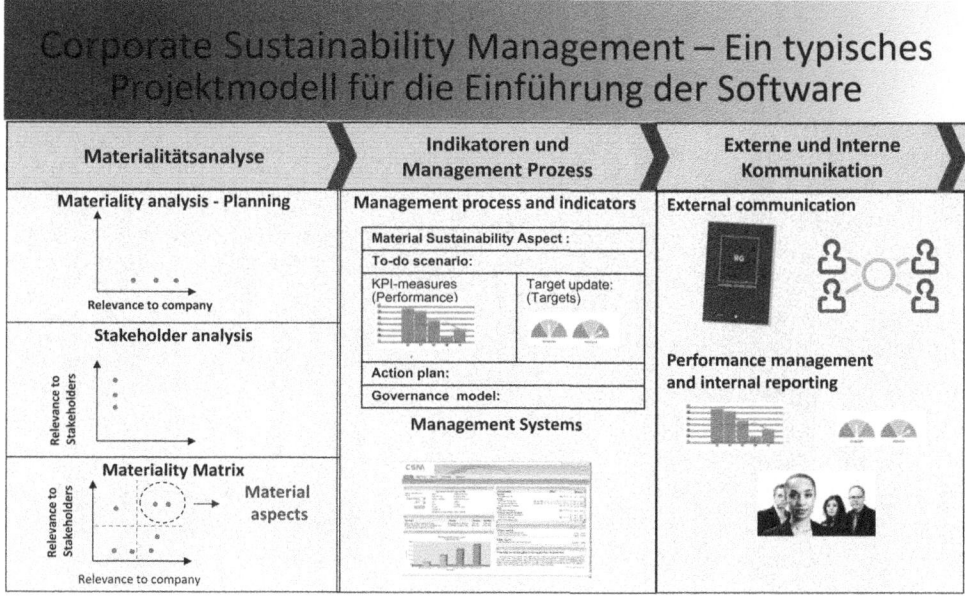

Abb. 8 Prozess zur Strukturierung des Nachhaltigkeitsmanagements

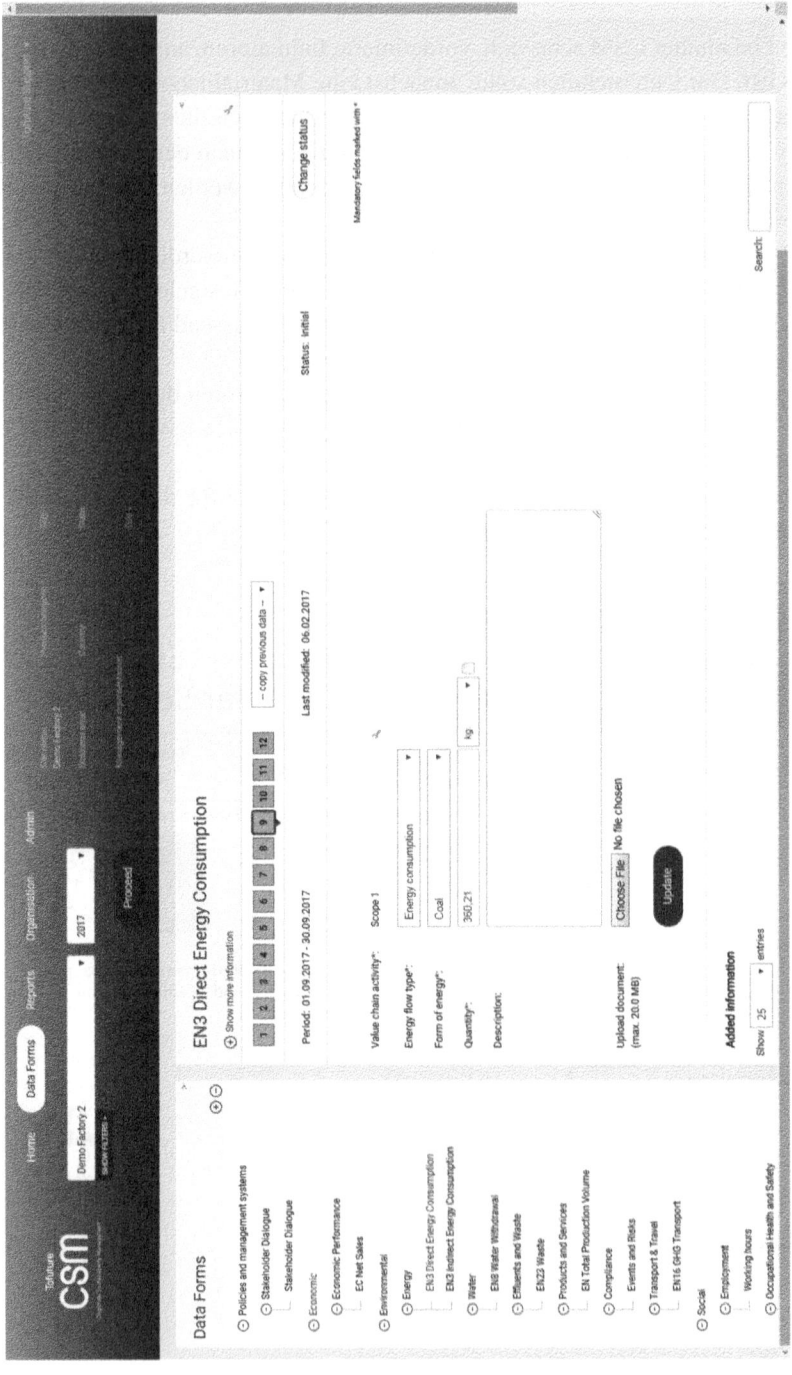

Abb. 9 Eingabemaske für Energieverbrauch

Abb. 10 Komplexe Berechnungsgrundlage für Emissionswerte

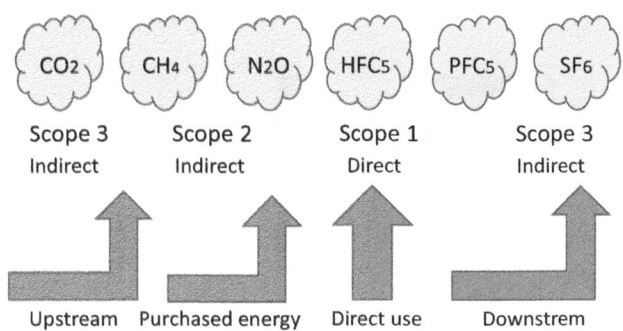

6.5 Lieferantenaudit

Die Wertschöpfungskette eines Produkts wird immer komplexer. Die Unternehmen spezialisieren sich zunehmend und kaufen verstärkt Komponenten zu. Wenn dann die Frage gestellt wird, wie viel CO_2 gebraucht wird, um dieses Produkt herzustellen, wird die Berechnungsgrundlage dürftig und unübersichtlich. Bei Scope 2 und Scope 3 für CO_2 sind solche Berechnungen vorgesehen (Abb. 10).

Zuverlässige Informationen sind von den Lieferanten schwer zu bekommen, es sei denn es handelt sich um Großkonzerne. Es handelt sich z. T. um vertrauliche Informationen, die man nicht gern preisgeben möchte. Besteht aber die Möglichkeit, Nachhaltigkeitsinformationen zu erhalten, kann man solche Informationen in CSM abspeichern bzw. die Lieferanten werden als User definiert und können selbst die Datenerfassung machen. Die Lieferanten werden dann als separate Firma angelegt.

Ein anderes Beispiel ist die permanente Lieferantenkontrolle im Ausland, z. B. bei Textilimporteuren. Sie arbeiten mit sehr vielen Lieferanten, die dauerhaft auf Arbeitssicherheit (Brandschutz), Kinderarbeit und Umgang mit gefährlichen Gütern geprüft werden müssen. Für die Dokumentation und Verfolgung solcher Informationen bietet sich CSM als hilfreiche Unterstützung an.

6.6 Berichtswesen

Nach der Planungsphase und der Datenerfassung folgt dann die Kontrolle durch die Berichterstattung. Die Berichte werden üblicherweise vorab definiert und innerhalb des CSM-User-Bereichs veröffentlicht. Ein Bericht ist erst dann wirklich fertig, wenn die richtigen Personen sich mit dem Inhalt auseinandersetzen. Nachhaltigkeit unterliegt, wie im Controlling oder Prozessmanagement, einem kontinuierlichen Verbesserungsprozess. Neue Maßnahmen müssen besprochen und entschieden, neue Ziele festgelegt werden. Die Berichte, die in CSM generiert werden, beinhalten Zielwerte und stellen sie den tatsächlichen IST-Werten gegenüber.

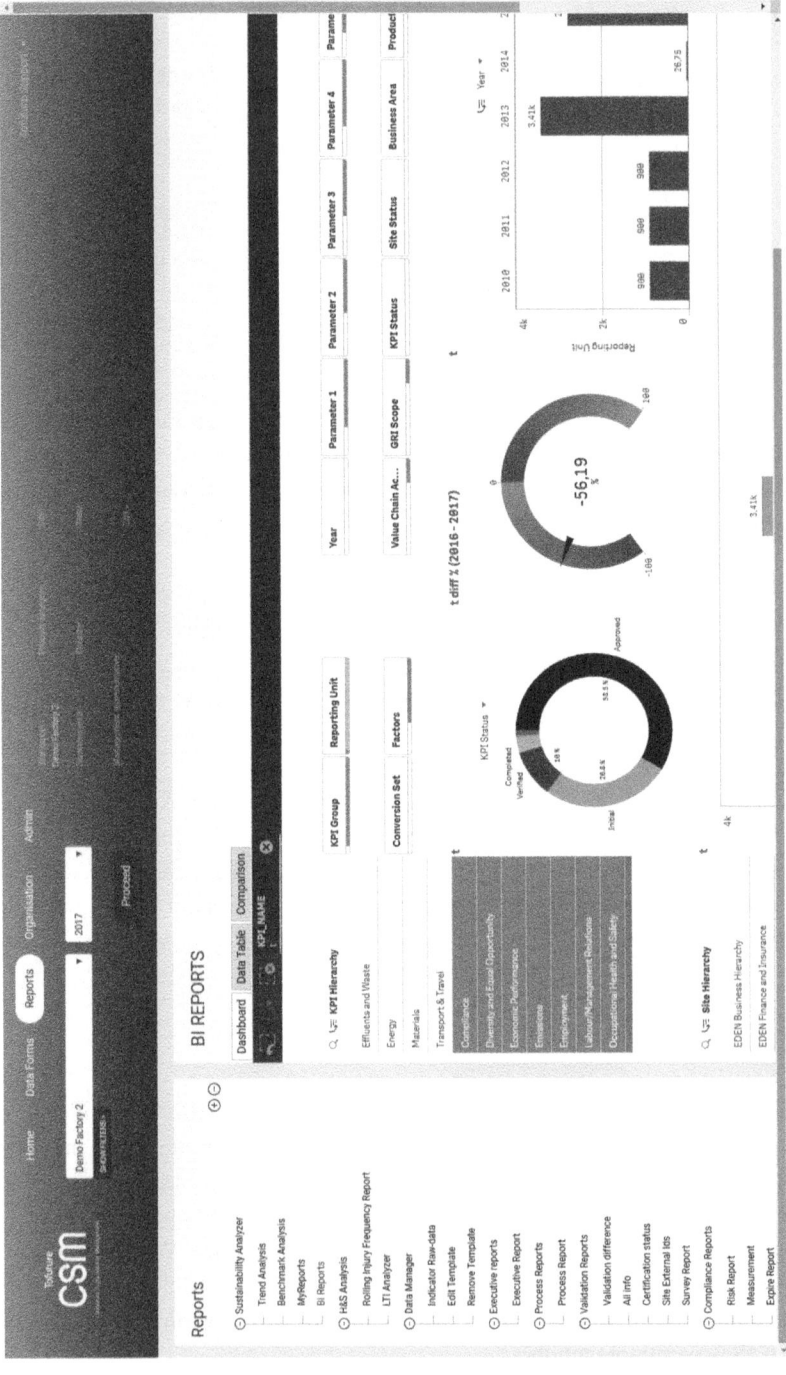

Abb. 11 Business Intelligence, BI-Report in CSM

CSM ermöglicht außerdem ein effizientes Nachhaltigkeitscontrolling. Voraussetzung dafür ist die Bildung von KPIs (Abb. 11). Dann werden zwei unterschiedliche Indikatoren zueinander ins Verhältnis gesetzt. Im Nachhaltigkeitsmanagement besteht die Möglichkeit, ökonomische und ökologische Indikatoren zueinander ins Verhältnis zu setzen, wie beispielsweise Wertschöpfung pro Energieeinheit. Genauso können die ökonomischen und sozialen Indikatoren vernetzt werden, wie Umsatz pro Mitarbeiter oder ökologische und soziale Indikatoren wie Abfall pro Mitarbeiter (Abb. 12).

Durch eine Vielfalt von KPIs ist ein sehr aussagekräftiger Benchmark möglich. Beim Vergleich von Unternehmen bzw. Unternehmensteilen muss man mit Bedacht vorgehen. In CSM können aber sehr gut ein innerbetrieblicher Benchmark gestaltet und entsprechende Schwachstellen identifiziert werden.

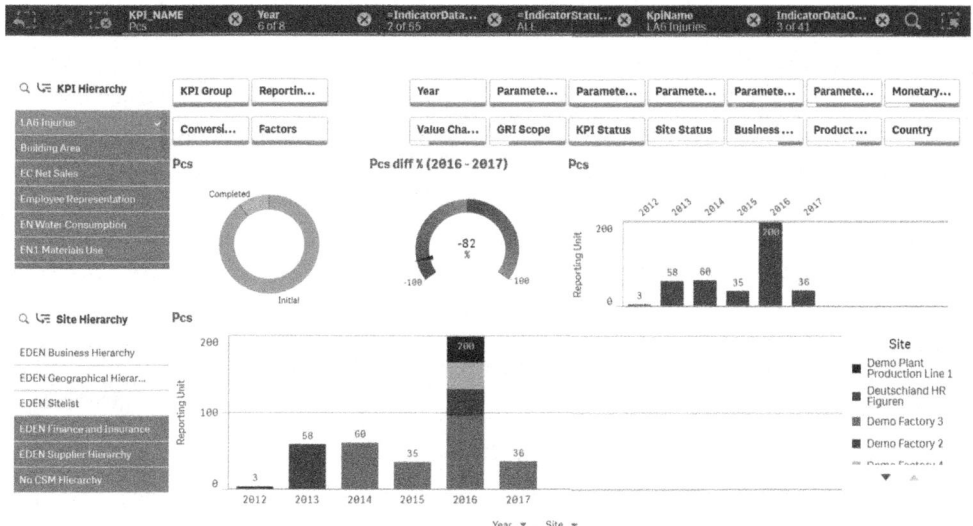

Abb. 12 BI-Report über Abfallart und -menge

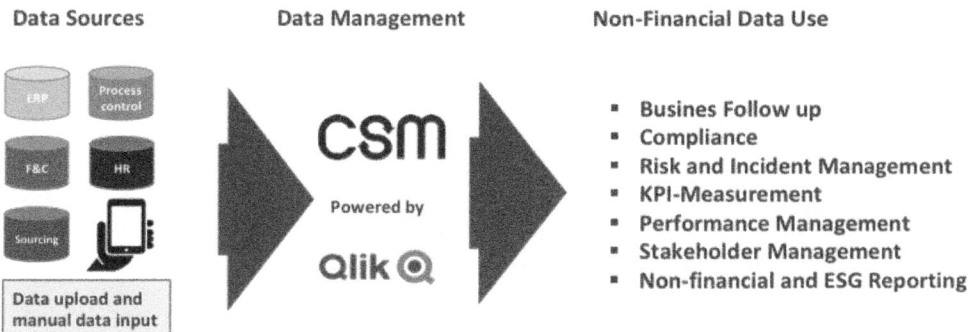

Abb. 13 Mit QLIK werden die nichtfinanziellen Daten sehr anschaulich dargestellt

Alle Berichte in CSM kann man in Excel zwecks Weiterverarbeitung herunterladen oder aber in eine PDF-Datei umwandeln. Alle Daten werden auch in einem Business-Intelligence-Verfahren zur systematischen Analyse dargestellt. Sie können schnell und einfach Geschäftsberichte mit eindrucksvollen Visualisierungen zusammenstellen. In wenigen Minuten können Sie Ihre Nachhaltigkeitsdaten einsehen.

Dafür kooperiert Tofuture mit QLIK, die über sehr viel Erfahrung bei der verständlichen Darstellung der Daten verfügen. QLIK ist einer der führenden Business-Intelligence-Anbieter weltweit (Abb. 13).

6.7 Datenerhebung

Es ist nicht im Sinn des Erfinders, dass die Nachhaltigkeitsdaten händisch eingegeben werden sollen. CSM soll ja schließlich ein arbeitserleichterndes Werkzeug sein. Schnittstellen mit bestehenden Systemen in Unternehmen können programmiert werden. Das ist natürlich eine unternehmensindividuelle Anpassung, die Tofuture machen kann.

Einfacher ist ein Upload von Excel-Dateien. Hier sind in CSM Templates hinterlegt, die für eine einfache Datenübermittlung sorgen. Solche Schnittstellen oder Excel-Templates muss man nur einmal erstellen und können bei jedem Datentransfer benutzt werden.

Eine mobile App für die Datenerfassung kann auch eingesetzt werden. Bei Unternehmen mit Filialbetrieb ist diese Lösung sehr praktisch, sie kann zeitsparend eingesetzt

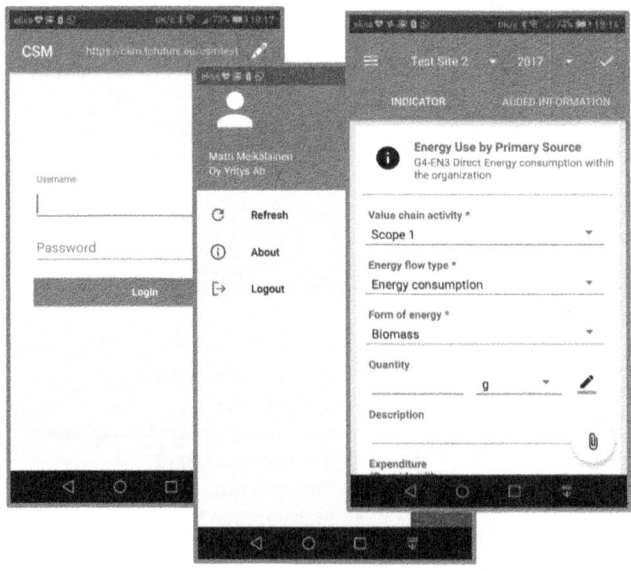

Abb. 14 Mobile Dateneingabe

werden. In der App ruft man die Indikatoren auf und trägt einfach die entsprechenden Werte ein, die dann über das Internet ins System fließen (Abb. 14).

6.8 Implementierung

Bei der Einführung des CSM wird das System vorab kundengerecht und unternehmensindividuell eingerichtet. Der Umfang dieser Einführungsphase ist natürlich abhängig von der vorliegenden Datenqualität und Datenmenge (beispielsweise der Umfang der historischen Daten). Darüber hinaus sind auch die bestehenden Nachhaltigkeitsprozesse maßgebend.

Erfahrungsgemäß dauert eine Einführungsphase nur wenige Wochen. Danach ist das System bereit und kann sukzessive mit Daten gefüllt werden. Die Implementierung beinhaltet auch die Schulung der Mitarbeiter. Tofuture schult intensiv die Administratoren, die wiederum die User schulen. Mit diesem Train-the-Trainer-Prinzip haben wir gute Erfahrungen gemacht, da das System einfach und intuitiv zu bedienen ist. Insgesamt ist der Schulungsaufwand sehr überschaubar.

7 CSM in der Praxis

7.1 Gasum Oy

▶ **Minna Tolonen, Umweltmanagerin:** *Gasum verwendet CSM schon seit mehre-*
   ren Jahren. In den letzten Jahren ist das Unternehmen in den skandinavischen Län-
   dern stark expandiert. Dabei wurde CSM mit vielen neuen Standorten erweitert. Die-
   ses Mitwachsen der IT-Lösung verlief problemlos und alle Indikatoren, insbesondere
   die Umweltindikatoren, waren jederzeit vollständig. Aus CSM werden Berichte für
   die Stakeholder und für den Nachhaltigkeitsbericht nach GRI generiert. CSM hilft
   bei der Umsetzung der Nachhaltigkeitsstrategie, u. a. indem Daten zur Verbesserung
   der Energieeffizienz gesammelt und ausgewertet werden.

Bei solchen Unternehmen wird ein großer Vorteil der CSM-Lösung ersichtlich. Expan-
dierende Unternehmen können sehr einfach weitere Standorte hinzufügen. Neue Standorte
werden mit eigenen Indikatoren und Skalierungen definiert. Für dezentrale Unternehmen mit vielen Standorten sind diese Möglichkeiten sehr wichtig. Das gilt nicht nur für
Energieversorger, sondern erst recht für beispielsweise den Einzelhandel mit einem flä-
chendeckenden Filialnetz.

Für Energieversorgungsunternehmen ist das Grün-Image ein wichtiges Verkaufsargu-
ment. Auf der anderen Seite müssen sie auf die Vermeidung von Green-Washing genau
achten. Da hat sich CSM als ein nützliches Werkzeug gezeigt, um den tatsächlichen CO_2-
Ausstoß für Scope 1, 2 oder 3 berechnen zu können. Die Kunden der Energieversorger
wollen ja auch wissen, wie sich der Energiemix zusammensetzt.

Gasum ist ein finnisches Unternehmen im Gassektor, das sowohl Biogas wie auch „na-
tural gas" anbietet. Das große Ziel von Gasum ist es, die nachhaltige Energiewirtschaft so
zu beeinflussen, indem das Biogasvolumen vergrößert wird und das Gas zukünftig preis-
lich wettbewerbsfähig wird. Gasum importiert natürliches Gas nach Finnland, stellt daraus
Biogas her und setzt es schließlich als Energiequelle für die Industrie, private Endver-
braucher oder im Transportsektor ein. Gasum ist der größte Anbieter von Biogas in den
skandinavischen Ländern und hat etwa 400 Mitarbeiter, verteilt auf die Länder Finnland,
Norwegen und Schweden.

7.2   Dometic Group AB

▶   **Torsten Göbel, EHS Manager Global Operations:** *Seit 2012 ist Tofuture CSM bei uns im Einsatz. Wir verfolgen monatlich mithilfe dieser IT-Lösung unsere Energieverbräuche, berechnen die CO_2-Emissionen und machen alle Umweltkosten transparent. Das ist der Hauptfokus für das Nachhaltigkeitsmanagement bei Dometic. Alle Standorte weltweit sind einbezogen und jeder Standort folgt seinen individuellen Zielwerten. Neben der Energieeffizienz vergrößern wir regelmäßig die Anzahl von GRI-Indikatoren, um die Berichterstattung zur Nachhaltigkeit zu verbessern. Darüberhinaus machen wir das jährliche CDP-Reporting und dafür verwenden wir CSM als Tool für das gesammelte und gut strukturierte Datenmaterial.*

CSM hat im Umweltmanagement durchaus einen Schwerpunkt, obwohl die ökonomischen und die sozialen bzw. gesellschaftlichen Bereiche genauso stark berücksichtigt werden. Im Umweltmanagement gibt es ja viel mehr Daten bzw. messbare Indikatoren. Mit diesen Daten kann man sehr einfach sinnvolle KPI bilden und ein aussagefähiges Benchmark organisieren. Insbesondere für internationale Unternehmen können hier Schwachstellen identifiziert und beseitigt werden. Das führt wiederum zu Kostenersparnis bzw. Gewinnerhöhung. Durch die Vielfalt der Umweltindikatoren und verschiedenen Messvarianten (Skalierungen) hat sich CSM als sehr hilfreich gezeigt. Hier werden die Daten strukturiert gesammelt und zielgerecht aufgearbeitet.

Dometic ist Weltmarktführer für Lösungen im mobilen Wohnen im Bereich Klimatisierung (Klimaanlagen), Hygiene und Sanitär (Toiletten etc.) und Essen und Getränke

(Kühlschränke). Dometic ist weltweit vertreten, neben dem europäischen Markt auch in Amerika, dem mittleren Osten und Asien. Die Produkte werden in Wohnmobilen, größeren Freizeitbooten, LKW und anderen Fahrzeugen verwendet. Dometic-Produkte erhöhen die Lebensqualität der Menschen, wenn sie sich im Urlaub befinden oder beruflich unterwegs sind. Ziel ist es, die Produkte smart, nachhaltig und mit ansprechendem Design zu gestalten. Insgesamt ist Dometic mit 22 Produktionsstandorten in neun Ländern vertreten, dabei werden 85 % der Produkte unter der eigenen Marke hergestellt. In 100 Ländern der Welt ist die Firma mit einem guten Netzwerk von Händlern und Servicestellen vertreten. Sitz der Gesellschaft ist Solna bei Stockholm in Schweden. Weltweit machen 6500 Mitarbeiter etwa 1,4 Mrd. € Umsatz.

7.3   Outokumpu Group – die Erfolgsstory

▶   **Verena Schulz-Klemp, Direktorin für Nachhaltigkeit und Umweltschutz bei Outokumpu:** *Ohne zuverlässige Daten keine effiziente Corporate Social Responsibility. Outokumpu sieht Umweltmanagement als eine wichtige Stütze für ein umfangreiches Nachhaltigkeitsmanagement. In diesem Zusammenhang ist Tofutures CSM seit mehreren Jahren im Einsatz. Die Lösung sammelt und liefert zuverlässige Daten für ein effizientes, transparentes und genaues Monitoring. Gemeinsam mit Experten von Tofuture wurde das CSM-System individuell an die unternehmensinternen Anforderungen von Outokumpu angepasst. CSM ermöglicht die Erstellung von verschiedenen Analysen und Berichte, die für die Umweltperfor-*

mance wichtig sind. Dies geschieht bei allen organisatorischen Einheiten weltweit und als Unternehmensgruppe gesamt. Eine wichtige Funktionalität ist die laufende Selbstkontrolle sowie die Prüffähigkeit der Daten und der Datenerfassung. Jederzeit kann man die Daten zurückverfolgen und Verbesserungsmaßnahmen dort umsetzen, wo es am sinnvollsten ist. Outokumpu entwickelt permanent die Berichterstattung mit CSM und ergänzt damit das bestehende Berichtswesen im Unternehmen. Mit CSM als Arbeitswerkzeug sowie der Erfahrung und dem Service von Tofuture können die Nachhaltigkeitsaktivitäten auch in Zukunft erweitert und verbessert werden.

Als Edelstahlwerk ist Outokumpu ein sehr stromintensives Unternehmen. Energie ist natürlich dann ein wesentlicher Kostenfaktor. Mit dem CSM-Tool hat man ein gutes Werkzeug für das Energiemanagement und genauso für das Umweltmanagement. CSM rechnet die verschiedenen Energiearten und Energiemengen in vergleichbare Größen und Werte um. Daraufhin kann das Unternehmen diese Größen mit seinem Output (produzierte Menge oder Wertschöpfung) zusammenführen und wichtige KPI definieren (Beispiel: Energiebedarf pro produzierte Menge). Gleichzeitig bekommt Outokumpu damit eine Basis für einen Benchmark mit vergleichbaren Unternehmensteilen.

Outokumpus Mission ist es, bis 2020 das Unternehmen mit der besten Wertschöpfung in der Edelstahlbranche zu werden, durch Kundenorientierung und Effizienz. Durch die Übernahme der ThyssenKrupp Nirosta ist Outokumpu ein großer Player auch auf dem deutschen Markt mit seinen recyclingfähigen, langlebigen und wartungsarmen Produkten. Edelstahl wird auch in Zukunft ein wichtiges Material vieler Produkte sein, vom Küchenbesteck zu Brücken, in der Medizintechnik oder bei Energieversorgungsunternehmen. Das Unternehmen unterstützt die Ziele der nachhaltigen Entwicklung der UN durch eine verantwortungsvolle Unternehmensführung und umweltfreundliche Produktion. Den wichtigsten Beitrag zur Unterstützung dieser Ziele liefert aber das Produkt Edelstahl selbst. Edelstahl ist zu 100 % recyclingfähig, rost- und wartungsfrei, langlebig und hygienisch. Outokumpu hat über die Jahre hinweg die Edelstahlindustrie weltweit bis heute mitgestaltet. Das Unternehmen hat 10.600 Angestellte in mehr als 30 Ländern, Hauptsitz ist Helsinki in Finnland. Andere große Standorte sind in Deutschland, Mexiko, Schweden, UK und USA zu finden. Outokumpu macht knapp 6 Mrd. € Umsatz und liefert jährlich über 2 Mio. t Edelstahl an seine Kunden aus. Outokumpu ist an der Börse Nasdaq in Helsinki gelistet.

Frode Hobbelhagen ist Geschäftsführer der PEP ökotec Consult GmbH, Kooperationspartner von Tofuture in Deutschland. Seit Jahren berät er Firmen im Bereich Nachhaltigkeit und Controlling. Er hat ein Buch über die Kennzahlen der Global-Reporting-Initiative-Leitlinien zur Nachhaltigkeitsberichterstattung herausgegeben. Herr Hobbelhagen engagiert sich am Weincampus in Neustadt an der Weinstraße im Bereich Sustainability Management für Masterstudenten für Wine, Sustainability and Sales.

Veli Kalle Tavakka ist Vorstandsmitglied bei Tofuture Oy. Tofuture ist ein finnisches Informationstechnologie-Dienstleistungsunternehmen, das sich auf Verwaltung von nichtfinanziellen Nachhaltigkeitsdaten spezialisiert hat. Herr Tavakka hat akademischen Abschlüssen in Ingenieurwesen und Wirtschaftswissenschaften und war während des größten Teils seines Berufslebens in Führungspositionen in der Versicherungsbranche (Risk-Management) tätig. Er ist Teilzeitbauer auf seinem Landgut, das seit 1630 im Familienbesitz ist.

Torsten Göbel ist Environment-Health-and-Savety(EHS)-Manager Global Operations bei Dometic. Mit einem Netzwerk aus regionalen EHS-Managern der Wirtschaftsräume Europa, Naher Osten und Afrika (EMEA), Asien-Pazifik (APAC) und Amerika und lokalen Koordinatoren an allen Produktionsstandorten stellt er die Umsetzung der unternehmensstrategischen Ziele in Sachen Nachhaltigkeit sicher.

Dr. Verena Schulz-Klemp ist Direktorin für Nachhaltigkeit und Umwelt beim finnischen Edelstahlhersteller Outokumpu. Seit vielen Jahren ist sie im Bereich Umwelt und Energie der Stahlindustrie tätig. Nachdem sie die deutsche Stahlindustrie in den Belangen des Umweltschutzes und der Energie im Stahl-Zentrum, dem deutschen Stahlverband, vertreten hat, wechselte sie vor über zehn Jahren im selben Bereich in die Praxis der Edelstahlherstellung. Seit über zwei Jahren ist sie bei der Outokumpu Oyj für die Nachhaltigkeit zuständig. Das Unternehmen hat sich Nachhaltigkeit auf die Fahne geschrieben. Es hat jahrelange Erfahrung mit der konzernweiten Datenerfassung und Aufbereitung im Environment-and-energy-reporting-System von Tofuture.

Sven Reule ist selbstständiger Unternehmensberater mit Schwerpunkt betriebswirtschaftliche Standardanwendungen SAP, Security und Compliance. Darüber hinaus berät er in Fragen des betrieblichen Nachhaltigkeitsmanagements und unterstützt junge, innovative Firmen dabei, ihre Markteintrittsstrategie erfolgreich umzusetzen.

Erfolgreiches Wirtschaften mit dem Deutschen Nachhaltigkeitskodex

Tabea Siebertz und Christina Berghäuser

1 Hintergrund und Ziele des Nachhaltigkeitskodex

Der Deutsche Nachhaltigkeitskodex (DNK) ist ein international anwendungsfähiger freiwilliger Berichtsstandard zur Offenlegung unternehmerischer Nachhaltigkeitsleistungen Er wird seit Anfang 2012 vom Rat für Nachhaltige Entwicklung (RNE) etabliert. Entwickelt wurde der Standard vor dem Hintergrund der letzten Finanz- und Wirtschaftskrise. Es war 2009 der Eindruck entstanden, dass Boni von Investoren wieder unter den alten Vorzeichen gezahlt wurden und die Chance verstrichen war, Lehren aus der Immobilien- und Kreditblase zu ziehen. Die Frage, wie die Perspektive an den Finanzmärkten auf langfristige Wertentwicklung und jenseits von Governance-Fragen auch ethische Anforderungen formuliert werden könnten, war Ausgangspunkt für die Diskussionen eines Stakeholderdialogs, der 2011 unter breiter Beteiligung von Unternehmen und Investoren stattfand.

Entstanden ist ein Berichtstandard, der auf das Wesentliche reduziert: In 20 Kriterien und ergänzenden Leistungsindikatoren berichten Unternehmen und Organisationen in einer sog. DNK-Entsprechenserklärung über ihre Strategien, Ziele, Maßnahmen, Konzepte und Risiken. Damit ist der DNK im Vergleich zu anderen Standards leichter handhabbar und ermöglicht einen schnellen Überblick. Mit dem Eintrag der Entsprechenserklärungen in die Onlinedatenbank entstehen quasi kleine Nachhaltigkeitsberichte. Der DNK bietet

T. Siebertz (✉)
GIZ GmbH, Rat für Nachhaltige Entwicklung
Berlin, Deutschland
E-Mail: tabea.siebertz@nachhaltigkeitsrat.de

C. Berghäuser (✉)
Strategisches Nachhaltigkeitsmanagement, Flughafen München GmbH
München, Deutschland
E-Mail: christina.berghaeuser@munich-airport.de

© Springer-Verlag GmbH Deutschland, ein Teil von Springer Nature 2018   105
G. Weber und M. Bodemann (Hrsg.), *CSR und Nachhaltigkeitssoftware*,
Management-Reihe Corporate Social Responsibility,
https://doi.org/10.1007/978-3-662-57307-5_8

so einen einfachen Einstieg in die Berichterstattung und kann dabei helfen, eine Nachhaltigkeitsstrategie zu entwickeln.

Bis dato (Stand März 2018) haben 302 Unternehmen nach diesem Transparenzstandard berichtet, etwa 650 weitere Unternehmen und Organisationen befinden sich derzeit im Prozess. Darunter sind große und mittelständische Unternehmen gleichermaßen sowie Organisationen wie Hochschulen, Initiativen und Vereine. Die DNK-Entsprechenserklärungen sind öffentlich in einer Datenbank einsehbar und damit vergleichbar. So schafft der DNK einen Vergleichsrahmen nachhaltiger Unternehmensführung, der geeignet ist, von Marktakteuren in der Bewertung der Leistungsfähigkeit von Unternehmen berücksichtigt zu werden. Der direkte Vergleich eröffnet Lernmöglichkeiten für Anwender und soll zugleich anspornen, Informationsqualität, Ziele und Anstrengungen stetig weiterzuentwickeln.

DNK-Anwender schaffen sich mit einer DNK-Entsprechenserklärung eine Quelle für die Beantwortung von Nachfragen aus dem Unternehmen bzw. der Organisation selbst, aus der Zivilgesellschaft und von Geschäftspartnern.

Der RNE verfolgt mit dem DNK das Ziel, innerhalb normativer Festlegungen, die er in politischen Empfehlungen und Grundsatzpapieren vornimmt, den Prozesscharakter von Nachhaltigkeit sichtbar zu machen. Der Nachhaltigkeitskodex selbst und seine Berichtsanforderungen bleiben neutral. Mit diesem Ansatz wird den unterschiedlichen Ausgangspunkten für die Befassung mit Nachhaltigkeitsthemen qua Unternehmenszweck und -größe, Standort, Wirkungsradien und Einflussmöglichkeiten Rechnung getragen. Ziele sind, proaktives Handeln durch Marktanreize und politische Anerkennung zu belohnen, einen breiten Schub für nachhaltiges Wirtschaften auszulösen und damit letzten Endes Freiheitsgrade für unternehmerisches Handeln zu erhalten. Je länger Unternehmen warten, auf steigende Rohstoffpreise und Vulnerabilitäten in sog. weichen Themen wie Menschenrechten, umso mehr wird der Handlungsdruck steigen und reaktives Handeln weniger Möglichkeit lassen, das Geschäftsmodell behutsam umzubauen.

2 Der DNK als Instrument zum Aufbau einer Nachhaltigkeitsstrategie

2.1 Wesentliche Nachhaltigkeitsaspekte für das Geschäftsmodell identifizieren

Gerade im Mittelstand finden sich viele Unternehmen, für die Nachhaltigkeit zum Alltag gehört, die aber ihre Leistungen noch nicht dokumentiert haben. Andere wollen mit der Integration von Nachhaltigkeitsaspekten in ihr Kerngeschäft beginnen, wissen aber nicht, mit welchen Themen sie starten sollen und worauf der Fokus liegt. Erschwerend kommt hinzu, dass es bis dato keine allgemeingültige Festlegung gibt, welche Themen den Kanon von Nachhaltigkeit ausmachen. Das führt zu einer vielfältigen Berichtspraxis, vielfältigen Bewertungs- und Beurteilungsgrundlagen in Ratings und Rankings und damit zu signifikantem Aufwand für Berichterstatter und Informationsbeschaffer gleichermaßen.

Standardisierung liegt nahe, soll Nachhaltigkeit zu einem belastbaren Differenzierungsmerkmal werden. Das Interesse an Standardisierung wächst nicht zuletzt auf der Seite der Unternehmen, um Nachhaltigkeit zu einer wirkungsvollen Wert- und damit Werteorientierung zu machen und so die Basis für einen Wettbewerb um zukunftsorientierte Produktlösungen und Dienstleistungen sowie konkrete Honorierung über den Markt zu fördern. Globale Megatrends fordern je nach Geschäftsfall mehr oder weniger zukunftsorientiertes Management heraus, das Lösungen schafft, statt Probleme zu verschärfen: Klimawandel und die steigende Zahl von extremen Wetterereignissen, steigende Energie- und Rohstoffpreise, der demografische Wandel mit unterschiedlicher Ausprägung im nationalen und internationalen Kontext fordern Marktakteure auf der ganzen Welt. Um bereits heute ein Bewusstsein über die unterschiedlichen Ausgangspunkte für die Befassung von Nachhaltigkeit zu schaffen, aber auch bereits existierende unternehmerische Lösungsansätze sichtbar zu machen, schien es dem RNE sinnvoll, eine allgemein zugängliche Informationsbasis aufzubauen.

Der DNK wird allen Unternehmen und Organisationen zur freiwilligen Anwendung empfohlen. Er besticht durch einen pragmatischen Ansatz, der den Einstieg in die Entwicklung einer unternehmerischen Nachhaltigkeitsstrategie und die Berichterstattung durch klare Orientierung und Fokussierung auf das Wesentliche erleichtert: In 20 Kriterien und einer Auswahl von Leistungsindikatoren beschreiben Unternehmen kurz und knapp, wie sie mit den Herausforderungen einer nachhaltigen Entwicklung umgehen, welche Chancen und Risiken für das unternehmerische Handeln sich daraus ergeben und wie sie die Verankerung im Kerngeschäft vorantreiben wollen. Die Erfahrungen zeigen, dass der Umfang dieses Transparenzstandards offenbar die Schwelle so niedrig hält, dass ein signifikanter Anteil von mittelständischen Unternehmen den Einstieg wagt und schafft. So benötigen Einsteiger in die Berichterstattung laut einer unter DNK-Anwendern durchgeführten Umfrage 22 Arbeitstage für die Erstellung einer DNK-Entsprechenserklärung.

Trotz Standardisierung werden zugleich Gestaltungsspielräume für die Unternehmen und die Möglichkeit zur Differenzierung am Markt durch freiwillige Branchenergänzungen gewahrt, mit denen spezifische Detailinformationen in Entsprechenserklärungen zum DNK integriert werden können. So helfen die Leitfäden für die Abfallindustrie und Stadtreinigung, Bankenwesen, Energiewirtschaft, Ernährungsindustrie, Hochschule, kleine und mittelständische Unternehmen sowie Wohnungswirtschaft bei der branchenspezifischen Umsetzung. Unternehmen können diese als Orientierung nutzen, indem sie Umsetzungsbeispiele aus der Branche finden. Die jeweiligen Branchenverbände bieten zudem Schulungen und Beratungen zur Anwendung des DNK an.

2.2 Vier Bereiche, 20 Kriterien und ergänzende Leistungsindikatoren

Der DNK umfasst die Beschreibung eines Nachhaltigkeitskonzepts und die Kapitel Strategie, Prozessmanagement, Umwelt, Gesellschaft und Governance (Tab. 1). Diese Struktur ergibt sich aus den für den Kapitalmarkt relevanten Themen sowie dem Themenkanon der

Berichtspflicht zur Offenlegung nichtfinanzieller Informationen für große kapitalmarktorientierte Unternehmen.

Im Kapitel Strategie wird erfasst, wie sich das Unternehmen strategisch hinsichtlich der eigenen Nachhaltigkeit positioniert und ob es eine Nachhaltigkeitsstrategie verfolgt. Zudem wird erfasst, wie Nachhaltigkeit in die Wertschöpfungskette integriert ist und welche Nachhaltigkeitsziele in der Wertschöpfungskette und für die verschiedenen Märkte

Tab. 1 Die 20 Kriterien des Deutschen Nachhaltigkeitskodex. *ESG* Environmental Social Governance; *VZÄ* Vollbeschäftigtenäquivalente

Nachhaltigkeitskonzept (Kriterien 1–10)

Strategie (Kriterien 1–4)

1. Strategische Analyse und Maßnahmen

Das Unternehmen legt offen, ob es eine Nachhaltigkeitsstrategie verfolgt. Es erläutert, welche konkreten Maßnahmen es ergreift, um im Einklang mit den wesentlichen und anerkannten branchenspezifischen, nationalen und internationalen Standards zu operieren.

2. Wesentlichkeit

Das Unternehmen legt offen, welche Aspekte der eigenen Geschäftstätigkeit wesentlich auf Aspekte der Nachhaltigkeit einwirken und welchen wesentlichen Einfluss die Aspekte der Nachhaltigkeit auf die Geschäftstätigkeit haben. Es analysiert die positiven und negativen Wirkungen und gibt an, wie diese Erkenntnisse in die eigenen Prozesse einfließen.

3. Ziele

Das Unternehmen legt offen, welche qualitativen und/oder quantitativen sowie zeitlich definierten Nachhaltigkeitsziele gesetzt und operationalisiert werden und wie deren Erreichungsgrad kontrolliert wird.

4. Tiefe der Wertschöpfungskette

Das Unternehmen gibt an, welche Bedeutung Aspekte der Nachhaltigkeit für die Wertschöpfung haben und bis zu welcher Tiefe seiner Wertschöpfungskette Nachhaltigkeitskriterien überprüft werden.

Prozessmanagement (Kriterien 5–10)

5. Verantwortung

Die Verantwortlichkeiten in der Unternehmensführung für Nachhaltigkeit werden offengelegt.

6. Regeln und Prozesse

Das Unternehmen legt offen, wie die Nachhaltigkeitsstrategie durch Regeln und Prozesse im operativen Geschäft implementiert wird.

7. Kontrolle

Das Unternehmen legt offen, wie und welche Leistungsindikatoren zur Nachhaltigkeit in der regelmäßigen internen Planung und Kontrolle genutzt werden. Es legt dar, wie geeignete Prozesse Zuverlässigkeit, Vergleichbarkeit und Konsistenz der Daten zur internen Steuerung und externen Kommunikation sichern.

G4-56 bzw. SRS-102-16: Beschreiben Sie die Werte, Grundsätze sowie Verhaltensstandards und -normen (Verhaltens- und Ethikkodizes) der Organisation

EFFAS S06-01: Anteil aller Lieferanten und Partner innerhalb der Lieferkette, die auf die Einhaltung von ESG-Kriterien bewertet wurden

EFFAS S06-02: Anteil aller Lieferanten und Partner innerhalb der Lieferkette, die auf die Einhaltung von ESG-Kriterien auditiert wurden

Tab. 1 (Fortsetzung)

8. Anreizsysteme

Das Unternehmen legt offen, wie sich die Zielvereinbarungen und Vergütungen für Führungskräfte und Mitarbeiter auch am Erreichen von Nachhaltigkeitszielen und an der langfristigen Wertschöpfung orientieren. Es wird offengelegt, inwiefern die Erreichung dieser Ziele Teil der Evaluation der obersten Führungsebene (Vorstand/Geschäftsführung) durch das Kontrollorgan (Aufsichtsrat/Beirat) ist.

G4-51a bzw. SRS-102-35a: Vergütungspolitik – Berichten Sie über die Vergütungspolitik für das höchste Kontrollorgan und die leitenden Führungskräfte

G4-54 bzw. SRS-102-38: Nennen Sie das Verhältnis der Jahresvergütung des höchstbezahlten Mitarbeiters in jedem Land mit signifikanten geschäftlichen Aktivitäten zum mittleren Niveau (Median) der Jahresgesamtvergütung aller Beschäftigten (ohne den höchstbezahlten Mitarbeiter) im selben Land

9. Beteiligung von Anspruchsgruppen

Das Unternehmen legt offen, wie gesellschaftliche und wirtschaftlich relevante Anspruchsgruppen identifiziert und in den Nachhaltigkeitsprozess integriert werden. Es legt offen, ob und wie ein kontinuierlicher Dialog mit ihnen gepflegt und seine Ergebnisse in den Nachhaltigkeitsprozess integriert werden.

G4-27 bzw. SRS-102-44: Nennen Sie die wichtigsten Themen und Anliegen, die durch die Einbindung der Stakeholder aufgekommen sind, und wie die Organisation auf jene wichtigen Themen und Anliegen reagiert hat, einschließlich durch ihre Berichterstattung. Nennen Sie die Stakeholdergruppen, die die wichtigen Themen und Anliegen jeweils angesprochen haben

10. Innovations- und Produktmanagement

Das Unternehmen legt offen, wie es durch geeignete Prozesse dazu beiträgt, dass Innovationen bei Produkten und Dienstleistungen die Nachhaltigkeit bei der eigenen Ressourcennutzung und bei Nutzern verbessern. Ebenso wird für die wesentlichen Produkte und Dienstleistungen dargelegt, ob und wie deren aktuelle und zukünftige Wirkung in der Wertschöpfungskette und im Produktlebenszyklus bewertet wird.

G4-FS11: Prozentsatz der Finanzanlagen, die eine positive oder negative Auswahlprüfung nach Umwelt- oder sozialen Faktoren durchlaufen

EFFAS E13-01: Verbesserung der Energieeffizienz der eigenen Produkte im Vergleich zum Vorjahr

EFFAS V04-12: Gesamtinvestitionen (CapEx) in Forschung für ESG-relevante Bereiche des Geschäftsmodells, z. B. ökologisches Design, ökoeffiziente Produktionsprozesse, Verringerung des Einflusses auf Biodiversität, Verbesserung der Gesundheits- und Sicherheitsbedingungen für Mitarbeiter und Partner der Lieferkette, Entwicklung von ESG-Chancen der Produkte, u. a. in Geldeinheiten bewertet, z. B. als Prozent des Umsatzes

Nachhaltigkeitsaspekte (Kriterien 11–20)

Umweltbelange im Sinne der CSR-Berichtspflicht (Kriterien 11–13)

11. Inanspruchnahme natürlicher Ressourcen

Das Unternehmen legt offen, in welchem Umfang natürliche Ressourcen für die Geschäftstätigkeit in Anspruch genommen werden. Infrage kommen hier Materialien sowie der Input und Output von Wasser, Boden, Abfall, Energie, Fläche, Biodiversität sowie Emissionen für den Lebenszyklus von Produkten und Dienstleistungen.

Tab. 1 (Fortsetzung)

12. Ressourcenmanagement

Das Unternehmen legt offen, welche qualitativen und quantitativen Ziele es sich für seine Ressourceneffizienz, insbesondere den Einsatz erneuerbarer Energien, die Steigerung der Rohstoffproduktivität und die Verringerung der Inanspruchnahme von Ökosystemdienstleistungen gesetzt hat, welche Maßnahmen und Strategien es hierzu verfolgt, wie diese erfüllt wurden bzw. in Zukunft erfüllt werden sollen und wo es Risiken sieht.

G4-EN1/SRS-301-1: Eingesetzte Materialien nach Gewicht oder Volumen

G4-EN3/SRS-302-1: Energieverbrauch innerhalb der Organisation

G4-EN6/SRS-302-4: Verringerung des Energieverbrauchs

G4-EN8/SRS-303-1: Gesamtwasserentnahme nach Quellen

G4-EN23/SRS-306-2: Gesamtgewicht des Abfalls nach Art und Entsorgungsmethode

EFFAS E04-01: Gesamtgewicht des Abfalls

EFFAS E05-01: Anteil des gesamten Abfalls, der recycelt wird

EFFAS E01-01: Gesamter Energieverbrauch

13. Klimarelevante Emissionen

Das Unternehmen legt die Treibhausgas(THG)-Emissionen entsprechend dem Greenhouse Gas (GHG) Protocol oder darauf basierenden Standards offen und gibt seine selbst gesetzten Ziele zur Reduktion der Emissionen und die bisherigen Ergebnisse an.

G4-EN15/SRS-305-1: Direkte THG-Emissionen (Scope 1)

G4-EN16/SRS-305-2: Indirekte energiebezogene THG-Emissionen (Scope 2)

G4-EN17/SRS-305-3: Weitere indirekte THG-Emissionen (Scope 3)

G4-EN19/SRS-305-5: Reduzierung der THG-Emissionen

EFFAS E02-01: Gesamte THG-Emissionen (Scope 1, 2, 3)

Gesellschaft (Kriterien 14–20)

Arbeitnehmerbelange im Sinne der CSR-Berichtspflicht (Kriterien 14–16)

14. Arbeitnehmerrechte

Das Unternehmen berichtet, wie es national und international anerkannte Standards zu Arbeitnehmerrechten einhält sowie die Beteiligung der Mitarbeiter im Unternehmen und am Nachhaltigkeitsmanagement des Unternehmens fördert, welche Ziele es sich hierbei setzt, welche Ergebnisse bisher erzielt wurden und wo es Risiken sieht.

15. Chancengerechtigkeit

Das Unternehmen legt offen, wie es national und international Prozesse implementiert und welche Ziele es hat, um Chancengerechtigkeit und Vielfalt („diversity"), Arbeitssicherheit und Gesundheitsschutz, Mitbestimmung, Integration von Migranten und Menschen mit Behinderung, angemessene Bezahlung sowie Vereinbarung von Familie und Beruf zu fördern, und wie es diese umsetzt.

Tab. 1 (Fortsetzung)

16. Qualifizierung

Das Unternehmen legt offen, welche Ziele es gesetzt und welche Maßnahmen es ergriffen hat, um die Beschäftigungsfähigkeit, d. h. die Fähigkeit zur Teilhabe an der Arbeits- und Berufswelt aller Mitarbeiter, zu fördern und im Hinblick auf die demografische Entwicklung anzupassen, und wo es Risiken sieht.

G4-LA6/SRS-403-2: Art der Verletzung und Rate der Verletzungen, Berufskrankheiten, Ausfalltage und Abwesenheit sowie die Gesamtzahl der arbeitsbedingten Todesfälle nach Region und Geschlecht

G4-LA8/SRS-403-4: Gesundheits- und Sicherheitsthemen, die in förmlichen Vereinbarungen mit Gewerkschaften behandelt werden

G4-LA9/SRS-404-1: Durchschnittliche jährliche Stundenzahl für Aus- und Weiterbildung pro Mitarbeiter nach Geschlecht und Mitarbeiterkategorie

G4-LA12/SRS-405-1: Zusammensetzung der Kontrollorgane und Aufteilung der Mitarbeiter nach Mitarbeiterkategorie in Bezug auf Geschlecht, Altersgruppe, Zugehörigkeit zu einer Minderheit und andere Diversitätsindikatoren

G4-HR3/SRS-406-1: Gesamtzahl der Diskriminierungsvorfälle und ergriffene Abhilfemaßnahmen

EFFAS S03-01: Altersstruktur und -verteilung (Anzahl VZÄ nach Altersgruppen)

EFFAS S10-01: Anteil weiblicher VZÄ an der Gesamtmitarbeiterzahl

EFFAS S10-02: Anteil weiblicher VZÄ in Führungspositionen im Verhältnis zu gesamten VZÄ in Führungspositionen

EFFAS S02-02: Durchschnittliche Ausgaben für Weiterbildung pro VZÄ pro Jahr

Menschenrechte im Sinne der CSR-Berichtspflicht

17. Menschenrechte

Das Unternehmen legt offen, welche Maßnahmen, Strategien und Zielsetzungen für das Unternehmen und seine Lieferkette ergriffen werden, um zu erreichen, dass Menschenrechte weltweit geachtet und Zwangs- und Kinderarbeit sowie jegliche Form der Ausbeutung verhindert werden. Hierbei ist auch auf Ergebnisse der Maßnahmen und etwaige wesentliche Risiken einzugehen.

G4-HR1/SRS-412-3: Gesamtzahl und Prozentsatz der signifikanten Investitionsvereinbarungen und -verträge, die Menschenrechtsklauseln enthalten oder unter Menschenrechtsaspekten geprüft wurden

G4-HR9/SRS-412-1: Gesamtzahl und Prozentsatz der Geschäftsstandorte, die im Hinblick auf Menschenrechte oder menschenrechtliche Auswirkungen geprüft wurden

G4-HR10/SRS-414-1: Prozentsatz neuer Lieferanten, die anhand von Menschenrechtskriterien überprüft wurden

G4-HR11/SRS-414-2: Erhebliche tatsächliche und potenzielle negative menschenrechtliche Auswirkungen in der Lieferkette und ergriffene Maßnahmen

EFFAS S07-02 II: Prozentsätze alle Einrichtungen, die nach SA 8000 zertifiziert sind

Soziales/Gemeinwesen im Sinne der CSR-Berichtspflicht

18. Gemeinwesen

Das Unternehmen legt offen, wie es zum Gemeinwesen in den Regionen beiträgt, in denen es wesentliche Geschäftstätigkeiten ausübt.

G4-EC1/SRS-201-1: Direkt erwirtschafteter und verteilter wirtschaftlicher Wert

Compliance im Sinne der CSR-Berichtspflicht (Kriterien 19–20)

Tab. 1 (Fortsetzung)

---

19. Politische Einflussnahme

Alle wesentlichen Eingaben bei Gesetzgebungsverfahren, alle Einträge in Lobbylisten, alle wesentlichen Zahlungen von Mitgliedsbeiträgen, alle Zuwendungen an Regierungen sowie alle Spenden an Parteien und Politiker sollen nach Ländern differenziert offengelegt werden.

G4-SO6/SRS-415-1: Gesamtwert der politischen Spenden, dargestellt nach Land und Empfänger/Begünstigtem

EFFAS G01-01: Zahlungen an politische Parteien in Prozent vom Gesamtumsatz

---

20. Gesetzes- und richtlinienkonformes Verhalten

Das Unternehmen legt offen, welche Maßnahmen, Standards, Systeme und Prozesse zur Vermeidung von rechtswidrigem Verhalten und insbesondere von Korruption existieren, wie sie geprüft werden, welche Ergebnisse hierzu vorliegen und wo wesentliche Risiken liegen. Es stellt dar, wie Korruption und andere Gesetzesverstöße im Unternehmen verhindert, aufgedeckt und sanktioniert werden.

G4-SO3/SRS-205-1: Gesamtzahl und Prozentsatz der Geschäftsstandorte, die im Hinblick auf Korruptionsrisiken hin geprüft wurden, und ermittelte erhebliche Risiken

G4-SO5/SRS-205-3: Bestätigte Korruptionsfälle und ergriffene Maßnahmen

G4-SO8/SRS-419-1: Monetärer Wert signifikanter Bußgelder und Gesamtzahl nicht monetärer Strafen wegen Nichteinhaltung von Gesetzen und Vorschriften

EFFAS V01-01: Ausgaben und Strafen nach Klagen und Prozessen wegen wettbewerbswidrigen Verhaltens, Kartell- und Monopolverstößen

EFFAS V02-01: Prozent vom Umsatz in Regionen mit einem Transparency International Corruption Index unter 60

---

formuliert wurden. Auf Kriterien Bezug nehmende Beispielaufzählungen für Standards, Verweise etc. werden im Glossar erläutert. Neben der strategischen Verankerung von Nachhaltigkeitsaspekten spielt die Implementierung in die verschiedenen Prozessebenen des Unternehmens eine wesentliche Rolle. Deswegen wird im Kapitel Prozessmanagement erfasst, welche Regeln und Prozesse das Unternehmen implementiert hat. Hierzu zählt neben den Besonderheiten aus Funktionsbereichen (z. B. Einkauf, Produktion, Forschung) die Berücksichtigung im Risikomanagement und in der internen Unternehmenssteuerung. Dies ist erforderlich, da Nachhaltigkeit in die Managementsysteme integriert werden sollte, wenn es materiell für den Unternehmenserfolg ist. Aufbauend auf den Kurzberichten zu Strategie und Prozessmanagement werden im DNK die inhaltlichen Fragen zu Environmental Social Government (ESG), den Themen Umwelt, Gesellschaft und Unternehmensführung adressiert.

2.3 Nachhaltigkeitsberichterstattung mit dem Deutschen Nachhaltigkeitskodex

2.3.1 Anwendung, Prüfung, Veröffentlichung der Deutscher-Nachhaltigkeitskodex-Entsprechenserklärung

Der DNK wird Unternehmen jeder Größe und Rechtsform, allen Organisationen, Stiftungen, Nichtregierungsorganisationen, Gewerkschaften, Universitäten, Wissenschaftsorganisationen und Medien zur Anwendung empfohlen. Öffentliche Unternehmen, insbesondere mit Beteiligung des Bundes, wurden von der Bundesregierung wiederholt aufgefordert, als Vorreiterunternehmen den DNK anzuwenden.

Im Folgenden wird die empfohlene Vorgehensweise zur Erstellung einer Entsprechenserklärung beschrieben.

In einem ersten Schritt ist es sinnvoll, Zuständigkeiten zu klären: Bestenfalls liegt ein Mandat der Geschäftsführung vor, um ein Team zu bilden, dessen Zusammensetzung die verschiedenen Bereiche des Unternehmens bzw. der Organisation gut abbildet. Dem Team gehören die Wissens- und Verantwortungsträger der relevanten Unternehmensbereiche an; indem die Beschäftigten schon in dieser Phase einbezogen werden, bekommt das Thema mehr Stärke und Umsetzbarkeit. Innerhalb der so entstandenen Corporate-Responsibility(CR)-Arbeitsgruppe werden die 20 DNK-Kriterien und quantitativen Leistungsindikatoren gesichtet und es wird festgestellt, zu welchen Kriterien schon Informationen vorliegen oder gegebenenfalls fehlen. Sofern noch keine Strategie besteht, wird empfohlen, im Team gemeinsam herauszuarbeiten, welche Nachhaltigkeitsthemen für die Zukunftsfähigkeit des Unternehmens wesentlich sind und welche ökonomischen, ökologischen und sozialen Auswirkungen die Geschäftstätigkeit hat. Indem die Perspektive der Anspruchsgruppen (z. B. Kunden, Lieferanten, Mitarbeiter) mit einbezogen wird, wird eine breite Vertrauensbasis geschaffen. Das Team legt im nächsten Schritt fest, wer für welche Kriterien verantwortlich ist und bis wann Daten und Texte geliefert werden müssen.

Alle verfügbaren quantitativen und qualitativen Informationen werden dann für die jeweiligen Kriterien zusammengetragen und die Leistungsindikatoren erarbeitet, mit denen die Zielerreichung gemessen werden kann. Zur Verfügung steht eine Auswahl der Leistungsindikatoren der Global Reporting Initiative (GRI G4/SRS) oder der European Federation of Financial Analysts Societies (EFFAS). Zu jedem Kriterium der Entsprechenserklärung werden die für das Verständnis wesentlichen Angaben berichtet. Die Berichte sollten so lang wie nötig und so kurz wie möglich gehalten sein, um die Aufmerksamkeit der Leser auf das Wesentliche zu lenken (Orientierungswert für die einzelnen Kriterien: 500–3000 Zeichen). Maßstab ist dabei stets, dass zu den Kriterien die jeweils wesentlichen Informationen im Bericht gemacht werden. Wesentlich sind die Informationen, die für das Verständnis des Geschäftsverlaufs, des Geschäftsergebnisses, der Lage des Unternehmens sowie der Auswirkungen ihrer Tätigkeit auf die genannten Aspekte erforderlich sind. Die bezüglich der Berichterstellung maßgeblichen Definitionen von Wesentlichkeit, Risiken und Leistungsindikatoren sowie weitere Definitionen sind im Glossar zum DNK beschrieben. Wesentliches Element der Anwendung ist, dass der DNK an bestehende, einschlägige internationale allgemeine Standards (UN Global Compact, ISO 26.000, OECD-Leitsätze für multinationale Unternehmen, Eco-Management and Audit Scheme, Corporate, Deutscher Corporate Governance Kodex) und Berichterstattungsstandards (GRI SRS: www.globalreporting.org; EFFAS KPI for ESG: www.effas-esg.com) anknüpft: So bietet die Entsprechenserklärung Anwendern, die bereits nach anderen Standards berichten, die Möglichkeit, ihre Entsprechenserklärung zum DNK aus bereits erstellten Berichten als Informationsbasis zu speisen. Einschlägige Informationen werden in Form rechtlicher Vorschriften sowie von internationalen und privaten Organisationen teils auch in Zusammenhang mit Zertifizierungen und Audits angeboten.

Zur Vorbereitung der Entsprechenserklärung kann ein Template genutzt werden, das im Downloadbereich auf www.nachhaltigkeitskodex.org zur Verfügung steht. Der DNK lässt bezüglich des Umsetzungsstatus Spielraum, indem die Anwender nach dem Comply-or-explain-Prinzip berichten können: Die Unternehmen erklären für das jeweilige Kodexkriterium entweder die Übereinstimmung („comply") oder die Begründung der Abweichung („explain"). So gelingt auch kleinen und mittleren Unternehmen, bei denen gegebenenfalls manche der angeforderten Inhalte noch nicht vorliegen, der Einstieg in die strategische Nachhaltigkeitskommunikation. Diese dokumentieren als Zulieferer Nachhaltigkeit in ihrer Wertschöpfungskette für große Unternehmen und globale Marken und decken damit das steigende Interesse an Nachhaltigkeitsinformationen. Nichtberichtspflichtige Unternehmen können auf Informationen in anderen Berichtsformaten verweisen bzw. verlinken. Allgemein wird jedoch empfohlen, alle vorliegenden Informationen direkt in die Datenbank einzutragen, damit sie der direkten Begutachtung durch Dritte zur Verfügung stehen. Die Entsprechenserklärung kann auf Deutsch und/oder Englisch mithilfe eines kostenlosen Onlinetools oder wahlweise herunterladbaren beschreibbaren PDF zur Veröffentlichung vorbereitet werden.

Nach Fertigstellung der Entsprechenserklärung durch die CR-Arbeitsgruppe sollten Texte und Daten von der Geschäftsführung freigeben werden und können dann in die DNK-Datenbank eingetragen werden. Hierfür wird zunächst ein Zugang in der Datenbank erstellt. Ist die Registrierung erfolgt, kann in der DNK-Datenbank ein Unternehmensprofil angelegt werden. Hierzu werden einmalig die unternehmensinternen Informationen wie Anzahl der Beschäftigten, Firmensitz und Branche ausgefüllt. Das Unternehmensprofil und alle eingepflegten Inhalte sind bis zur Veröffentlichung der ersten Entsprechenserklärung für andere Nutzer nicht sichtbar. Im nächsten Schritt wird ein Berichtsjahr hinzugefügt, in das nun alle zuvor gesammelten Informationen zu den Kriterien (Daten, Texte und Indikatoren) eingetragen werden können. Dazu steht für jedes Kriterium ein Eingabefeld zur Verfügung, in dem Texte und Daten einkopiert, editiert und formatiert werden können (Abb. 1).

Hilfreich ist hierbei die Möglichkeit, weitere Personen über den Button Zugehörige Accounts zur Bearbeitung einzuladen. Dies können beispielsweise interne Bearbeitende wie Kollegen, aber auch Externe wie Beratungsagenturen oder Prüfgesellschaften sein.

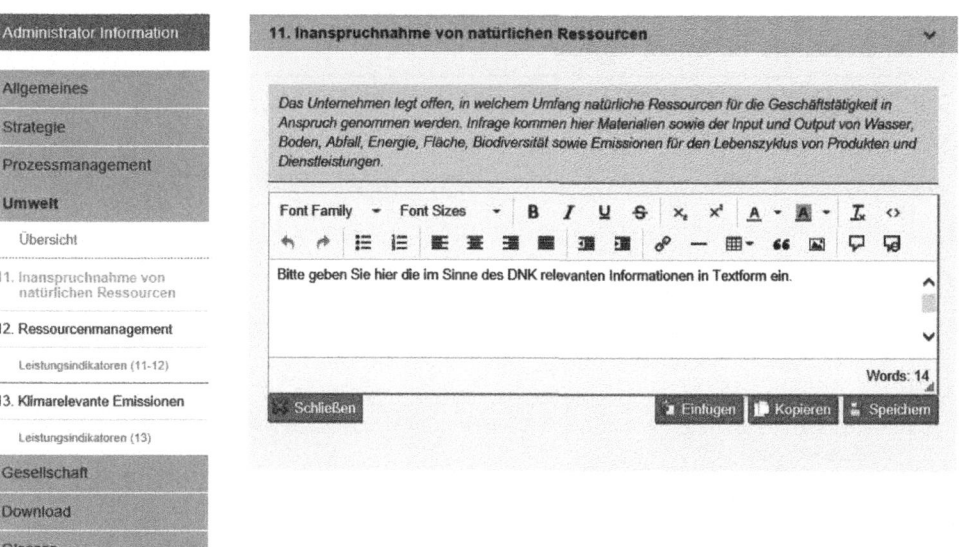

Abb. 1 Eingabefeld der DNK-Datenbank

Sobald alle Eingabefelder ausgefüllt sind, kann die Entsprechenserklärung zur Überprüfung durch das DNK-Team eingereicht werden. Zur Orientierung sind die geprüften Aspekte in einer Hilfsbox auf der rechten Seite der Datenbank bereits während der Texteingabe sichtbar. Die Prüfungsanfrage wird über einen Button im Bereich Status Ihres Profils gestellt. Die formale Prüfung zur Erfüllung der DNK-Voraussetzungen (also auf Vollständigkeit der Entsprechenserklärung) erfolgt anhand einer Checkliste in der Datenbank und hinsichtlich des Comply-or-explain-Ansatzes des DNK (Abb. 2). Unternehmen können dabei auswählen, ob ihre Erklärung im Sinn der Anforderungen des DNK ohne die gesetzlich erforderlichen Aspekte oder erweitert nach den formalen Anforderungen der CSR-Berichtspflicht geprüft werden soll. DNK-Anwender können in der Statusliste nachvollziehen, wie ihre Angaben seitens des DNK-Teams bewertet wurden.

Nach erfolgreicher formeller Prüfung durch das DNK-Team und nach Absprache mit dem Unternehmen erfolgt die Veröffentlichung der Entsprechenserklärung in der DNK-Datenbank; das Unternehmen erhält ein DNK-Signet für die Unternehmenskommunikation, z. B. zur Einbindung auf der Website, in Broschüren oder im Mailverkehr. Darüber hinaus ist der Export in andere Dateiformate möglich, sodass die DNK-Entsprechenserklärung als Grundlage weiterer Nachhaltigkeitsberichte, einer nichtfinanziellen Erklärung (s. nächster Abschnitt) oder anderer Kommunikationsmedien verwendet werden kann.

Um eine Vergleichbarkeit zur finanziellen Berichterstattung herzustellen, bezieht sich der DNK i. d. R. auf den gleichen Konsolidierungskreis der in den Konzernabschluss einzubeziehenden Unternehmen. Sollte hiervon abgewichen werden, weisen die Unter-

ALLGEMEINE INFORMATIONEN

ALLGEMEINES

Allgemeine Informationen			Fehlt	Comply	Explain
Allgemeine Informationen	▾ details	Eintrag vorhanden	☑	☑	☐
Unternehmensname			☐	☑	☐
Logo			☑	☐	☐
Berichtsjahr			☐	☑	☐
Leistungsindikatoren-Set			☐	☑	☐
Prüfung durch Dritte			☐	☑	☐
berichtspflichtig im Sinne des CSR-Richtlinie-Umsetzungsgesetzes			☐	☑	☐
Kontaktperson			☐	☑	☐
Beschreiben Sie Ihr Geschäftsmodell (u. a. Unternehmensgegenstand, Produkte/Dienstleistungen)			☐	☑	☐
Ergänzende Anmerkungen (z.B. Hinweis auf externe Prüfung):			☐	☑	☐

KRITERIEN 1–10: NACHHALTIGKEITSKONZEPT

KRITERIEN 1–4 ZU STRATEGIE

			Fehlt	Comply	Explain
1. Strategische Analyse und Maßnahmen	▸ details	Eintrag vorhanden	☑	☑	☑
2. Wesentlichkeit	▸ details	Eintrag vorhanden	☐	☑	☐
3. Ziele	▸ details	Eintrag vorhanden	☐	☑	☐
4. Tiefe der Wertschöpfungskette	▸ details	Eintrag vorhanden	☐	☑	☐
Leistungsindikatoren zu den Kriterien 1 bis 4	▸ details	Eintrag vorhanden	☐	☐	☐

Abb. 2 Checkliste der DNK-Datenbank

nehmen hierauf hin und begründen die Abweichung. In vielen Unternehmen mit einer geringen Wertschöpfungstiefe kann wichtig sein, insbesondere über die Nachhaltigkeit in der ausgelagerten Wertschöpfungskette zu berichten.

Als Einstiegslevel im Sinn der Selbstauskunft verlangt der DNK keine externe Überprüfung, um eine verlässliche Basis bei der Auswahl von Geschäftspartnern und Lieferanten darzustellen. Dies ist insbesondere für mittelständische Unternehmen Option. Um die Wirksamkeit und Verlässlichkeit für Kapitalmärkte zu erhöhen, wird die Glaubwürdigkeit der Entsprechenserklärung durch ein Testat unabhängiger Dritter im Sinn der „limited assurance" erreicht.

2.3.2 Die DNK-Entsprechenserklärung als nichtfinanzielle Erklärung im Rahmen der Corporate-Social-Responsibility-Berichtspflicht

Im Dezember 2014 hat die EU-Kommission eine Richtlinie zur Erweiterung der finanziellen Berichterstattung um nichtfinanzielle und die Diversität betreffende Aspekte verabschiedet (2014/95/EU). Im März 2017 wurde diese Richtlinie mit dem CSR-Richtlinie-Umsetzungsgesetz ins deutsche Recht überführt. Die Berichtspflicht trifft ausgewählte Unternehmen und Konzerne und gilt für alle nach dem 31. Dezember 2016 beginnenden Berichtsjahre. Die berichtspflichtigen Unternehmen sind demzufolge verpflichtet, künftig zu jedem Geschäftsjahr im Kontext der Lageberichterstattung eine nichtfinanzielle (Konzern-)Erklärung bzw. einen nichtfinanziellen (Konzern-)Bericht abzugeben, in dem über wesentliche nichtfinanzielle Belange berichtet wird.

Das CSR-Richtlinie-Umsetzungsgesetz fordert die Offenlegung von Angaben zu nichtfinanziellen Aspekten, zumindest zu Umwelt-, Arbeitnehmer- und Sozialbelangen, zur Achtung der Menschenrechte und zur Bekämpfung von Korruption und Bestechung (§ 289c Handelsgesetzbuch). Hierbei sind zu den einzelnen nichtfinanziellen Aspekten diejenigen Angaben zu machen, die für das Verständnis des Geschäftsverlaufs, des Geschäftsergebnisses und der Lage der Gesellschaft sowie der Auswirkungen ihrer Tätigkeiten auf die nichtfinanziellen Aspekte erforderlich sind. Zu den wesentlichen Angaben zu den einzelnen nichtfinanziellen Aspekten sollen gemäß § 289c Abs. 3 Nr. 1–6 Handelsgesetzbuch folgende Informationen gehören:

- Beschreibung des jeweiligen Konzepts, inklusive angewandter Due-Diligence-Prozesse, sowie die Ergebnisse des Konzepts;
- Darstellung der wesentlichen Risiken, die mit der Geschäftstätigkeit verknüpft sind und die sehr wahrscheinlich schwerwiegende negative Auswirkungen auf die Aspekte haben oder haben werden, und die Handhabung dieser Risiken;
- Darstellung der wesentlichen Risiken, die mit Geschäftsbeziehungen, Produkten und Dienstleistungen verknüpft sind und die sehr wahrscheinlich negative Auswirkungen auf die Aspekte haben oder haben werden, soweit die Angaben von Bedeutung sind und die Berichterstattung über diese Risiken verhältnismäßig ist, und die Handhabung dieser Risiken;
- Darstellung der bedeutsamsten nichtfinanziellen Leistungsindikatoren, die für die Geschäftstätigkeit der Gesellschaft von Bedeutung sind, und soweit für das Verständnis erforderlich, Hinweise auf im Lagebericht enthaltene Beiträge und zusätzliche Erläuterungen hierzu.

Zusätzlich zu den Angaben zu den nichtfinanziellen Erklärungen muss das Geschäftsmodell des berichtspflichtigen Unternehmens bzw. Konzerns kurz dargestellt werden.

Für die Erstellung der nichtfinanziellen (Konzern-)Erklärung bzw. eines nichtfinanziellen (Konzern-)Berichts in Erfüllung des CSR-Richtlinie-Umsetzungsgesetzes kann der DNK genutzt werden. Die gesetzlichen Anforderungen sind ebenfalls in der Checkliste sowie der Hilfebox beschrieben. Unternehmen, die berichtspflichtig sind und/oder ihre Entsprechenserklärung im Sinn der Berichtspflicht prüfen lassen möchten, merken dies im Bereich Allgemeine Informationen an. Hierbei ist allerdings stets zu beachten, dass die Prüfung, ob die DNK-Entsprechenserklärung die Anforderungen einer nichtfinanziellen Erklärung in allen Aspekten voll erfüllt, stets durch das berichtende Unternehmen selbst oder von ihm beauftragten Dritte durchgeführt werden muss. Nach der formalen Prüfung durch die Geschäftsstelle des Nachhaltigkeitsrats wird sie in der DNK-Datenbank veröffentlicht und sollte wahlweise auf der Webseite der Unternehmen, im Geschäfts- bzw. Lagebericht und, soweit vorhanden, in einem eigenständigen oder integrierten Nachhaltigkeitsbericht veröffentlicht werden.

3 Nutzen des Nachhaltigkeitskodex

Durch die Anwendung des DNK ergibt sich eine Reihe potenzieller Wirkungen. Ökonomische Stakeholder wie Investoren und Finanzanalysten beziehen die Informationen in einer standardisierten Form in ihre Analyse ein. Marktineffizienzen, etwa die Über- bzw. Unterbewertung von Unternehmenswerten, können dadurch verringert und die Kapitalallokation optimiert werden. Durch eine erhöhte Transparenz werden somit Chancen und Risiken für Unternehmen besser erkennbar und vergleichbar. Ebenfalls kann so erreicht werden, dass der Wettbewerb und damit die Differenzierung am Markt durch Innovationen für eine nachhaltige Entwicklung gefördert werden. Für Anwender mit etabliertem Nachhaltigkeitsmanagement können durch die Offenlegung praktizierten Nachhaltigkeitsmanagements Wettbewerbsvorteile generiert werden. Stetig steigende Transaktionskosten durch divergierende Anforderungen von Ratingagenturen, Investoren, Analysten und sonstigen Initiativen können durch standardisierte Inhalte und Indikatoren eingedämmt werden. Dies wird durch den DNK insbesondere unterstützt, indem die von Unternehmen in der Datenbank veröffentlichten Informationen via Universalschnittstelle an weitere Nutzer und Bewertungssysteme automatisiert weitergegeben werden können. Dadurch werden die Bewertungsansätze selbst transparenter, indem sie auf dem DNK als Mindeststandard aufsetzen. Die Möglichkeit zur Differenzierung bleibt durch unterschiedliche Schwerpunktsetzungen, Zielgruppen und Bewertungsmethoden indes erhalten.

Anreize zur Kodexerfüllung liegen aktuell in erster Linie in der politischen Anerkennung. So nennt ihn der Gesetzgeber in der Gesetzesbegründung zur CSR-Berichtspflicht als nationalen Standard, der Bundesbeteiligungsbericht weist DNK-Anwender explizit aus und auch das Bundesministerium für Umwelt, Naturschutz, Bau und Reaktorsicherheit (BMUB) empfiehlt ihn zur Nachhaltigkeitsberichterstattung in der Lieferkette. Der RNE zielt mittelfristig auf Honorierung über den Markt, z. B. leichterem Zugang zu Aufträgen und Kapital, Aufnahme in Aktienindizes, Vereinfachung der Auswahl von Lieferanten. Der DNK unterstützt bei der individuellen Bewertung von langfristig orientiertem Handeln und den damit verbundenen unternehmerischen Chancen und Risiken.

In einer auf Nachhaltigkeit orientierten Beschaffung von Unternehmen und der öffentlichen Hand kann die Erfüllung des DNK zum Auswahlkriterium für Vertragspartner werden. Eine höhere Sensibilisierung der Konsumenten für Produkte und Dienstleistungen nachhaltiger Unternehmen ist möglich. Die hohe Performance deutscher Unternehmen, die am Standort Deutschland in der Sozialen Marktwirtschaft bereits heute höheren Anforderungen genügen müssen, kann zur Messlatte nachhaltigen Wirtschaftens weltweit werden. Die vermeintlichen Nachteile höherer Transparenz und höherer gesetzlicher Anforderungen können durch eine ambitionierte Standardisierung in Wettbewerbsvorteile am globalen Markt umgewandelt werden. Zuletzt haben sich auch die Regierungschefs der G20 darauf geeinigt, Nachhaltigkeit in der Lieferkette in ihrer sozialen und ökologischen Dimension und ihren positiven wirtschaftlichen Entwicklungsmöglichkeiten insbesondere für ärmere Länder gemeinsam voranbringen zu wollen.

Die Verbindlichkeit erhält der DNK über den Markt. Das heißt, die Qualität und die Glaubwürdigkeit der Informationen werden durch Akteure am Markt, beispielsweise durch kritische Nachfragen, entwickelt. Auf diese Weise erhalten Unternehmen direktes Feedback über die konkrete Nutzung der bereitgestellten Informationen. Unternehmen mögen selbst entscheiden, ob diese Kommunikationsform über das Nachhaltigkeitsmanagement im Hinblick auf Märkte, Kunden oder Geschäftspartner ein probates Mittel der Wahl sein kann.

4   Eine erste Bilanz in der Anwendung des Deutschen Nachhaltigkeitskodex

Der DNK ist ein politisch anerkanntes Instrument. Die EU-Kommission, die Bundesregierung und andere Akteure haben ihn wiederholt als einen positiven Beitrag zum nachhaltigen Wirtschaften bezeichnet. Das Instrument wird von der Bundesregierung gewürdigt und unterstützt. Das erleichtert die Arbeit des Nachhaltigkeitsrats hinsichtlich der Verbreitung des Instruments und ist zugleich Ansporn, den DNK weiterzuentwickeln. Er wird als Informationsbasis für Marktakteure profiliert, damit Unternehmen einen dauerhaften Nutzen von dieser Form der Berichterstattung haben, im wettbewerblichen Vergleich gegenüber Nichtberichterstattern im Vorteil sind und sich durch die vielfache Verbreitung der in der DNK-Datenbank veröffentlichten Informationen der Aufwand für die Erstellung einer Entsprechenserklärung rechtfertigt. Dieser ist wesentlicher Faktor für die Akzeptanz bei Unternehmen.

Die Nutzung des Standards selbst ist kostenlos und der Aufwand, den Standard zu lesen und anzuwenden ist vergleichsweise gering. In einer Anfang 2016 veröffentlichten Umfrage unter Anwendern wurde der Aufwand für die Erstellung einer Entsprechenserklärung zwischen 0,5 und 100 Tagen beziffert. Im Median sind es 27 Tage, die für die Vorbereitung, Erstellung und Abstimmung einer Entsprechenserklärung aufgewandt werden. Wie hoch der Aufwand im Einzelfall ist, hängt davon ab, ob Informationen zu den Kriterien bereits im Unternehmen vorliegen und lediglich neu strukturiert werden oder ein Berichtswesen komplett aufzubauen ist. Es sei jedoch auf die Möglichkeit des DNK verwiesen, auf ein noch aufzubauendes Berichtswesen, fehlende Daten oder Irrelevanz im konkreten Geschäftsfall hinzuweisen („explain"), und dennoch eine vollwertige Entsprechenserklärung abgeben zu können. Nachvollziehbare Erklärungen der Abweichung schränken die Glaubwürdigkeit nach Auffassung des Rats nicht ein.

Um insbesondere kleinen und mittleren Unternehmen den Einstieg in die Nachhaltigkeitsberichterstattung zu erleichtern, hat der RNE ein Schulungskonzept entwickelt, das Unternehmen bei der Anwendung des DNK unterstützt. Dazu gehört ein Netzwerk aus knapp 120 DNK-Schulungspartnern, die in derzeit 14 Bundesländern, den Niederlande, Österreich und der Schweiz Veranstaltungen zum DNK anbieten und Anwender individuell zur Erstellung einer Entsprechenserklärung und zum Aufbau eines Nachhaltigkeitsmanagements beraten. Im Jahr 2017 haben knapp 200 Veranstaltungen von Schulungspartnern stattgefunden. Zur praktischen Unterstützung wurde ein Mentorennetzwerk aus DNK-Anwendern aufgebaut, die bei Veranstaltungen über ihre Erfahrungen berichten und mit Praxisbeispielen auf der DNK-Website vorgestellt werden.

Branchenspezifische Leitfäden erleichtern den jeweiligen Unternehmen, ihre Nachhaltigkeitsleistungen sichtbar zu machen und bieten umfassende und hilfreiche Informationen rund um die Anwendung des DNK. Der Nachhaltigkeitsrat setzt auch hier auf Netzwerke und Partner und vermittelt an diese sowohl hilfreiche Dokumente als auch Schulungspartner.

Neben der ab 2017 geltenden Berichtspflicht zur Offenlegung nichtfinanzieller Informationen ist die Marktrelevanz von Nachhaltigkeitsthemen der entscheidende Treiber für gute Nachhaltigkeitsinformationen. Unternehmen und Kapitalmarktakteure beklagen die fehlende bzw. unklare Marktrelevanz von Nachhaltigkeitsinformationen generell und dem DNK im Besonderen. Für Kapitalmarktakteure ist schwierig, wenn die Daten bei Datenprovidern nicht verfügbar sind und daher keine unmittelbar verfügbare Arbeitserleichterung darstellen.

Unternehmen könnten ihre Treiberrolle an den Kapitalmärkten stärker wahrnehmen, indem sie ihre Investitionen ebenfalls unter Nachhaltigkeits-Gesichtspunkten anlegen – eine Transparenz-Anforderung des DNK, die Kapitalmarktakteure durchaus als Glaubwürdigkeitskriterium bezeichnen. Damit könnten die Kapitalmarktakteure unter Druck kommen, von denen bislang lediglich 5 % der Asset Manager, Asset Owner, Sell- and Buy-Analysten, Analysten von Ratingagenturen und sonstige den DNK auf Unternehmensebene oder Ebene des Asset Managements implementiert haben.

Es ist naheliegend, mit einer verbesserten Kommunikation eine verständliche und konkrete Zieldefinition des RNE deutlicher zu machen. Dies kann differierende Ziele zwischen den Anspruchsgruppen beseitigen und die Akzeptanz des DNK auf der Seite der Unternehmen und der potenziellen Nutzer erhöhen. Mit dem Aufbau eines Schulungspartner-Netzwerkes in Deutschland sowie der direkten Ansprache der Industrie- und Handels-kammern konnte 2015 eine Basis für eine stärker regional orientierte Informationsstruktur gelegt werden.

Es ist zu erwarten, dass die erfolgreiche Umsetzung in Deutschland insbesondere bei Noch-Nicht-Berichterstattern auch wichtige Impulse für die Standardisierung von Nach-haltigkeit auf europäischer Ebene sowie Konzepten zum Kompetenzaufbau in weiteren EU-Mitgliedsstaaten gegeben werden können.

Der DNK wird regelmäßig an die weitere Entwicklung auf Ebene der Berichtsstandards und weitere allgemein gültiger Normen angepasst. Dazu gehören sicher das Klimaschutz-abkommen von Paris, die Nachhaltigkeitsziele der Vereinten Nationen, sowie die nationale Gesetzgebung zur Offenlegung nichtfinanzieller Informationen. Sie spricht v. a. Unterneh-men mit mehr als 500 Mitarbeitern an. Nach Einschätzung einiger Unternehmen wird diese Berichtspflicht Kettenwirkungen durch die Lieferkette erzeugen. Die Einschätzung von Investoren ist, dass durch die Regulierung Informationen zu Nachhaltigkeitsthemen leichter verfügbar und damit relevanter im Beurteilungsprozess von Investoren und Kre-ditgebern werden.

Der RNE gewährleistet die Kompatibilität des DNK mit gesetzlichen und völkerrecht-lichen Anforderungen. Welche Strukturen dafür geschaffen oder genutzt werden sollen, wird mit seinen Stakeholdern zu diskutieren sein. Zu ihnen gehören maßgeblich die An-wenderunternehmen und die kritische Öffentlichkeit.

5   Der DNK am Beispiel der Flughafen München GmbH

Die 1949 gegründete Flughafen München GmbH (FMG) betreibt mit ihren 16 Tochterge-sellschaften den Münchner Airport. Das bayerische Luftverkehrsdrehkreuz ist Deutsch-lands zweitgrößter Flughafen und der einzige Fünf-Sterne-Flughafen Europas. Als Full-Service-Operator bietet er Leistungen in allen Bereichen des Airportmanagements an. Am 17. Mai 1992 ging der Flughafen München am neuen Standort im Erdinger Moos mit einem Terminal und zwei Start- und Landebahnen in Betrieb. Seitdem hat er sich kontinu-ierlich weiterentwickelt und ist mit mittlerweile zwei Terminals und einem zusätzlichen Satellitenterminal einer der verkehrsreichsten Flughäfen Europas. Anfang 2015 wurde der Flughafen München als erster europäischer Airport mit dem Prädikat 5-Star-Airport aus-gezeichnet. Im Frühjahr 2017 konnte der Flughafen München das Gütesiegel erneuern.

Gesellschafter der FMG sind der Freistaat Bayern mit 51 %, die Bundesrepublik Deutschland mit 26 % und die Landeshauptstadt München mit 23 %. Der Konzern be-schäftigt mehr als 9000 Mitarbeiter. Mit insgesamt über 35.000 Beschäftigten bei mehr als 550 Unternehmen gehört der Flughafen München zu den größten Arbeitsstätten Bayerns. Der Münchner Airport bietet heute Flugverbindungen zu rund 270 Zielen in aller Welt und verbuchte 2016 ein Passagieraufkommen mehr als 44 Mio.

5.1 Herausforderungen eines Flughafens

Der Klimawandel macht nicht vor nationalen Grenzen halt. Er ist eine globale Herausforderung, die internationale Lösungen und die Kooperation aller Staaten erfordert. Prognosen gehen davon aus, dass der weltweite Luftverkehr jährlich um etwa 5 % zunehmen wird. Das bedeutet allein für Deutschland eine Prognose von 65 % bis 2030 laut Bundesverkehrsministerium. Die erwarteten Effizienzsteigerungen durch Fortschritte bei der Flugzeugtechnologie reichen vermutlich nicht aus, um den Anstieg der CO_2-Emissionen wettzumachen. Die Airlines haben deshalb über die International Civil Aviation Organization (ICAO) einen Vorschlag zum Offsetting von Emissionen auf internationalen Flugstrecken erarbeitet. Am 7. Oktober 2016 stimmte die Staatengemeinschaft in Montreal diesem Vorschlag auf UN-Ebene zu. Seitdem steht fest: Mit dem Offsetting-System CORSIA wird ab 2020 stufenweise das Offsetting von wachstumsbedingten CO_2-Emissionen durch die Airlines eingeführt. Nach dem Erreichen des Zwischenziels Klimaneutrales Wachstum bis 2035 sollen die Entwicklung und Einführung von alternativen Kraftstoffen und Antrieben bis 2050 den CO_2-Ausstoß auf die Hälfte reduzieren.

Auf dem Pariser Klimagipfel hat der europäische Flughafendachverband Airports Council International (ACI) verkündet, dass bis 2030 in Europa 50 Flughäfen CO_2-neutral sein sollen. Am 13. Juni 2017 wurde diese freiwillige Verpflichtung auf 100 klimaneutrale Flughäfen in Europa bis 2030 verdoppelt.

Als erster deutscher Flughafen wird München im Hinblick auf die vom Airport zu verantwortenden Emissionen (Scope 1 und 2) bis zum Jahr 2030 komplett klimaneutral betrieben. Dieses ambitionierte Ziel zum Klimaschutz sieht vor, dass der Flughafen die ihm direkt zurechenbaren CO_2-Emissionen durch eine breite Palette technischer Maßnahmen bis zum Jahr 2030 um 60 % reduziert. Die verbleibenden 40 % gleicht er mit geeigneten, möglichst regionalen Kompensationsmaßnahmen aus (Abb. 3). Dafür wird der Flughafen München zwischen 2017 und 2030 rund 150 Mio. € investieren. Mit diesem Budget werden Reduktions- und Offsettingmaßnahmen für die CO_2-Neutralität bis 2030 finanziert.

Der CO_2-Fußabdruck des Flughafens München wird nach dem international anerkannten Greenhouse Gas Protocol ermittelt und gliedert sich in drei Geltungsbereiche, sog. Scopes (Abb. 4).

- Scope 1: alle Emissionen, die der Flughafen direkt verursacht bzw. kontrolliert, z. B. durch den Betrieb des eigenen Blockheizkraftwerks
- Scope 2: alle Emissionen, die durch die Energiebereitstellung anfallen, z. B. Energiezukauf, um den gesamten Strom-, Wärme- und Kältebedarf des Flughafens zu decken
- Scope 3: alle Emissionen, die durch den Flughafenbetrieb entstehen, aber durch Dritte verursacht werden, z. B. Emissionen der Airlines während der Start- bzw. Landephase, An- und Abreise der Passagiere

Bereits seit 2014 hat der Flughafen München z. B. für alle Landungen den kontinuierlichen Sinkflug eingeführt und nimmt somit Einfluss auf den Scope 3. Beim sog. Continous

Energie-
versorgung
Fuhrpark /
Mobilität
Flughafen-
spezifische
Anlagen
Gebäude-
technik
60%
Eigene
Reduktionsmaßnahmen
Verbleibende
40%
Offsetting-
Maßnahmen
Entwicklung eigener
Klimaprojekte im Umfeld
des Flughafens
Nutzung von
Klimaprojekten in Bayern
oder Deutschland
Restlicher Bedarf:
hochwertige
Reduktionszertifikate

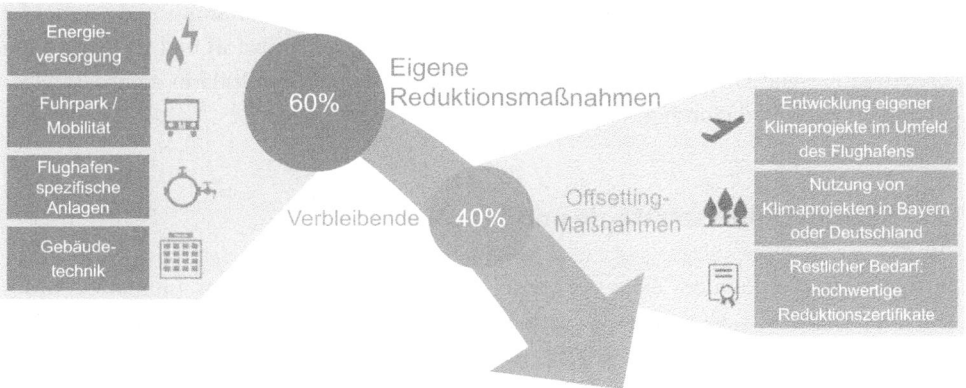

Abb. 3 CO_2-Strategie des Flughafens München

Scope 1: Direkte
Emissionen
Blockheiz-
kraftwerk
Kraftstoffe
Heizöl /
Flüssiggas
Scope 2: Indirekte
Emissionen durch
Energiezukauf
Energiebezug
• Direkt bzw. indirekt
verursacht durch die
FMG
• Vollständig
beeinflussbar durch
die FMG
Scope 3: Indirekte
Emissionen durch
Dritte
Energie für
Dritte
Zubringer-
verkehr
Flugverkehr
LTO, APU,
TWP*
• Verursacht durch
andere
Unternehmen am
Flughafen-Campus
• Nur bedingt
beeinflussbar durch
die FMG
* LTO = Landing-and-Takeoff-Cycle
APU = Auxilary Power Units, Hilfsturbinen
TWP = Triebwerksprobeläufe

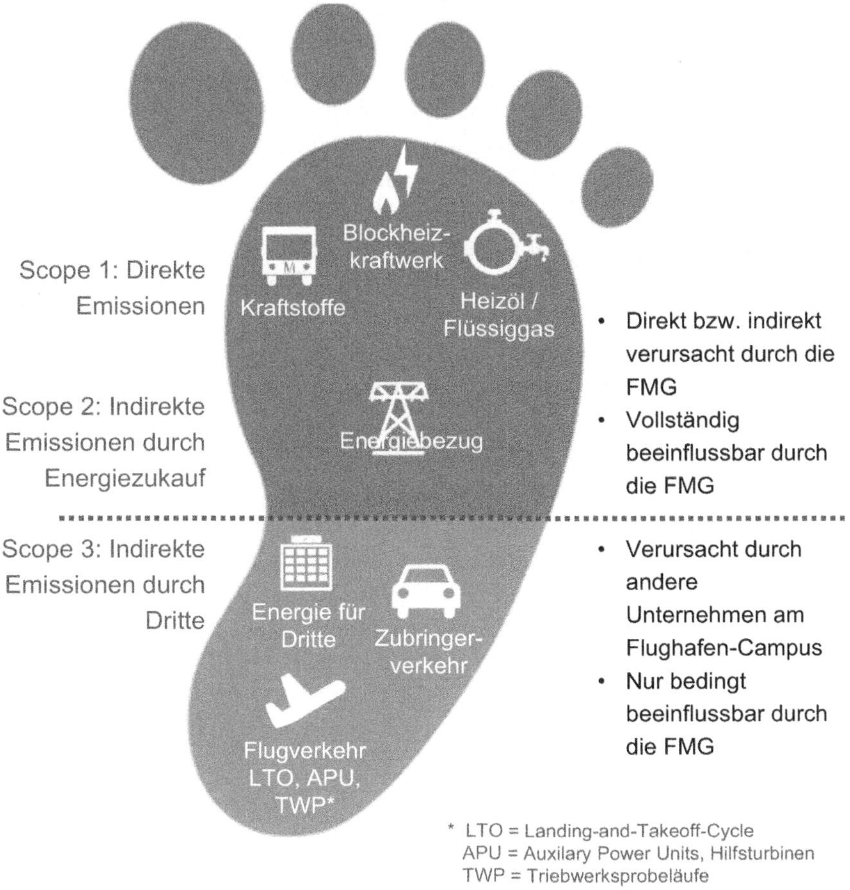

Abb. 4 CO_2-Footprint des Flughafens München

Descent Approach sinkt das Flugzeug mit minimaler Triebwerksleistung und vermeidet weitestgehend Horizontalflugphasen. Dieses Verfahren spart Treibstoff und verringert den CO_2-Ausstoß. Alle Daten des Scope 1 und 2 werden bereits seit 2005 in einer CO_2-Datenbank erfasst und dadurch gesteuert.

5.2 Nachhaltigkeitsstrategie und Management

Um die herausfordernden Ziele zu erreichen, ist Nachhaltigkeit am Flughafen München ein zentraler Bestandteil des strategischen Managements und der strategischen Ausrichtung. Beschlossen wurde dieses auf oberster Führungsebene gemeinsam mit der Geschäftsführung. Hierbei ist die Hauptaufgabe des Nachhaltigkeitsmanagements, die Ziele sowie Maßnahmen in den einzelnen Unternehmensebenen umzusetzen. Die Geschäftsführung verantwortet die Formulierung und Erreichung der strategischen Ziele. Die Führungskräfte der ersten und zweiten Ebene sind für die Umsetzung der aus den Zielen abgeleiteten Initiativen und Maßnahmen zuständig. Die Zielerreichung ist zudem die Basis für die variable erfolgsabhängige Vergütung. Dies trägt dazu bei, dass die strategischen, einschließlich der nachhaltigkeitsrelevanten Themen in der alltäglichen Arbeit bereichsübergreifend umgesetzt werden. Um diese Ziele erreichen zu können, wurden im Rahmen der Konzernstrategie 2025 fünf strategische Handlungsfelder abgeleitet und mit konkreten Initiativen und Maßnahmenplänen hinterlegt. Die strategischen Handlungsfelder der FMG stehen auf einem strategischen Fundament aus Nachhaltigkeit und damit Verantwortung, Partnerschaft, Innovation und Qualität. Das strategische Nachhaltigkeitsprogramm ist die Klammer über alle fünf Handlungsfelder und fasst die wichtigsten konzernübergreifenden Querschnittsthemen zusammen. Es ist die Grundlage für strategische Unternehmensentscheidungen sowie für die künftige Entwicklung innerhalb der Handlungsfelder (Abb. 5).

Heute bedeutet Digitalisierung am Flughafen, Angebote zu entwickeln und bereitzustellen, die auf die individuellen Bedürfnisse der Passagiere, Geschäftspartner und Besucher zugeschnitten sind. Mit innovativen Services entlang der gesamten Reisekette erhöht der Flughafen München die Qualität seiner Leistungen und begegnet so den Herausforderungen der digitalen Transformation. Auch intern werden die Prozesse hier bereits auf digitale Plattformen nachgezogen. Die Strategien für die nächsten Jahre werden im Rahmen der Digitalisierung verändert und angepasst.

5.3 Integrierte Berichterstattung

Integrated Thinking ist die Grundvoraussetzung für ein nachhaltiges Handeln und eine ganzheitliche Berichterstattung. Der Flughafen München Konzern folgt diesem Ansatz seit 2010 und orientiert sich gleichermaßen an ökonomischen, ökologischen und sozialgesellschaftlichen Belangen. Um diese Ausrichtung zu veranschaulichen, verbindet der

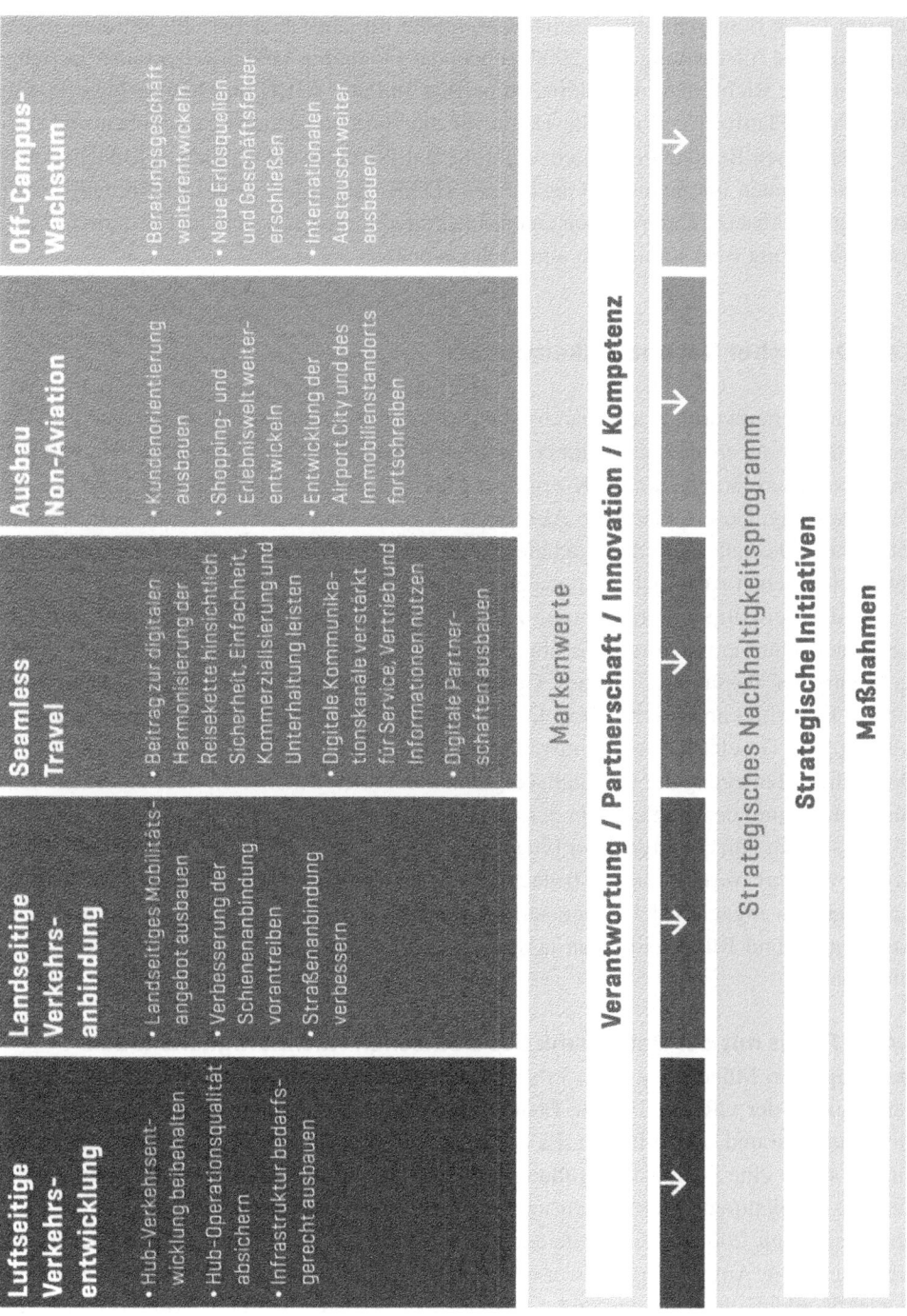

Luftseitige Verkehrsentwicklung
- Hub-Verkehrsentwicklung beibehalten
- Hub-Operationsqualität absichern
- Infrastruktur bedarfsgerecht ausbauen

Landseitige Verkehrsanbindung
- Landseitiges Mobilitätsangebot ausbauen
- Verbesserung der Schienenanbindung vorantreiben
- Straßenanbindung verbessern

Seamless Travel
- Beitrag zur digitalen Harmonisierung der Reisekette hinsichtlich Sicherheit, Einfachheit, Kommerzialisierung und Unterhaltung leisten
- Digitale Kommunikationskanäle verstärkt für Service, Vertrieb und Informationen nutzen
- Digitale Partnerschaften ausbauen

Ausbau Non-Aviation
- Kundenorientierung ausbauen
- Shopping- und Erlebniswelt weiterentwickeln
- Entwicklung der Airport City und des Immobilienstandorts fortschreiben

Off-Campus-Wachstum
- Beratungsgeschäft weiterentwickeln
- Neue Erlösquellen und Geschäftsfelder erschließen
- Internationalen Austausch weiter ausbauen

Markenwerte

Verantwortung / Partnerschaft / Innovation / Kompetenz

Strategisches Nachhaltigkeitsprogramm

Strategische Initiativen

Maßnahmen

Abb. 5 Strategie 2025 Überblick

integrierte Bericht die Finanz- und Nachhaltigkeitsberichterstattung in einer Veröffentlichung. Diese beschreibt die Geschäftsaktivitäten im jährlichen Berichtszeitraum sowie deren künftige Ausrichtung. Seit 2008 wendet der Flughafen München bei seiner Berichterstattung die Richtlinien der Global Reporting Initiativ (GRI) und hierfür eine interne Share Point Plattform an, um alle Daten für die Berichterstattung zu erheben und diese als jährlichen Bericht zusammenzuführen. Seit 2016 hat der Flughafen München nun mit seinem neuen Internetauftritt auch einen HTML-Bericht, der die Leserfreundlichkeit bestmöglich umsetzt. Der Weg von einem Integrated Report hin zu einem (externen) Integrated Reporting wird somit nach und nach geebnet.

5.4 Deutscher Nachhaltigkeitskodex

Um seine Verantwortung transparent sowie vergleichbar darzustellen, trat der Flughafen München als erstes Unternehmen in öffentlicher Hand 2012 dem DNK bei. Mit der Entsprechenserklärung zum DNK zeigt der Flughafen München erneut unternehmerische Verantwortung. Gesellschaftliche Akzeptanz ist für einen Flughafen ein wesentlicher Erfolgsfaktor. Deshalb misst die Flughafen München GmbH dem Dialog mit verschiedenen gesellschaftlichen Anspruchsgruppen große Bedeutung bei.

Mit der freiwilligen Verpflichtung zum DNK zeigt der Flughafen München, was unternehmerische Verantwortung für ihn bedeutet und was nachhaltigen Mehrwert für seine Mitarbeiter, Passagiere, Airlines, Geschäftspartner sowie weiteren Interessensgruppen schafft. Er verfügt über Richtlinien, die für die weitreichenden Auswirkungen seines Handelns auf die Gesellschaft und Umwelt gelten. Hierbei spielt der DNK eine große Rolle. Durch die Offenlegung der Geschäftätigkeiten mit allen Daten auch über die Datenbank des DNK kommt der Flughafen in den Dialog mit seinen Stakeholdern.

Das sind im Fall des Münchner Flughafens in besonderer Weise die unmittelbaren Anwohner und ihre Vertreter in den benachbarten Gemeinden und Landkreisen. Der Münchner Flughafen engagiert sich daher stark in der Region und sucht intensiv den Dialog. Die Anregungen und Rückmeldungen lässt er in die Entwicklung seiner Geschäftsstrategie einfließen.

5.4.1 Praxis mit der Datenbank des Deutschen Nachhaltigkeitskodex

Der Flughafen München wendet in seiner Berichtserstattung die Grundsätze und Standardangaben der GRI an. Für die Erstellung der DNK-Entsprechenserklärung ist dieses die Grundlage und sehr hilfreich. Es ermöglicht ein besseres Verständnis über die Aktivitäten sowie eine geeignete Erfüllung von Inhalten der 20 DNK-Kodexkriterien und -Leistungsindikatoren. Viele Daten und besonders notwendige nichtfinanzielle Informationen sind seit 2008 bereits vorhanden, was die Einarbeitung in die DNK-Datenbank erleichtert. Die Anwendungshinweise und Unterstützungsunterlagen auf der Datenbank des DNK bilden einen soliden und systematischen Rahmen, um eine strukturierte Arbeit verrichten zu können.

Das DNK-Onlinetool bzw. die Datenbank ist benutzerfreundlich und lässt sich intuitiv bedienen. Die Beschreibungen der Berichtsinhalte sind besonders hilfreich. Bemerkenswert sind auch die Dialogfenster, die ein Benchmark anderer Unternehmen anbieten sowie detaillierte Erklärungen über die Kriterien. Als Kontrollelement ist die Checkliste oder auch Administratoreninformation sehr hilfreich und bietet eine wertvolle Übersicht der Themen, die nach der ersten Prüfung ergänzt werden sollen. Das Feedback seitens des DNK-Teams ist ebenfalls ein integraler Bestandteil des Prozesses, mit dem potenzielle Verbesserungsmöglichkeiten für den nächsten Bericht identifiziert werden können.

5.5 Sustainable Development Goals

Der Flughafen München hat sich zum Ziel gesetzt, die Anforderungen der Sustainable Development Goals (SDGs) in seine Nachhaltigkeitsstrategie aufzunehmen. Als integrierter Flughafen mit lokaler Präsenz und einem weltweiten Ansatz kann der Flughafen München mit seinen Aktivitäten auf verschiedene Weisen zu einer Vielzahl von SDGs beitragen, wie z. B. zu Bildung (SDG 4), Geschlechtergerechtigkeit (SDG 5), nachhaltige Bewirtschaftung (SDG 6), Beschäftigung (SDG 8) und Landökosysteme (SDG 15). Als Akteur einer sich schnell verändernden Luftfahrtindustrie muss der Flughafen sicherstellen, dass die Mitarbeiter ihre Kompetenzen und Fähigkeiten im Interesse seiner Kunden laufend weiterentwickeln.

Abb. 6 Die zwölf relevanten Sustainable Development Goals für den Flughafen München

Um mit diesen Herausforderungen umzugehen, hat sich die FMG 2016 breit gefächert aufgestellt. Zum einen hat sich der Flughafen München durch einen Top-down-Ansatz mit den SDG beschäftigt, d. h. mit den 17 Zielen der nachhaltigen Entwicklung. Gleichzeitig wurden Mitarbeiter durch einen Bottom-up-Prozess an der Weiterentwicklung von Nachhaltigkeit im Unternehmen beteiligt, beispielsweise durch ein Onlinetool und Workshops zu den SDG oder auch durch eine Innovations-Nachhaltigkeits-Kampagne in Form von einem Crowdsourcingtool. Für den Flughafen München bedeutet das konkret, dass 12 der 17 Ziele als besonders relevant identifiziert wurden und daher weiterführend bearbeitet werden. Diese zwölf SDGs waren keine Überraschung für die FMG, sondern werden seit Jahren thematisch bereits bearbeitet (Abb. 6).

6   Fazit

Die SDG wurden bei der Agenda 2030 für Nachhaltige Entwicklung beim UN-Nachhaltigkeitsgipfel im September 2015 verabschiedet. Jetzt geht es darum, die Ressourcen zu mobilisieren und die Umsetzung der Agenda im eigenen Unternehmen so voranzutreiben, dass die gewünschten Ergebnisse erzielt werden können (BMZ 2015). Die Messung des Erfolgs durch Datenerhebungen und Standards wie dem DNK sowie die Berichterstattung nach GRI zu den Fortschritten bei der Übersetzung der SDG werden richtungsweisend dazu beitragen, eine andauernde Dynamik, breite Anerkennung und Transparenz zu erreichen.

Somit wird der Flughafen München mit einer validierten Datenbasis auch weiterhin konstruktive Gespräche mit seinen Stakeholdern führen, um so das Verständnis für Themen zu sensibilisieren und gleichzeitig weitere Akzeptanz in der Gesellschaft zu schaffen. Dies bedeutet auch, dass neue Formen eines Dialoges in digitaler Form zwischen Unternehmen und Gesellschaft, Gemeinschaft und den Mitmenschen immer erforderlicher werden. Um die Zukunft weiterhin verantwortungsvoll zu gestalten, gilt es für den Flughafen München mit seinen Stakeholdern in der Luftverkehrsbranche, aber auch branchenübergreifend in Politik und Wirtschaft weiter Maßnahmen zu erarbeiten und diese im Rahmen der Agenda 2030 umzusetzen.

Literatur

Bundesministerium für wirtschaftlichen Zusammenarbeit und Entwicklung (BmZ) (2015) Der neue Zukunftsvertrag für die Welt: Die 2030 Agenda für nachhaltige Entwicklung. http://tinyurl.com/zqq9hne. Zugegriffen: 8. Nov. 2017

Weiterführende Literatur
Bundesministerium für Verkehr und digitale Infrastruktur. https://www.bmvi.de/SharedDocs/DE/Anlage/VerkehrUndMobilitaet/verkehrsprognose-2030-praesentation.pdf?__blob=publicationFile. Zugegriffen: 8. Nov. 2017

Deutsches Netzwerk Wirtschaftsethik – EBEN Deutschland e. V. (2015) https://www.forum-wirtschaftsethik.de/nachhaltigkeit-bei-der-flughafen-muenchen-gmbh. Zugegriffen: 13. Nov. 2017

Flughafen München (2016) Weiter Denken. Integrierter Bericht 2016. https://bericht2016.munich-airport.de/strategie/strategie.html. Zugegriffen: 24. Nov. 2017

Flughafen München (2017) Klimaschutzbericht. http://emotion.munich-airport.de/home1/fachwissen/umwelt-region/umwelt/co2_red/klimabrosch2017.pdf. Zugegriffen: 23. Okt. 2017

Flughafen München GmbH: Die neue CO_2-Strategie 2030 – Fragen und Antworten

Kerkloh M (2016) Flughafen München: Stellschrauben einer nachhaltigen Entwicklung. In: Buchenau P, Geßner M, Geßner C, Kölle A (Hrsg) Chefsache Nachhaltigkeit. Springer Gabler, Wiesbaden

Tabea Siebertz ist studierte Erziehungswissenschaftlerin. Nach Stationen in der AG Medienpädagogik der Universität Mainz und einer Tätigkeit in der Nachhaltigkeitsberatung ist sie seit 2016 wissenschaftliche Referentin beim Rat für Nachhaltige Entwicklung und dort für die Themen Nachhaltiges Wirtschaften und Digitalisierung zuständig.

Christina Berghäuser In Kairo/Ägypten geboren, studierte Grafikdesign (B.A.), Marketing, Systemisches Coaching und Personalentwicklung (M.A.) in New York, Mainz, München und Kaiserslautern. Seit 2003 ist sie am Flughafen München und seit 2010 als Corporate(-Social)-Responsibility-Managerin und Referentin im Bereich Strategie- und Nachhaltigkeitsmanagement tätig. Ihre Schwerpunkte sind u. a. die Sustainable Development Goals und der Deutsche Nachhaltigkeitskodex (DNK). Seit 2013 ist sie DNK Mentorin.

Nachhaltigkeitsmanagement und -reporting mit EcoWebDesk

Marvin Schulze-Quester und Markus Schönberger

1   Das Unternehmen EcoIntense

Die EcoIntense GmbH ist einer der führenden Anbieter von Softwarelösungen für Arbeitssicherheit, Umweltmanagement und Nachhaltigkeit. Im Jahr 2007 gegründet, entwickelt das Berliner Unternehmen heute mit über 100 Mitarbeitern sein Kernprodukt EcoWebDesk. Die webbasierte Software bildet eine einheitliche Plattform für alle Aufgaben, Daten und Informationen aus dem betrieblichen Arbeits- und Umweltschutz, Energie- und Nachhaltigkeitsmanagement. Neben den täglichen operative Aufgaben unterstützt die Onlinelösung Managementsysteme gemäß ISO 14001, ISO 50001 und OHSAS 18001 im gesamten Plan-Do-Check-Act(PDCA)-Zyklus sowie Reportingstandards nach Global Reporting Initiative (GRI) G4 und Deutschem Nachhaltigkeitskodex (DNK), die jederzeit auch um unternehmensspezifische Kennzahlen erweitert werden können. Diverse Analysemöglichkeiten sowie ein umfangreiches Maßnahmen- und Erinnerungsmanagement runden das Funktionspaket ab, das in Zusammenarbeit mit den Anwendern unterschiedlichster Branchen laufend erweitert und an gesetzliche und fachliche Weiterentwicklungen angepasst wird.

Kern- und Ursprungsgebiet von EcoWebDesk ist der betriebliche Arbeits- und Umweltschutz (Health, Safety and Environment, HSE). Dieser ist mittlerweile zu einem komplexen Feld, zu einer eigenen Welt aus Regeln und Pflichten, Informationen und Maßnahmen angewachsen, die für das gesamte Unternehmen bedeutsam sind. Doch professionelle

M. Schulze-Quester (✉)
EcoIntense GmbH
Berlin, Deutschland
E-Mail: marvin.schulze-quester@ecointense.de

M. Schönberger
Voith GmbH & Co. KGaA
Heidenheim, Deutschland
E-Mail: Markus.Schoenberger@voith.com

© Springer-Verlag GmbH Deutschland, ein Teil von Springer Nature 2018
G. Weber und M. Bodemann (Hrsg.), *CSR und Nachhaltigkeitssoftware*,
Management-Reihe Corporate Social Responsibility,
https://doi.org/10.1007/978-3-662-57307-5_9

betriebliche IT-Unterstützung in diesem Umfeld konzentriert sich weiterhin auf konventionelles betriebswirtschaftliches Management und angrenzende Themen wie Produktionsplanung und -steuerung oder Supply-Chain-Management. Auf dem weiten HSE-Feld bewegen sich viele Unternehmen noch immer zu Fuß. Während sich Berufszweig und Personal zunehmend professionalisiert haben, kann die vorhandene Softwareausstattung hier oft kaum mehr mithalten. Die Folge ist unnötiger Mehraufwand, der Zeit und Kräfte kostet.

Das Aufkommen des Nachhaltigkeitsparadigmas hat den Informations- und Koordinationsaufwand nochmals um ein Vielfaches verstärkt. Mussten früher im betrieblichen Umwelt- und Arbeitsschutzgeschehen vor allem lokale Gegebenheiten beurteilt und Maßnahmen vor Ort angestoßen werden, erfordert der Ganzheitlichkeitsanspruch von Nachhaltigkeit nunmehr die Aggregation von Daten über alle Standorte und Unternehmensbereiche hinweg. Kennzahlen, wie sie etwa Berichtsstandards wie GRI gängigerweise fordern, bestehen häufig aus tausenden von lokalen Bestandteilen. Die strategische Implikation von Nachhaltigkeit wiederum erfordert die Verknüpfung mit betriebswirtschaftlichen Größen, die weit über bloße Kostenbetrachtungen hinausgehen.

Die Onlinelösung EcoWebDesk setzt genau hier an. Dank modernster Softwaretechnologie können nicht nur Kennzahlen berechnet, sondern auch Unternehmensprozesse auf globaler und lokaler Ebene umwelt- und sozialverträglich, sicher, kosteneffizient und wertschöpfend gesteuert werden. Damit nähert sich EcoWebDesk dem vielzitierten Anspruch, Nachhaltigkeit in die DNA der Unternehmen einzubringen. Alle Mitwirkenden werden durch ein gemeinsames System verbunden und bei ihrer Arbeit unterstützt; die dabei entstehenden Informationen sind automatisch zentral gebündelt.

Zu den Kunden von EcoIntense gehören mittelständische Industrieunternehmen genauso wie global agierende Konzerne. Aus diesem Grund wird der Hauptsitz in Berlin verstärkt durch weitere Niederlassungen in Bayern, Niedersachsen, Österreich und Texas, USA. Die starke Wachstumsorientierung schlägt sich auch in der internen Organisation nieder: Zertifizierte Prozesse nach ISO 9001:2015 sorgen schon seit Jahren für standardisierte, produktive und effiziente Abläufe. Im Rahmen der Benchmarkstudie Great Place to Work® wurde EcoIntense wiederholt als einer der besten Arbeitgeber in Berlin-Brandenburg sowie in der ITK-Branche insgesamt ausgezeichnet.

2 Rahmenbedingungen des Nachhaltigkeitsmanagements und Anforderungen an die informationstechnologische Unterstützung

Das Nachhaltigkeitsmanagement von Unternehmen folgt i. d. R. dem gleichen Controllingzyklus wie andere Managementsysteme, etwa Qualität, Risiko oder Compliance (Günther und Steinke 2016): Die grundsätzliche Ausrichtung des Umgangs mit dem Thema wird durch die oberste Unternehmensleitung in einer Gesamtstrategie (Policy) festgelegt. Auf dieser Grundlage wird die derzeitige Ist-Situation des Unternehmens bezüglich interner Nachhaltigkeitsleistung und externer Anforderungen analysiert und daraus strategische Zielvorgaben abgeleitet, die den künftig angestrebten Zustand beschreiben („plan"). Zur Erreichung dieser Ziele sind entsprechende Verantwortlichkeiten, Budgets, Termine und Anreize von der Anordnungs- bis hin zur Ausführungsebene zu definieren, die konkret umsetzbare Maßnahmen ermöglichen („do"). Die Kosten und Auswirkungen dieser Maßnahmen sollten möglichst detailgetreu ermittelt und zeitnah kommuniziert werden, um die Zielerreichung auf den unterschiedlichen Unternehmensebenen beurteilen zu können („check"). In der Praxis birgt dieser Punkt nicht unerhebliche Schwierigkeiten, angefangen bei der Messbarkeit v. a. langfristiger und indirekter Auswirkungen, über die Konsolidierung entsprechender Daten über Standort- und Bereichs-/Gesellschaftsgrenzen hinweg bis hin zu Fragen der Kosten- und Erlösverrechnung. In regelmäßigen Abständen wird schließlich der erreichte Zustand durch Gegenüberstellung der geplanten und erzielten Nachhaltigkeitsleistung erneut analysiert. Auf dieser Basis können alle Elemente der Nachhaltigkeitsstrategie an erkannte Verbesserungspotenziale angepasst werden („act"). Über alle diese Schritte des Nachhaltigkeitsmanagements und ihre Ergebnisse sollte das Unternehmen angemessen berichten, unter sorgfältiger Abwägung des Informationsinteresses interner und externer Stakeholder sowie des Unternehmens selbst („communicate").

Mit diesem Gesamtbild des unternehmerischen Nachhaltigkeitsmanagements ist auch der Anwendungshorizont von Unterstützungsinstrumenten wie etwa Informationstechnologie(IT)-Systemen skizziert. Im Kern müssen solche Instrumente die genannten sechs

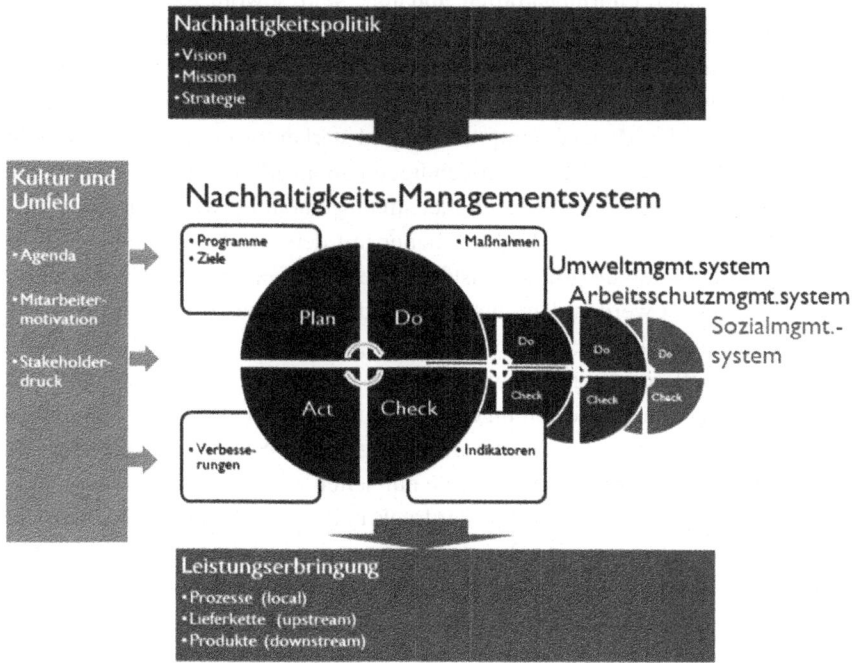

Stellung des Nachhaltigkeitsmanagements

Phasen unterstützen, indem sie jeweils geeignete Funktionen zur Messung, Auswertung und Analyse vielfältiger Nachhaltigkeitsinformationen sowie zur Planung, Bearbeitung und Nachverfolgung entsprechender Ziele und Maßnahmen bereitstellen.

In der Unternehmenspraxis sind diese Phasen höchst unterschiedlich ausgestaltet und variieren im Formalisierungsgrad, in inhaltlicher und methodischer Breite und nicht zuletzt in den aufgewendeten Zeit- und Personalressourcen. Dies bleibt nicht ohne Auswirkungen auf die notwendige Flexibilität und den Unterstützungsgrad der eingesetzten IT-Systeme und anderer Instrumente. Zum einen müssen diese mit einer Vielzahl von Themen und inhaltlichen Strukturen umgehen können. Im Gegensatz zu stoffstromorientierten Umweltberichten früherer Jahre ist das Nachhaltigkeitsmanagement bei Weitem nicht nur auf Energie- und Ressourcenflüsse, Abfall- und Emissionsmengen oder Umsatz- und Unfallkennzahlen beschränkt. Vielmehr müssen auch qualitative Informationen (z. B. Maßnahmen zur Korruptionsbekämpfung) und Einschätzungen (z. B. Arbeitsbedingungen bei Zulieferern) nicht nur inhaltlich erfasst, sondern auch analysiert und in den Planungs- sowie den Reportingprozess einbezogen werden.

Zum anderen bestimmen unternehmenskulturelle, also weiche Faktoren die Implementierung des Nachhaltigkeitsmanagements im Alltag und formen somit die Anforderungen an die technische Unterstützung:

1) Je nach interner Ressourcenbereitstellung, die i. d. R. vom Stellenwert des Nachhaltigkeitsthemas unter Führungskräften abhängt, sind sowohl die Ad-hoc-Aufgabenbearbeitung durch wenige Personen über alle Themen und Bereiche, als auch spezialisierte Verantwortlichkeiten mit verzweigten Benachrichtigungs-, Freigabe- und Konsolidierungsprozessen zu unterstützen. IT-Systeme müssen einen steigenden Formalisierungsgrad der Managementprozesse und stärker verteilte Verantwortlichkeiten abbilden können, ohne dass es zu aufwendigen Umbauarbeiten kommt. Das Unterstützungssystem muss mit dem Nachhaltigkeitsmanagement mitwachsen.

2) Identifikation und Motivation der Mitarbeiter mit dem Nachhaltigkeitsthema bestimmen maßgeblich, wie zügig und vollständig neue Aufgaben und Abläufe in den Arbeitsalltag integriert werden. Um mögliche Widerstände zu vermeiden oder zu verringern, sind Nachhaltigkeitsverantwortliche häufig darauf bedacht, Hemmschwellen und Eingewöhnungsphasen so gering wie möglich zu halten. Hohe Anwenderfreundlichkeit und umfangreiche Hilfestellungen für die meisten Nutzer (z. B. Schulungen und Dokumentation) schlagen bei der Bereitstellung von IT-Systemen häufig die Entwicklung komplizierter Spezialfunktionen, die nur selten zum Einsatz kommen.

3) Je nach wahrgenommenem Stakeholderdruck und dem Umgang der Unternehmensführung damit können sich Analyse-, Umsetzungs- und Berichtsschwerpunkte verschieben. Diese liegen z. B. auf rechtlichen Anforderungen (Gesetzgeber), internationalen Normen (Zertifizierer), Effizienzsteigerung und Risikominimierung (Kapitalgeber), nachhaltigen Produkten (Kunden), Arbeitsbedingungen (Mitarbeiter) oder Reputation und Image (Öffentlichkeit) oder einer Kombination aus diesen. Jede dieser Stakeholdergruppen hat unterschiedliche Informationsbedürfnisse und erwartet andere

Maßnahmen vom Unternehmen. Für die Entwicklung von (IT-)Instrumenten bedeutet dies, dass die Funktionen zur Analyse, Planung, Umsetzung, Kontrolle, Verbesserung und Kommunikation zunächst möglichst allgemein und standardübergreifend implementiert, dann aber mit möglichst geringem Aufwand auf eine Vielzahl konkreter Unternehmenssituationen angepasst werden müssen.

Drittens entsteht das Nachhaltigkeitsmanagement im Unternehmen i. d. R. nicht ohne Bezugspunkte, sondern dockt häufig an bestehende Systeme und Prozesse an, wie z. B. Energiemanagement, Arbeitsschutzmanagement, Qualitäts- und Risikomanagement, Legal Compliance etc. Um Synergien bei der Informationssammlung, Prozessgestaltung und Aufgabenverteilung zu nutzen, muss es sich mit diesen angrenzenden Systemen synchronisieren. Die Art der Abstimmung und des Zusammenspiels kann dabei sowohl zwischen (Tochter-)Gesellschaften als auch über die Zeit variieren. Die Spanne reicht von unregelmäßigem manuellem Datenabgleich bis hin zu einem vollständig Integrierten Managementsystem (IMS).

Unterstützungssysteme müssen in diesem Umfeld nicht nur offen für Schnittstellen (menschliche wie maschinelle) sein, sondern auch flexibel die Verantwortung für solche bestehenden Prozesse neu aufnehmen oder an andere Systeme abgeben können. Die Herausforderung besteht darin, Datenkohärenz auch bei Rekonfiguration (z. B. Umwelt-Zertifizierungen gehören ab jetzt zu den Aufgaben des Nachhaltigkeitsmanagements, Arbeitssicherheit bleibt dagegen separat) sicherzustellen. Dies erfordert einen modularen Aufbau (nach Themen, Bereichen, Funktionen etc.), in dem einzelne Module flexibel kombiniert und Verantwortlichkeiten entweder gemeinsam oder getrennt wahrgenommen werden können.

Die HSE- und Nachhaltigkeitssoftware EcoWebDesk wurde anhand dieser Anforderungen entwickelt, um alle Phasen eines Nachhaltigkeitsmanagementsystems zu unterstützen. Im Folgenden werden die Aufgaben des Nachhaltigkeitsmanagements entlang dieser Phasen beleuchtet und der Einsatz des Softwarewerkzeugs beschrieben.

3 Analyse und Bewertung

Regelmäßiger Bestandteil des Nachhaltigkeitsmanagements und i. d. R. sowohl Ausgangs- wie auch Endpunkt eines Planungs- und Controllingzyklus sind Bewertungen unterschiedlicher Unternehmensteile hinsichtlich verschiedener Aspekte. Bekannte Beispiele sind Materialitäts- und Wesentlichkeitsanalysen zur Bestimmung des Nachhaltigkeitsprogramms, Risikobewertungen von Lieferketten hinsichtlich Menschenrechtsverletzungen und Arbeitsbedingungen, Bewertung von Umweltaspekten in Produktion und Vertrieb, Gefährdungsbeurteilungen als Ausgangspunkt des Arbeitsschutzes etc. In allen diesen Fällen variieren dabei sowohl der Bewertungsgegenstand als auch die zugrunde gelegten Aspekte und Maßstäbe.

Die Bewertungsfunktion von EcoWebDesk lässt sich daher an unterschiedlichste Analysesituationen anpassen. Als grundlegendes Prinzip ist lediglich definiert, dass bestimmte Unternehmensteile (interne Standort- oder Organisationseinheiten, externe Lieferanten oder Fremdfirmen, Prozesse, Tätigkeiten oder Produkte) hinsichtlich selbst zu definierender Aspekte und Maßstäbe bewertet und das Ergebnis dokumentiert werden kann. Für einen bestimmten Analysezweck werden also die Bewertungsgrundlagen im System hinterlegt (durch manuelle Eingabe oder Datenimport); daraufhin kann mit der Durchführung begonnen werden. Um diese Bewertungen in einem geregelten Managementprozess durchzuführen, können Verantwortlichkeiten und Berechtigungen vergeben sowie Termine mitsamt Erinnerungsfunktion gesetzt und fertige Bewertungsberichte exportiert oder revisionssicher in einem Dokumentenmanagementsystem (DMS) gespeichert werden.

Folgende Beispiele sollen die Durchführung analytischer Bewertungen im Nachhaltigkeitsmanagementkontext demonstrieren.

3.1 Wesentlichkeitsanalyse

Nachhaltigkeitsaspekte, die im Umfeld der Unternehmenstätigkeiten eine Rolle spielen können (hierbei bieten Berichtsstandards wie GRI, Normen wie die ISO 26000 oder Programme wie die UN-SDG Orientierung) werden z. B. anhand folgender Skalen bewertet:

- Wahrscheinlichkeit und Schweregrad des Auftretens im Umfeld des Unternehmens,
- Betroffenheit interner und externer Stakeholder durch den Aspekt,
- Beeinflussbarkeit des Aspekts durch das Unternehmen,
- Chancen und Risiken aus dem Aspekt für das Unternehmen.

Bei Bedarf können diese Maßstäbe weiter differenziert werden (z. B. in separaten Risiko- oder Stakeholderanalysen zu den Aspekten). Werden sie jeweils auf einer kardinalen Skala gemessen (z. B. 1–5), können die Einzelbewertungen jedes Aspekts zu einem Gesamtpunktwert oder einem Punkt auf einer zweidimensionalen Wesentlichkeitsmatrix aggregiert werden. Wenn erforderlich oder sinnvoll, kann die Bewertung getrennt für Hauptstandorte oder eigenständige Unternehmensbereiche (Divisionen, Sparten) vorgenommen werden. Die Ergebnisse werden zur Priorisierung der Aspekte hinsichtlich ihrer Berücksichtigung in den nachfolgenden Planungs-, Umsetzungs- und Berichtsphasen verwendet.

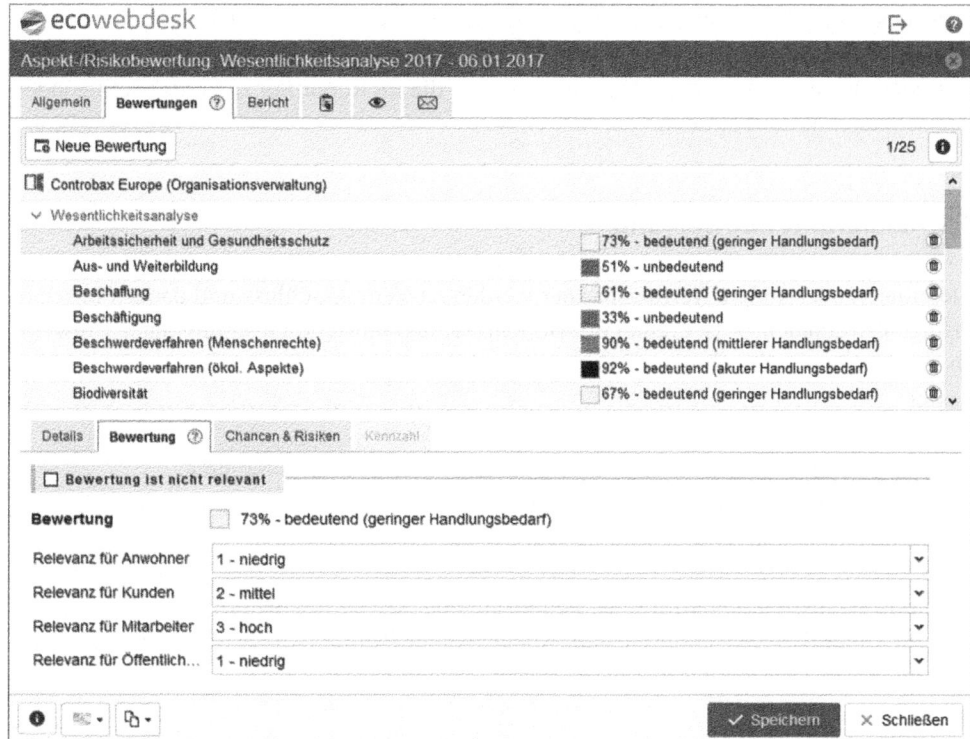

Wesentlichkeitsanalyse in EcoWebDesk. (© 2017 EcoIntense GmbH)

3.2 Impactanalyse

Prozesse, Produkte und Aktivitäten des Unternehmens haben in ihrem Lebenszyklus mittelbare oder unmittelbare wirtschaftliche, ökologische oder soziale Auswirkungen. Diese werden jeweils, d. h. für die wesentlichen Hauptprozesse oder -produkte des Unternehmens oder eines Standorts anhand folgender Skalen bewertet:

1) aufgewendete Ressourcen (Input),
2) erzeugte Güter oder Emissionen (Output),
3) Auswirkungen auf das ökologische oder soziale Umfeld (Outcome),
4) erzeugter Nutzen oder Schaden für das Unternehmen und die betroffenen Stakeholder (Impact).

Eine Verrechnung der Einzelbewertungen ist i. d. R. nicht möglich, da die Maßstäbe 1 und 2 in kardinaler, 3 in ordinaler und 4 in ordinaler oder nominaler Skala gemessen werden. Wenn erforderlich oder sinnvoll, kann die Bewertung jedoch getrennt für signifikant unterschiedliche Lebenszyklusphasen der Prozesse, Produkte oder Aktivitäten stattfinden.

Neben einer internen Priorisierung, welche Prozesse, Produkte oder Aktivitäten in der folgenden Planungsphase bevorzugt betrachtet werden, geben die Ergebnisse auch Hinweise auf die umzusetzenden Maßnahmen sowie die im Reporting zu berücksichtigenden Kreise interessierter Parteien.

3.3 Lieferantenbewertung

Lieferanten oder andere Vertragspartner werden zu Vertragsschluss und danach in regelmäßigen Abständen (z. B. einmal pro Berichtszyklus) hinsichtlich signifikanter Umwelt-, aber auch Menschenrechts- und Korruptionsaspekten z. B. anhand folgender Skalen bewertet:

- Wahrscheinlichkeit und Schweregrad des Auftretens beim Lieferanten,
- vorhandene Präventions- und Beschwerdemechanismen beim Lieferanten,
- Zertifizierung oder andere externe Prüfung des Lieferanten.

Die Ergebnisse können für eine weiterführende ABC-Klassifizierung der Lieferanten und zur Definition von Supply-Chain-Managementprogrammen verwendet werden. Außerdem fließen sie häufig direkt in die Berichterstattung ein.

4 Programme und Ziele

In der Managementliteratur besteht keine Einigkeit darüber, ob Analysen und Bewertungen des Ist-Zustands bereits Teil des strategischen Planungsprozesses sind (quasi als sein erster Schritt) oder ob sie diesem vorgelagert sind und wesentlichen Input für die Ziel- und Maßnahmenplanung liefern. Um beiden Möglichkeiten Rechnung zu tragen, können Bewertungen und Ziele in EcoWebDesk flexibel miteinander verknüpft werden. Bindeglied zwischen ihnen sind die sog. Managementprogramme. Mit diesen können – optional, jedoch nicht zwingend auf Basis vorangegangener Ist-Bewertungen – qualitative und quantitative Zielsysteme sowohl für das Gesamtunternehmen definiert als auch auf einzelne Gesellschafts- und Bereichsziele heruntergebrochen werden.

Zielvorgaben sind ein klassisches Instrument strategischer und operativer Planung und Steuerung, im wirtschaftlichen wie im ökologischen und sozialen Bereich. Aus globalen Unternehmenszielen können weitere Teil- und Unterziele abgeleitet und verfeinert werden. Dabei entsteht idealerweise ein homogenes Zielsystem, in dem die jeweiligen Einzelziele einen genau messbaren Beitrag zur Erreichung der Gesamtziele leisten. Genauso gut und in der Praxis sogar häufiger anzutreffen sind dezentral entstandene Zielsysteme für einzelne Bereiche, die nach und nach ausgeweitet und immer höher aggregiert werden. Zum Beispiel könnte sich ein Umweltmanagementprogramm zunächst auf Energieverbrauch und Treibhausgasemissionen konzentrieren, später jedoch weitere Umweltmedien wie Wasser (Abwasser), Boden (Abfall), Luft (Schadstoffe) usw. oder indirekte Umweltwirkungen wie Lärm, Verkehrsaufkommen etc. einbeziehen. Ebenso denkbar sind Zielsysteme, die zunächst nur in einigen Pilotgesellschaften aufgestellt, später jedoch für die Konzernmutter ausgerollt werden.

Aufgrund dieser Heterogenität trifft EcoWebDesk keine Vorgaben, was als Ziel oder Programm anzusehen ist oder auf welcher Ebene sich diese bewegen müssen. Auch die Anwendungsbereichsgrenzen sind flexibel definier- und erweiterbar. Konzernweite Nachhaltigkeitsprogramme mit weitreichenden Zielen werden auf dieselbe Weise abgebildet wie kurzfristige Aktionsprogramme auf lokaler Ebene, etwa um nach einem Standortaudit sämtliche Normabweichungen zu beseitigen und diesen schnellstmöglich wieder normkonform werden zu lassen. In jedem Fall werden unter dem Dach eines Managementprogramms eine beliebige Anzahl von Zielen und Unterzielen gebündelt und jeweils mit eigenen Verantwortlichkeiten, Wirksamkeitsbereichen sowie Umsetzungsfristen versehen.

Um tatsächliche steuernde Wirkung im Sinn eines Managementsystems zu entfalten, müssen Ziele natürlich konkret messbar gemacht werden. In EcoWebDesk kann jedes (Unter-)Ziel daher mit einem konkreten Zielwert versehen werden, der bis zum Endtermin für den Wirksamkeitsbereich gültig ist. Art und Einheit des Zielwerts sind frei definierbar. Dem Ziel werden im nächsten Schritt einzelne Maßnahmen zugeordnet, die der Zielerreichung dienen (sollen). Sofern sowohl der Zielwert als auch der Beitrag der zugeordneten Maßnahmen quantifiziert ist, errechnet EcoWebDesk daraus laufend den Zielerreichungsgrad, der auf Knopfdruck auch in entsprechenden Berichten ausgegeben werden kann.

Nachfolgende Beispiele demonstrieren die Planungsphase im Nachhaltigkeitsmanagement mithilfe von Programmen und Zielen.

4.1 Umweltprogramme nach ISO 14001

Gemäß ISO 14001:2015 sind aus einer übergeordneten Umweltpolitik konkrete Umweltziele abzuleiten, die sich auf die als signifikant (wesentlich) erkannten Umweltaspekte sowie bestehenden bindenden Verpflichtungen beziehen. Diese Ziele sowie die zu ihrer Erreichung definierten Maßnahmen werden in einem Umweltprogramm gebündelt. Dieses sollte außerdem Zeitpläne, notwendige Mittel und das zur Realisierung verantwortliche Personal beschreiben.

Umweltprogramme beruhen also auf den zuvor durchgeführten Wesentlichkeitsanalysen zur Ermittlung der signifikanten Aspekte, sowie auf bindenden umweltrelevanten Rechtsnormen, die im Rechtskataster des Unternehmens abgebildet sind. Um diese Zusammenhänge darzustellen und die Herleitung und Relevanz der gefassten Ziele zu dokumentieren, können diese Bereiche in EcoWebDesk miteinander verknüpft und ausgewertet werden.

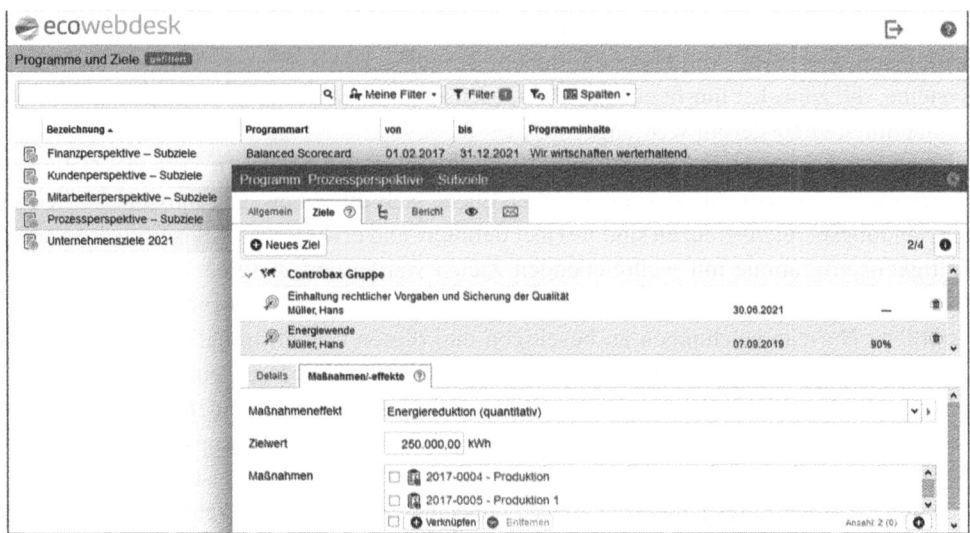

Sustainability Balanced Scorecard in EcoWebDesk. (© 2017 EcoIntense GmbH)

4.2   Sustainability Balanced Scorecard

Die Balanced Scorecard nach Kaplan und Norten (1997) hat sich zum Shootingstar unter den strategischen Managementinstrumenten entwickelt. Sie bemisst unternehmerischen Erfolg nach sog. Perspektiven (Finanzen, Markt, Prozesse, Entwicklung), die sich jeweils als Managementprogramme mit eigenen Zielen, Maßnahmen und Kennzahlen darstellen lassen. Von Figge et al. (2002) wurde eine Erweiterung um ökologische und soziale Ziele sowie optional einer zusätzlichen Nachhaltigkeitsperspektive vorgenommen, zur Sustainability Balanced Scorecard (SBSC).

Der Aufbau der SBSC lässt sich in EcoWebDesk 1:1 abbilden, indem die einzelnen Perspektiven als Programme angelegt werden. Wie es die SBSC vorsieht, können zu jeder Perspektive (Programm) beliebig viele Ziele zugeordnet werden, jeweils mit eigenem Verantwortungsbereich, Zeithorizont und einer zu erreichenden Zielgröße (z. B. Umsatz, Marktanteil grüner Produkte, Ressourcenverbrauch, Anzahl Complianceverstöße, Mitarbeiterzufriedenheit etc). Bei dieser handelt es sich häufig gleichzeitig um eine zu berichtende Nachhaltigkeitskennzahl.

4.3   Unternehmensbeiträge zu den UN Sustainable Development Goals

Die 2015 verabschiedeten Nachhaltigkeitsziele der Vereinten Nationen (Sustainable Development Goals, SDG) setzen noch stärker als ihre Vorgänger, die Millenium Development Goals (MDG) aus dem Jahr 2000 auf substanzielle eigene Beiträge des Privatsektors.

Viele Unternehmen haben, diesem Aufruf folgend, ihre Nachhaltigkeitsaktivitäten an diesen Zielen ausgerichtet. Im Kern handelt es sich bei jedem SDG um ein umfassendes Programm, das sich in konkrete Einzelziele untergliedert (vgl. GRI, UN Global Compact, WBCSD 2015). Unternehmen ermitteln mithilfe einer Wesentlichkeitsanalyse (s. oben), zu welchen der SDG sie einen messbaren Beitrag leisten können und wollen, und legen diese jeweils als eigenes Managementprogramm in EcoWebDesk an. Die konkreten Beiträge zu jedem SDG werden als Einzelziele den Programmen hinzugefügt sowie mit einer Kennzahl versehen, die die zu erreichende Höhe des Beitrags repräsentiert. In der Regel wählen Unternehmen etwa drei bis fünf SDG, die sie mithilfe ihres Nachhaltigkeitsmanagements primär verfolgen wollen. Größere Konzerne haben sich zum Ziel gesetzt, alle 17 SDG zu verfolgen und ihre erreichten Beiträge darzustellen.

5 Maßnahmen und Zielerreichung

Die Umsetzung der gesteckten Ziele, gleich in welchem Managementprogramm, wird allgemein über Maßnahmen gesteuert. Je nachdem, ob es sich um strategische, taktische oder operative Ziele handelt, sind auch die abgeleiteten Maßnahmen lang-, mittel- oder kurzfristiger Natur. Maßnahmen sind einmalige oder wiederkehrende Aktivitäten, die die ökologischen oder sozialen Auswirkungen des Unternehmens an einer bestimmten Stelle positiv verändern, oder die ökonomische Effizienz bestehender Nachhaltigkeitsaktivitäten verbessern. Jede Maßnahme ist so zu gestalten, dass sie einen messbaren Beitrag zur Erreichung eines oder mehrerer Ziele liefert. Nur so kann ein begleitendes Maßnahmencontrolling deren Effizienz und Effektivität belegen.

Aus diesem Grund sind bei Maßnahmen nicht nur die Durchführung an sich, sondern auch die geplanten und erzielten Effekte zu dokumentieren, wie etwa Energie- oder Ressourceneinsparungen (in Joule, Kubikmeter oder Kilogramm), Erhöhung der Sicherheit vor Ort (durch niedrigere Risikobewertung) oder Verbesserung des Kenntnisstands der Mitarbeiter über Korruptions- und Menschenrechtsgefahren in der Lieferkette (in Trainingsstunden und Anzahl erfolgreicher Tests). Die Abbildung zeigt eine beispielhafte Auswertung der Effektivität von Nachhaltigkeitsmaßnahmen.

Die umsetzungsbegleitende Dokumentation von Maßnahmeneffekten bildet zugleich eine wichtige Datengrundlage für die operative Steuerung sowie das anschließende Reporting (Schaltegger und Wagner 2006). Ebenso wie die übergeordneten Ziele können Maßnahmeneffekte qualitativ beschreibend oder quantitativ messend angegeben werden. Werden sie den (Teil-)Zielen der Managementprogramme regelmäßig gegenübergestellt, liefern sie ein realistisches Bild über deren bisherigen Erreichungsgrad. Damit können nicht nur Gegenmaßnahmen ergriffen werden, wenn die Ziele absehbar nicht erreicht werden. Ebenso werden damit belastbare Bewertungsgrundlagen geschaffen, um im Fall ökologischer oder sozialer Zielvereinbarungen mit Mitarbeitern und Führungskräften beurteilen zu können, ob die mit der Zielerreichung in Aussicht gestellten Boni zur Auszahlung kommen.

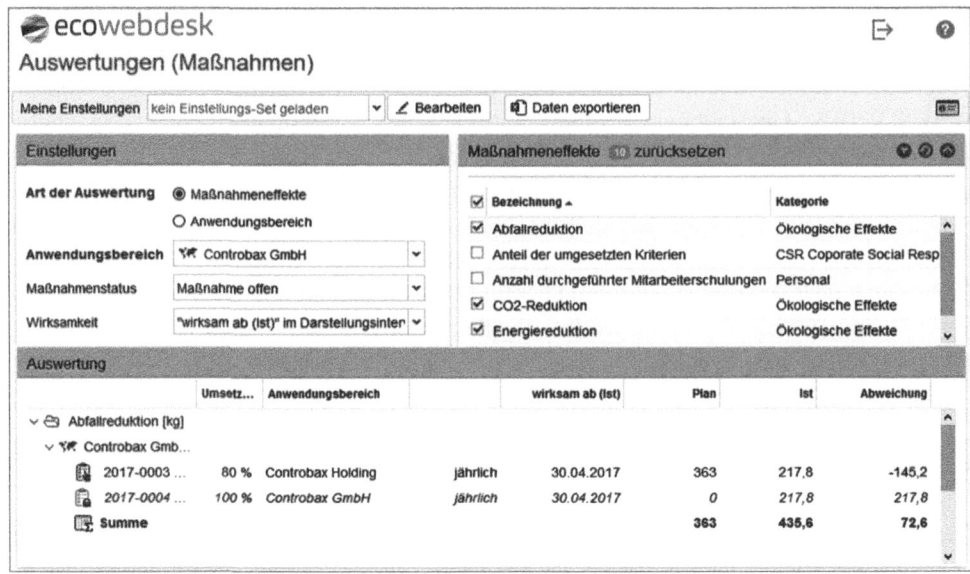

Maßnahmencontrolling. (© 2017 EcoIntense GmbH)

Dieses Vorgehen setzt voraus, dass diese Daten möglichst aufwandsarm erfasst werden können. Bei der Umsetzung einer Maßnahme soll natürlich eine gründliche und effiziente Durchführung ohne umständliche Dokumentationspflichten gewährleistet sein. Sofern Ist-Daten für die durch eine Maßnahme erzielten Verbesserungen nicht unmittelbar vorliegen, ist es gegebenenfalls günstiger, zunächst mit Planwerten zu arbeiten und einmal pro Berichtsperiode summarisch zu prüfen, wie groß die erzielte Effekte (Ressourceneinsparungen, Qualitäts-/Zufriedenheitssteigerung, Erhöhung der Rechtskonformität etc.) tatsächlich waren. Auf die Schwierigkeit, messbare Effekte bestimmten Maßnahmen zuzuordnen, also belastbare Kausalitätsbeziehungen zu ermitteln, wird im folgenden Abschnitt eingegangen.

6   Nachhaltigkeitscontrolling und -reporting

Das Nachhaltigkeitsreporting bildet in der Praxis häufig den Ausgangspunkt und den sichtbarsten Aspekt aller Aktivitäten im Nachhaltigkeitsmanagement (Fifka 2014). Häufig ist es in die externe und zunehmend auch die interne Unternehmenskommunikation integriert und auch organisatorisch dort angesiedelt. Zentraler Zweck des Nachhaltigkeitsreportings ist es, verschiedenste Stakeholder über die Nachhaltigkeitsleistung, also die ökonomischen, ökologischen und sozialen Auswirkungen des Unternehmens zu informieren. Es können drei Teilbereiche unterschieden werden:

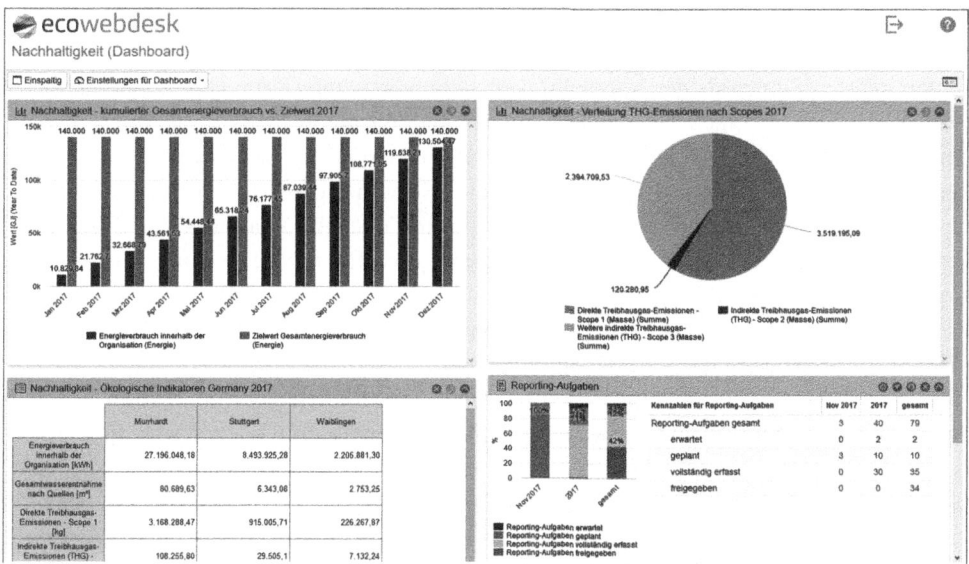

Auswertungen Nachhaltigkeitsindikatoren. (© 2017 EcoIntense GmbH)

6.1 Klassisches Nachhaltigkeitsreporting

Hierbei werden absolute wirtschaftliche, ökologische und soziale Kennzahlen aus der vergangenen Geschäftsperiode berichtet, z. B. Umsatz, Energieverbrauch, Emissionen oder Gesamtzahl der aufgetretenen Unfälle, abgehaltenen Trainings etc. Solche absoluten Zahlen werden i. d. R. organisatorisch (z. B. nach Gesellschaften) oder standortbasiert (z. B. nach Regionen) oder weiter nach Produkten oder Prozessen aufgeschlüsselt. Ein wichtiges, schon aus der Kostenrechnung bekanntes Problem dabei bilden Wahl und Anwendung geeigneter Umrechnungsfaktoren. Deren Ermittlung erfolgt, sofern keine bilanzrechtlichen Konsolidierungsgrundsätze Vorrang haben, nach Methoden des Controllings, z. B. dem „activity based accounting".

Weiterhin ist die *Interpretation* absoluter Daten häufig schwierig, da sie einer Vielzahl von nicht sichtbaren Einflussfaktoren unterliegen. Trends und Schwankungen können saisonale (z. B. Heizenergie im Sommer), marktliche (z. B. Umsatzeinbruch), organisatorische (z. B. Umstrukturierungen, Neueröffnungen, Zukauf) oder politische (z. B. Internalisierungen aufgrund neuer gesetzlicher Vorgaben) Ursachen haben, die begleitend erklärt werden müssen. Die echte Nachhaltigkeitsleistung eines Unternehmens muss aus einem solchen Rauschen herausgelesen werden. Hierfür ist eine Gegenüberstellung mit dem gewählten Managementansatz und den Beiträgen der einzelnen Maßnahmen und Initiativen im Berichtsjahr erforderlich.

6.2   Managementansatz

In den meisten Standards der Nachhaltigkeitsberichterstattung (u. a. GRI, DNK und EU-CSR-Richtlinie) sind nicht nur die oben genannten absoluten Zahlen, sondern v. a. auch der unternehmerische Umgang mit den materiellen Nachhaltigkeitsfeldern – angefangen von deren Ermittlung – zu beschreiben. Im Rahmen des hier vorgestellten Nachhaltigkeitsmanagementzyklus entspricht dies einem Reporting über die Phasen Ist-Analyse sowie Programme und Ziele. Neben einer qualitativen, textuellen Beschreibung sind v. a. die Ergebnisse von Wesentlichkeits- oder Stakeholderanalysen, von Programmdefinitionen, Zielvereinbarungen oder geplanten Maßnahmen als Belege für den gewählten Managementansatz in die Berichterstattung aufzunehmen.

In EcoWebDesk besteht aus diesem Grund die Möglichkeit, Indikatoren mit den Auswertungsergebnissen anderer Module zu verknüpfen. Derzeit bezieht sich diese Funktion auf Übernahmen von Arbeitssicherheits- sowie Verbrauchskennzahlen aus dem Gebäude- und Anlagenmanagement. Eine Verknüpfung der analytischen und planerischen Komponenten des Managementmoduls wird derzeit umgesetzt. Dabei werden zwei Ansätze verfolgt: Zum einen sollen Indikatoren des Nachhaltigkeitsreportings Daten aus Analyse und Zielplanung teilautomatisch übernehmen können; zum anderen sollen sich Berichtsdokumente künftig aus Inhalten unterschiedlicher Module speisen. Zum Beispiel könnte eine Stakeholderanalyse die Prioritäten von Nachhaltigkeitsthemen unter Kunden oder Mitarbeiter aufzeigen, eine entsprechende SBSC-Perspektive die gesteckten Ziele und geplanten Maßnahmen darlegen und entsprechende Indikatoren schließlich die tatsächliche Performance in diesen Bereichen dokumentieren.

6.3   Erfolg und Kosten des Nachhaltigkeitsmanagements

Dieser Teil der Berichterstattung stellt das Bindeglied zwischen der absoluten Nachhaltigkeitsperformance und dem Managementansatz des Unternehmens dar. Im Idealfall werden alle konkret ergriffenen Maßnahmen und ihr Einfluss auf den Verlauf der absoluten Nachhaltigkeitskennzahlen berichtet. Hierdurch wird deutlich, inwieweit das Unternehmen willens und in der Lage ist, seine ökonomischen, ökologischen und sozialen Auswirkungen bewusst zu steuern. Werden auf Maßnahmenebene Kosten und Effekte (statt Erlöse) ausgewiesen, kann das Unternehmen ferner seine Investitionsbereitschaft sowie die Effizienz des Nachhaltigkeitsmanagements belegen.

In EcoWebDesk können zu diesem Zweck qualitative und quantitative Effekte sowie deren Kosten als Plan- und Ist-Werte zu jeder Maßnahme dokumentiert, kumuliert ausgewertet und mit absoluten Nachhaltigkeitskennzahlen verglichen werden. Aufgrund der Unsicherheit vieler Maßnahmeneffekte und Langfristigkeit ihrer Wirkungen sollte diese Funktion behutsam genutzt und nach und nach für Bereiche eingeführt werden, die in der Lage sind, entsprechende Daten zu liefern. Generell sollte gerade bei subjektiven Schätzungen von Maßnahmeneffekten darauf geachtet werden, diese von dritter Seite zu bestätigen. In EcoWebDesk sind dafür Wirksamkeitskontrollen vorgesehen, die unabhängig von der Umsetzung geplant, terminiert und verantwortet werden können.

7 Fazit EcoWebDesk

Ein Managementsystem für Nachhaltigkeit durchläuft prinzipiell die gleichen Phasen und Aufgaben wie bekannte HSE-Managementsysteme für Umwelt, Arbeitsschutz, Gefahrstoffmanagement etc. Allerdings behandelt es eine wesentlich größere Bandbreite von Themen (ökonomisch, ökologisch, sozial) auf deutlich höherem Aggregationsniveau, sowohl bezüglich der zeitlichen (Jahre statt Tage oder Monate) als auch der räumlichen (weltweite Standorte und Geschäftsbereiche statt einzelner Gebäude und Anlagen) Dimension. Dies äußert sich in komplexeren Prozessen und einem vielfach höheren Informationsvolumen, die zu ihrer Beherrschung adäquate, d. h. auf Einzel- wie auf Massendatenbearbeitung ausgelegte (IT-)Instrumente erfordern.

Da ein allgemeingültiger Nachhaltigkeitsmanagementstandard fehlt, müssen unterstützende Softwaresysteme flexibel an die unterschiedlichsten Inhalts- und Vorgehensmodelle anpassbar sein. In EcoWebDesk werden Bewertungen, Programme, Ziele, Maßnahmen und Kennzahlen jeweils nach unternehmensspezifischen Vorgaben eingerichtet und organisatorisch aufeinander abgestimmt. Dadurch lässt sich aus jeder unternehmerischen Ausgangssituation ein durchgängiger Managementzyklus für Nachhaltigkeitsprozesse kreieren, in dem alle anfallenden Aufgaben standort- und abteilungsübergreifend koordiniert und die entstehenden Informationen zentral gebündelt werden.

8 EcoWebDesk in der Praxis: Green Controlling bei der Voith GmbH – ökologische Maßnahmen mit ökonomischem Mehrwert

Voith erkannte früh das Potenzial, durch die Reduzierung seiner Energie-, Material- und Wasserverbräuche einen ökonomischen mit einem ökologischen Zusatznutzen zu schaffen. Bereits 2008 begann das Unternehmen in einem Teil seiner Organisation ein Team von Experten aufzubauen, um ökonomisch-ökologische Effizienzpotenziale in diesen Bereichen zu identifizieren. Gemeinsam mit den Voith-Standorten wurden dazu sog. Input-Output-Analysen durchgeführt, die Schritt für Schritt auf den gesamten Konzern übertragen wurden. Hieraus entwickelte sich ein Green-Controlling-Ansatz, der sich stark am Controlling-Zyklus aus dem Finanzcontrolling orientiert. Heute besitzt Voith einen weltweit einheitlichen, durch EcoWebDesk gestützten Green-Controlling-Prozess.

Mit den bis heute durchgeführten Maßnahmen für Energie-, Wasser- und Materialeffizienz hat Voith jährliche Einsparungen in Höhe von 11 Mio. € seit 2011/12 generiert. Konkret bedeutet dies gleichzeitig ökologische Einsparungen von 112 GWh Energie, 604.807 m^3 Wasser und 21.502 t Abfall seit 2008/2009 – dem Start des Ressourceneffizienzprogramms.

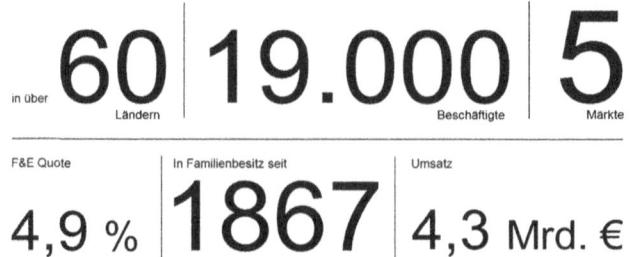

Voith in Zahlen

Voiths innovativer Ansatz zum Green Controlling wurde im Jahr 2015 von der unabhängigen Ratingagentur oekom research mit der Höchstnote A+ für Eco-Efficiency bewertet.

Das Green Controlling von Voith zeichnet sich im Wesentlichen durch eine durchgängige Verbindung eines Top-down- mit einem Bottom-up-Ansatz aus. Während im Top-down-Ansatz durch standortübergreifende Analysen, Vergleiche mit anderen Unternehmen und Best Practices übergeordnete Konzernziele definiert werden, greift der Bottom-up-Ansatz durch individuelle Standortanalysen des Expertenteams potenzialgerecht Maßnahmen zur Erreichung der Konzernziele auf.

Auf allen Ebenen vom Standort bis zum Konzern steht der ökonomische Mehrwert im Fokus, bei gleichzeitigem ökologischem Zusatznutzen. Wesentliche Erfolgsgrundlage ist eine konzernweit einheitliche IT-seitige Umsetzung des Green-Controlling-Prozesses mit EcoIntense, die den Erfassungs-, Analyse- und Reportingprozess abbildet und Transparenz schafft.

8.1   Green Controlling: Mit Transparenz messbaren Mehrwert schaffen

Voith ist als globaler Technologiekonzern in über 60 Ländern vertreten und unterhält ein weltweites Netzwerk aus Produktions-, Service- und Vertriebsstandorten mit mehr als 19.000 Beschäftigten. Im Geschäftsjahr 2015/2016 hat Voith einen Jahresumsatz von 4,3 Mrd. € erzielt.

Das Beschaffungsvolumen für Produktionsmaterialien betrug 1,5 Mrd. €. Das Einsparpotenzial im Beschaffungsvolumen wird deutlich, wenn man bedenkt, dass bereits eine Verbesserung der Materialeffizienz um nur 1 % die Materialkosten um 15 Mio. € pro Jahr senken würde. Die Energiekosten schlugen konzernweit mit etwa 47,4 Mio. € zu Buche. Legt man die Energiepreisentwicklung seit dem Jahr 2000 zugrunde, sind die spezifischen Energiekosten um durchschnittlich 10 % pro Jahr gestiegen. Bei gleichbleibender Energieeffizienz ist der absolute Anstieg der Energiekosten nicht aufzuhalten.

Diese Beispiele zeigen, welche ökonomischen Potenziale in der Steigerung der Material- und Energieeffizienz des Unternehmens liegen. Das Heben dieser Potenziale generiert dabei neben dem ökonomischen gleichzeitig einen ökologischen Mehrwert. Sie bilden somit eine wesentliche Grundlage für die Green-Controlling-Aktivitäten bei Voith.

Als eines der ersten Unternehmen im Anlagen- und Maschinenbau etablierte Voith 2008 den Bereich Ecological Business Management (EBM). Während das zertifizierte Umweltmanagement im Unternehmen seinen Fokus bis dato auf die Einhaltung von Normen und Gesetzen richtete, strebt das EBM an, durch die Betrachtung ökologischer Aspekte in den Bereichen Energie und Material auch einen ökonomischen Mehrwert zu schaffen. Die Idee dabei ist, dass Eco-nomy und Eco-logy zu einer Einheit werden. Voith führt an seinen Standorten Input-Output-Analysen durch, die Energie-, Material- und Wasserverbräuche monetär wie physikalisch aufzeigen. Gemeinsam mit den Standorten werden konkrete Maßnahmen zur Effizienzsteigerung erarbeitet und umgesetzt. Die Input-Output-Analysen an den Standorten bestätigen die konzernweit erkannten Hebel zur Effizienzsteigerung und operationalisieren sie durch konkrete Maßnahmen.

Mit zunehmender Zahl der untersuchten Standorte nahm der Umfang der erhobenen Daten und Kennzahlen rasant zu. Auch das Verfolgen vereinbarter Maßnahmen wurde immer aufwendiger. Schnell zeigte sich der Bedarf für ein professionelles Green Controlling inklusive zugehöriger Prozesse, Standards und Tools.

8.2   Unser Ansatz: Ökologisches Handeln mit ökonomischem Mehrwert

In verschiedenen Entwicklungsschritten bildete sich ein vierstufiger Controlling-Prozess aus. Der im Folgenden dargestellte Prozess sowie die zugehörigen Instrumente werden seit 2011 konzernweit eingesetzt und kontinuierlich weiterentwickelt.

Wesentliche Erfolgsgrundlage ist die konzernweit einheitliche IT-seitige Umsetzung des Green-Controlling-Prozesses, die Transparenz schafft. Die Lösung von EcoIntense ist das globale HSE-IT-System bei Voith und ermöglicht die kontinuierliche Überprüfung des Zielerreichungsgrads.

8.2.1   Datenerfassung

Startpunkt des Prozesses ist die Datenerhebung. Knapp 100 Voith-Gesellschaften erfassen in unterschiedlichen Zeitintervallen alle relevanten Daten zum Ressourcenverbrauch in EcoWebDesk. Bei der Erfassung orientieren wir uns an den Definitionen des internationalen Nachhaltigkeitsstandards GRI G4, der mit dem International Financial Reporting Standard (IFRS) in der Finanzwelt vergleichbar ist. Wo zusätzlich ein direkt messbarer Mehrwert für Voith entsteht, gehen wir über die Anforderungen hinaus.

Monatlich werden weltweit bei Voith Energieverbrauchsdaten erhoben und in EcoWebDesk eingespeist. Hierbei werden sowohl die physikalischen Parameter (Kilowattstunde Strom, Kubikmeter Erdgas, Liter Kraftstoff) als auch zugehörige Kosten erfasst und, wo relevant, mit Rechnungen und Belegen hinterlegt. Quartalsweise erfassen die Standorte in gleicher Weise Wasserverbräuche und Abfallaufkommen. Letzteres dient uns in Bezug auf

Schematische Darstellung des Green Controlling Zyklus

die beschafften Materialmengen als konzernweiter Indikator für Materialeffizienz. Verschiedene automatisierte Prüfungsroutinen helfen, die Daten zu plausibilisieren und eine hohe Datenqualität sicherzustellen. Die fachliche Plausibilisierung und Freigabe für Datenanalysen und Reporting erfolgt durch unser EBM-Team.

EcoWebDesk stellt standardisierte Prozesse, Tools und Templates bereit, dokumentiert diese und unterstützt die HSE-Organisation in ihrer täglichen Arbeit. Standardisierte HSE-Prozesse und ein hoher Grad an Automatisierung beschleunigen den Weg zu einem globalen HSE-Managementsystem. Die Zertifizierung wird so vereinfacht und der administrative Aufwand verringert. Die systematische Adressierung aller Aspekte in einem Instrument erhöht darüber hinaus das Bewusstsein für die Themen und erleichtert die kontinuierliche Arbeit an diesen.

8.2.2 Zielvorgaben

Auf Grundlage der ersten Datenerfassung wurden erstmals 2010 konzernweite Ziele zur Reduktion von Energie-, Material- und Wasserverbräuchen bis zum Geschäftsjahr 2015/2016 festgeschrieben. Diese wurden bereits im Jahr 2012 vollständig erreicht und zum Teil übertroffen. Die Zielerreichung machte eine neue Zielvorgabe erforderlich. Auf Basis des Geschäftsjahrs 2011/2012 will Voith bis zum Geschäftsjahr 2017/2018 umsatzbezogen seinen Energiebedarf um 20 %, die Abfallmenge um 25 % und den Frischwasserverbrauch um 10 % senken.

Diese Ziele wurden 1:1 durch die Konzernbereiche übernommen und bis auf Standortebene operationalisiert. Entsprechend der individuellen Potenziale zur Effizienzsteigerung wurden die Ziele auf Standortebene von den Konzernbereichen festgelegt. Im Bereich Abwasser wurde mit einer Gesamtreduzierung von mehr als 30 % das Ziel bereits erreicht, während die Zielwerte zu Energie und Abfall mit 15,6 und 18,7 % ebenfalls in Reichweite liegen.

8.2.3 Maßnahmenableitung und -umsetzung

Um die Zielvorgaben je Standort zu erreichen, werden verschiedene Potenzialanalysen von den Standorten durchgeführt. Sie werden hierbei vom EBM-Team unterstützt. Startpunkt der Potenzialanalysen sind Input-Output-Analysen, die Energie-, Material- und Wasserverbräuche monetär wie physikalisch aufzeigen und deren Ausgangsbasis die per EcoWebDesk erfassten Daten sind. Diese werden im Lauf der Entwicklung (und beim Durchlaufen des Green-Controlling-Zyklus) Schritt für Schritt auf Gebäude-, Prozess- und Anlagenebene verfeinert. Dabei werden verschiedene Methoden angewendet, wie z. B. Energiewertstromanalysen.

Gemeinsam mit den Standorten werden konkrete Maßnahmen zur Effizienzsteigerung erarbeitet. Dabei steht der ökonomische Mehrwert der Maßnahmen im Fokus, bei gleichzeitigem ökologischem Zusatznutzen. Für die Maßnahmenumsetzung sind die Standorte verantwortlich.

8.2.4 Reporting

Der Zielerreichungsfortschritt wird durch konzernweites Reporting unterstützt. Je nach Informationsbedarf werden durch die Zentralabteilung Corporate Sustainability zielgruppengerechte Reportingformate zur Verfügung gestellt.

Quartalsbericht an die Konzerngeschäftsführung Basierend auf den plausibilisierten Daten wird quartalsweise ein weitgehend automatisierter Bericht aus EcoWebDesk erstellt, der neben der Kennzahlenentwicklung und dem Maßnahmenfortschritt eine Kommentierung durch das EBM-Team enthält. Zielgruppe und Verteilerkreis sind die Konzerngeschäftsführung sowie deren Konzernbereichsleitungen.

In den standardisierten Quartalsbericht sind diverse etablierte Instrumente und Darstellungsweisen aus dem Finanzcontrolling eingeflossen, die sich sowohl in ökonomischen wie ökologischen Kennzahlen widerspiegeln. Die Interpretation der Kennzahlenentwicklung unserer Standorte wird beispielsweise durch die Darstellung der Year-to-Date-Werte, Rolling Average oder Trendpfeilen zu Umsatz und Ressourcenverbrauch unterstützt. Somit können wechselseitige Effekte und Entwicklungen schnell identifiziert und in Managemententscheidungen eingebunden werden. Eine aggregierte Darstellung der identifizierten Maßnahmen zeigt das Delta zur notwendigen Einsparung auf.

Experten-Reporting Dem EBM-Team stehen die detaillierten Auswerteoptionen von EcoWebDesk zur Verfügung, das individuelle Konfigurationen von Berichten bis auf einzelne Unterkategorien (z. B. Abfallfraktionen, Energieträger) und Standortebenen ermöglicht. Diese individuellen Analyseeinstellungen ermöglichen es dem EBM-Team, neue Ansatzpunkte zur Effizienzsteigerung zu identifizieren und die Maßnahmenpipeline zu füllen.

Nachhaltigkeitsbericht Ähnlich einem Geschäftsbericht werden die validierten Daten und Entwicklungen im jährlich erscheinenden Nachhaltigkeitsbericht publiziert.

 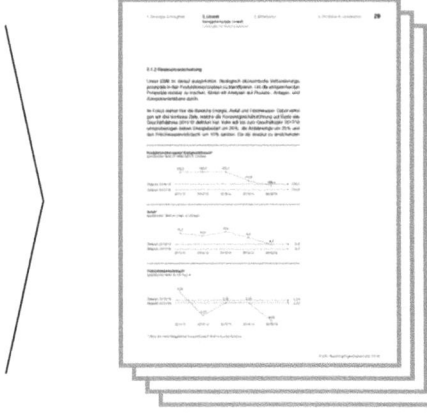

Auszug aus dem Nachhaltigkeitsbericht

8.3 Ergebnisse: Erfolge unseres Green Controllings

Das im Voith-Konzern in den letzten Jahren etablierte Green Controlling hat wesentliche
ökonomische und ökologische Benefits gebracht und die Wettbewerbsfähigkeit von Voith
gestärkt:

- Voith befindet sich bereits in der zweiten Zielperiode für die Energie-, Wasser- und
  Materialeffizienzziele, da die ersten Ziele bereits 2012 erreicht bzw. sogar übertroffen
  wurden.
- Konkret reduzierte Voith den Ressourcenverbrauch um 112 GWh Energie, 604.807 m^3
  Wasser und 21.502 t Abfall.
- Die bis heute durchgeführten Maßnahmen zur Energie-, Wasser- und Materialeffizienz
  haben für Voith jährliche Einsparungen in Höhe von 11 Mio. € generiert.
- Voiths innovativer Ansatz zum Green Controlling wurde im Jahr 2015 von dem unab-
  hängigen Institut oekom research mit der Höchstnote A+ für Eco-Efficiency bewertet.
  Bewertungsgrundlage für das Rating waren u. a. Organisation, Prozesse und Trendent-
  wicklung der ökologischen Kennzahlen.

8.4 Vorteile und Innovation

Die Green-Controlling-Lösung im Voith-Konzern bietet eine Vielzahl von Vorteilen:

- Durchgängige Verbindung eines Top-down- mit einem Bottom-up-Ansatz. Während
  im Top-down-Ansatz durch standortübergreifende Analysen, Vergleiche mit anderen
  Unternehmen und Best Practices übergeordnete Konzernziele definiert werden, greift

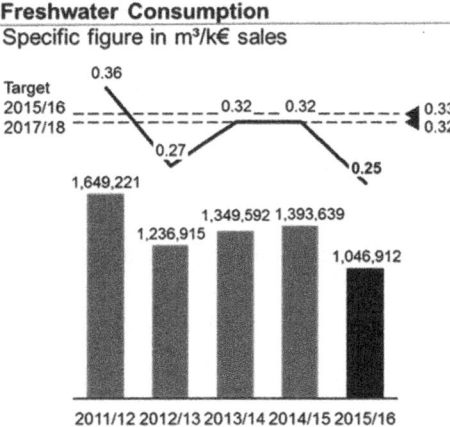

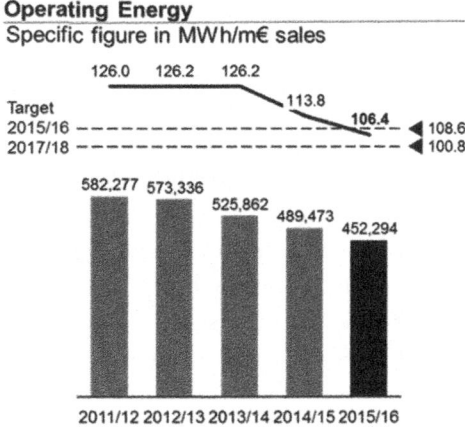

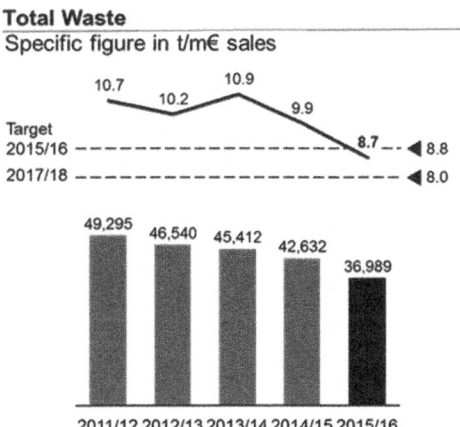

Entwicklung der Key Performance Indicators für Energie-, Abfall- und Wassereffizienz im Voith Konzern

der Bottom-up-Ansatz durch individuelle Standortanalysen des EBM-Teams potenzialgerechte Maßnahmen zur Erreichung der Konzernziele auf.

- Auf allen Ebenen vom Standort bis zum Konzern steht der ökonomische Mehrwert im Fokus, bei gleichzeitigem ökologischem Zusatznutzen (Zahlen, Daten und Fakten getriebener Ansatz). Grüne Maßnahmen mit Investitionsbedarf unterliegen dabei den gleichen Kriterien wie alle anderen Investitionsentscheidungen.
- Wesentliche Erfolgsgrundlage ist eine konzernweit einheitliche IT-seitige Umsetzung des Green-Controlling-Prozesses, die den Erfassungs-, Analyse- und Reportingprozess abbildet.
- Herzstück der IT-Lösung ist mit EcoWebdDesk eine zentrale Datenbank für Green Data mit weltweit einheitlichen Definitionen und Kategorisierung. Dadurch sind bei-

spielsweise Metallabfälle in China mit denen in Brasilien oder Deutschland vergleichbar. Dies ermöglicht nicht nur Preisvergleiche, sondern auch Vergleiche bezüglich der Materialeffizienz.

- Etablierung von automatisierten Mechanismen zur Prüfung der Daten auf Konformität („first level"), ein zentrales EBM-Team zur Plausibilitätsprüfung („second level").
- Übertragung des etablierten Controllingzyklus-Ansatzes aus dem klassischen Finanzcontrolling auf das Green Controlling.
- Zielgruppenorientierter Reportingansatz (Konzerngeschäftsführung, Mitarbeiter, Experten, interessierte Öffentlichkeit/Stakeholder).
- Hoher Grad an Transparenz gibt Hinweise auf Best Practices und schafft einen „competitive spirit" zwischen den Standorten.
- Ökonomischer und ökologischer Mehrwert (Maßnahmen, Key Performance Indicators) jederzeit für den Konzern (und beliebige Teile der Organisation) ermittelbar.

9 Ausblick: Unsere nächsten Schritte

Voith wird die bewährten Prozesse, Methoden und Systeme aus dem Green Controlling auf neue Aufgabenfelder wie z. B. Arbeitssicherheit, Umwelt- und Gesundheitsschutz übertragen. Bestehende IT-Lösungen werden deshalb in die oben beschriebene Green-Controlling-Lösung integriert. Somit werden weitere Potenziale zur Steigerung der Effizienz auch in diesen Bereichen nutzbar gemacht.

Literatur

Fifka M (2014) CSR und Reporting: Nachhaltigkeits- und CSR-Berichterstattung verstehen und erfolgreich umsetzen. Management-Reihe Corporate Social Responsibility. Springer, Berlin, Heidelberg

Figge F, Hahn T, Schaltegger S, Wagner M (2002) The sustainability balanced scorecard – linking sustainability management to business strategy. Bus Strategy Environ 11:269–284

Global Reporting Initiative (GRI) (2015) G4 – Leitlinien zur Nachhaltigkeitsberichterstattung. Umsetzungsanleitung. https://www.globalreporting.org/resourcelibrary/German-G4-Part-Two.pdf. Zugegriffen: 14. Jan. 2016

GRI, UN Global Compact, WBCSD (2015) SDG Compass. The guide for business action on the SDGs. https://www.globalcompact.de/wAssets/docs/Nachhaltigkeits-CSR-Management/SDG_compass_guide_2015.pdf. Zugegriffen: 16. Dez. 2015

Günther E, Steinke KH (Hrsg) (2016) CSR und Controlling: Unternehmerische Verantwortung als Gestaltungsaufgabe des Controlling. Management-Reihe Corporate Social Responsibility. Springer, Berlin, Heidelberg

Kaplan RS, Norten DP (1997) The balanced scorecard. Translating strategy into action. Harvard Business School Press, Boston

Schaltegger S, Wagner M (2006) Integrative management of sustainability performance, measurement and reporting. Int J Account Auditing Perform Eval 3(1):1–19

Marvin Schulze-Quester ist Experte für Corporate-Social-Responsibility(CSR)- und Nachhaltigkeitsmanagement bei dem auf Health-Safety-and-Environment(HSE)-Prozesse spezialisierten Berliner Informationstechnologieunternehmen EcoIntense GmbH. Der studierte Wirtschaftsinformatiker und Senior Consultant hält einen Titel als Master of Sustainability Management der Leuphana Universität Lüneburg. Sein besonderer Schwerpunkt liegt auf der Implementierung und dem Controlling von Nachhaltigkeitsstrategien, die er in diversen Kundenprojekten bei mittelständischen Unternehmen ebenso wie bei internationalen Konzernen erfolgreich begleitet. Der Autor mehrerer Whitepaper-Studien engagiert sich in Fachnetzwerken wie dem Verband für nachhaltige Unternehmensführung (VNU) sowie als Podiumsteilnehmer u. a. auf der DQS Sustainability Conference oder dem Deutschen CSR-Kommunikationskongress von Deutsche Public Relations Gesellschaft e. V. und Deutsches Netzwerk Wirtschaftsethik.

Markus Schönberger Nach dem Studium der Wirtschafts-, Sprachen- und Kulturraumstudien an der Universität Passau war Markus Schönberger ab 2007 für die Voith Paper GmbH verantwortlich für den Bereich Marketing und Green Technology. Im Jahr 2010 wechselte er in die Voith GmbH und baute für den Konzern das Sustainability Controlling und Reporting auf. Seit 2014 ist er als Teamleiter für diesen Bereich verantwortlich. Das Voith Sustainability Controlling wurde 2015 mit dem Green-Controlling-Preis der Péter Horváth-Stiftung ausgezeichnet.

Kompass Nachhaltigkeit – Nachhaltige Beschaffung im öffentlichen Sektor

Max Mangold, Ann-Kathrin Voge und Felicitas Schuldes

1 Über die Unternehmen

Die Engagement Global gGmbH – Service für Entwicklungsinitiativen informiert und berät Einzelpersonen, Kommunen, Zivilgesellschaft, Wirtschaft und Stiftungen zu entwicklungspolitischen Vorhaben und fördert diese finanziell. Sie qualifiziert bedarfsgerecht, verbindet Menschen und Institutionen miteinander, unterstützt zivilgesellschaftliches und kommunales Engagement. Die Servicestelle Kommunen in der Einen Welt (SKEW) von Engagement Global ist das Kompetenzzentrum für kommunale Entwicklungspolitik in Deutschland. Im Auftrag des Bundesministeriums für wirtschaftliche Zusammenarbeit und Entwicklung (BMZ) steht sie den Kommunen seit 2001 als Service- und Beratungseinrichtung zur Verfügung. Die faire Beschaffung als Beitrag zur Ausweitung fairer Produktions- und Handelsbedingungen ist eines von mehreren Zukunftsthemen, zu denen die SKEW Unterstützungs- und Serviceangebote für Kommunen bereitstellt.

Die Deutsche Gesellschaft für Internationale Zusammenarbeit (GIZ) GmbH ist Dienstleister der internationalen Zusammenarbeit für nachhaltige Entwicklung und internatio-

M. Mangold
Sektorvorhaben Nachhaltigkeitsstandards und öffentlich-private Verantwortung, Abteilung Wirtschaft, Soziales und Digitalisierung, Deutsche Gesellschaft für Internationale Zusammenarbeit (GIZ) GmbH
Bonn, Deutschland
E-Mail: max.mangold@giz.de

A.-K. Voge (✉) · F. Schuldes
Servicestelle Kommunen in der Einen Welt (SKEW), Engagement Global gGmbH
Bonn, Deutschland
E-Mail: Ann-Kathrin.Voge@engagement-global.de

F. Schuldes
E-Mail: Felicitas.Schuldes@engagement-global.de

© Springer-Verlag GmbH Deutschland, ein Teil von Springer Nature 2018
G. Weber und M. Bodemann (Hrsg.), *CSR und Nachhaltigkeitssoftware*,
Management-Reihe Corporate Social Responsibility,
https://doi.org/10.1007/978-3-662-57307-5_10

nale Bildungsarbeit. Im Auftrag des BMZ führt die GIZ das Sektorvorhaben Nachhaltigkeitsstandards und öffentlich-private Verantwortung durch. Ziel ist es, öffentliche und
private Akteure in die Gestaltung und Förderung nachhaltiger globaler Wertschöpfungsketten einzubeziehen.

2 Über den Kompass Nachhaltigkeit

Die Webseite Kompass Nachhaltigkeit informiert und unterstützt öffentliche Beschaffungsstellen bei vielen Fragestellungen rund um die faire und nachhaltige Beschaffung
(Abb. 1). Doch auch für Unternehmen, die nicht an das Vergaberecht gebunden sind, bieten die Funktionen des Kompasses Hilfestellungen für nachhaltigeres Wirtschaften.

Bis zu 350 Mrd. € im Jahr geben Bund, Länder und Kommunen für Beschaffungen aus.
Damit hat die öffentliche Hand Einfluss auf Produktionsbedingungen und Marktstrukturen, in denen Sozialverträglichkeit und Umweltschutz bisher oft vernachlässigt werden.
Mit der Reform des deutschen Vergaberechts, das den Rahmen für die öffentliche Beschaffung bildet, wurde im April 2016 der Spielraum für die Anwendung von sozialen,
ökologischen und innovativen Kriterien deutlich erweitert. Doch es bleibt eine Herausforderung, faire und nachhaltige Beschaffung in den Alltag der rund 30.000 Vergabestellen in
Deutschland zu integrieren. Nur wenn der Mehraufwand für Beschaffungsverantwortliche
gering bleibt, ist eine flächendeckende Umsetzung realistisch. Der Kompass Nachhaltigkeit wurde daher dafür entwickelt, alle wichtigen Informationen zur nachhaltigen öffentlichen Beschaffung auf einer Webseite zu bündeln, um den Rechercheaufwand so gering
wie möglich zu halten.

Die Seite bietet einen Überblick über die Einbindung von Nachhaltigkeitsaspekten in
allen Phasen des Beschaffungsvorgangs sowie einen großen Bereich mit Grundlagenwissen, in dem u. a. der gesetzliche Rahmen sowie die wichtigsten sozialen und ökologischen
Hotspots im Lebenszyklus ausgewählter Produktgruppen dargestellt werden.

Sind die Grundlagen bekannt, kommt es darauf an, Informationen für das konkret zu
beschaffende Produkt zu bekommen. Welche Anforderungen können an die Nachhaltigkeit dieses Produkts gestellt werden und welche Nachweismöglichkeiten bestehen? Der
Markt an nachhaltigen Produkten entwickelt sich sehr dynamisch, sodass es wichtig ist,
ein Gefühl für realistische Anforderungen zu haben: Wer die Messlatte zu niedrig ansetzt,
erhält Produkte, die weniger nachhaltig sind, wer sie zu hoch setzt, erhält nur sehr wenige
oder gar keine Angebote.

Auch ohne die Bindung an das Vergaberecht sind viele Fragestellungen im Einkauf
von Unternehmen ähnlich gerichtet, wenn es darum geht, nachhaltige Produkte zu beziehen: Bei welchen Produktgruppen ist es besonders wichtig, auf soziale und ökologische
Kriterien zu achten, weil hier besondere Risiken vorliegen? Welche Phasen der Wertschöpfungskette sind dabei besonders betroffen? Gibt es Gütezeichen, die glaubwürdig
und transparent als Nachweis für soziale und/oder ökologische Kriterien dienen können
und wie stehen die vorhandenen Gütezeichen im Vergleich zueinander da? Wie groß ist

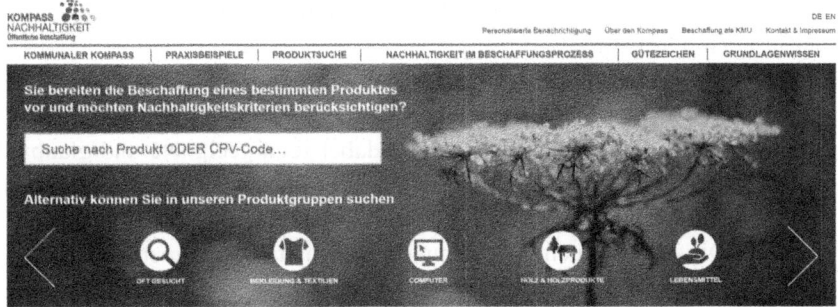

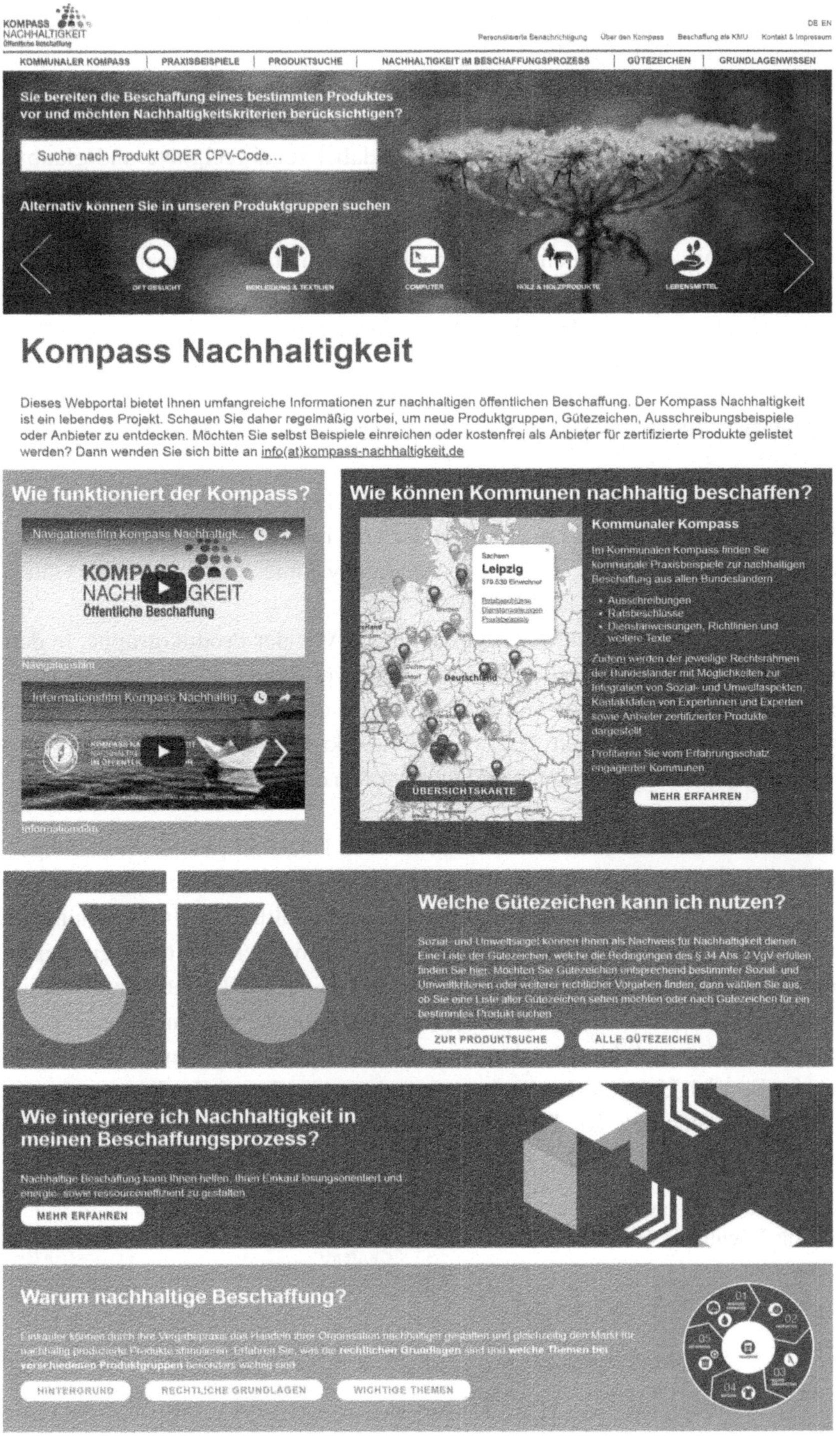

KOMPASS NACHHALTIGKEIT
DE EN
KOMMUNALER KOMPASS | PRAXISBEISPIELE | PRODUKTSUCHE | NACHHALTIGKEIT IM BESCHAFFUNGSPROZESS | GÜTEZEICHEN | GRUNDLAGENWISSEN
Sie bereiten die Beschaffung eines bestimmten Produktes vor und möchten Nachhaltigkeitskriterien berücksichtigen?
Suche nach Produkt ODER CPV-Code...
Alternativ können Sie in unseren Produktgruppen suchen
Kompass Nachhaltigkeit
Dieses Webportal bietet Ihnen umfangreiche Informationen zur nachhaltigen öffentlichen Beschaffung. Der Kompass Nachhaltigkeit ist ein lebendes Projekt. Schauen Sie daher regelmäßig vorbei, um neue Produktgruppen, Gütezeichen, Ausschreibungsbeispiele oder Anbieter zu entdecken. Möchten Sie selbst Beispiele einreichen oder kostenfrei als Anbieter für zertifizierte Produkte gelistet werden? Dann wenden Sie sich bitte an info(at)kompass-nachhaltigkeit.de
Wie funktioniert der Kompass?
KOMPASS NACHHALTIGKEIT Öffentliche Beschaffung
Wie können Kommunen nachhaltig beschaffen?
Kommunaler Kompass
Leipzig
ÜBERSICHTSKARTE
MEHR ERFAHREN
Welche Gütezeichen kann ich nutzen?
ZUR PRODUKTSUCHE
ALLE GÜTEZEICHEN
Wie integriere ich Nachhaltigkeit in meinen Beschaffungsprozess?
MEHR ERFAHREN
Warum nachhaltige Beschaffung?
HINTERGRUND
RECHTLICHE GRUNDLAGEN
WICHTIGE THEMEN

Abb. 1 Die Startseite des Kompass Nachhaltigkeit (www.kompass-nachhaltigkeit.de)

das Angebot an zertifizierten Produkten, gibt es bereits mehrere Anbieter oder ist der
Markt hierfür noch sehr klein?

Umgekehrt kann der Kompass mit seiner Möglichkeit, Gütezeichen nach sozialen,
ökologischen und Glaubwürdigkeitskriterien sowie nach rechtlichen Vorgaben oder Empfehlungen auszuwerten, eine Orientierungshilfe dabei sein, geeignete und glaubwürdige
Gütezeichen als Nachweisformen für die eigenen Produkte zu finden oder ein Händ-
lersortiment daran zu orientieren – sowohl für Kunden der öffentlichen Hand als auch
im Privatsektor. Die Produktsuche im Kompass Nachhaltigkeit eignet sich, da die Seite
kostenfrei und ohne vorherige Registrierung zugänglich ist, auch als Suchwerkzeug für
kleinere Recherchen rund um Nachhaltigkeitszertifizierungen.

3 Der Gütezeichen-Finder im Kompass Nachhaltigkeit

Die Methodik zur Suche nach und Bewertung von Gütezeichen, das Sustainability Standards Comparison Tool (SSCT), wurde von der GIZ im Auftrag des BMZ entwickelt und
umgesetzt. Hierbei werden Nachhaltigkeitsstandardsysteme, die hinter einem Gütezeichen
stehen, auf zwei Ebenen untersucht (Abb. 2).

Erstens werden die Systemkriterien, unabhängig von der Produktgruppe, in den Blick
genommen. Dabei geht es letztlich um die Glaubwürdigkeit des Standardsystems. Wer
legt beispielsweise die Umwelt- und Sozialkriterien des Standards fest und wie wird die
Einhaltung dieser Kriterien kontrolliert? Die Systemkriterien basieren auf den zehn Credi-
bility Principles der ISEAL Alliance und wurden von einem internationalen Expertenkreis
zusammengestellt.

Zweitens werden die Dokumente, in denen die Nachhaltigkeitsanforderungen eines
Standards festgehalten sind, die sogenannten Vergabegrundlagen, bezüglich ihrer inhaltlichen Sozial- und Umweltkriterien untersucht. Die inhaltlichen Untersuchungskriterien
sind je nach Produktgruppe unterschiedlich, denn die sozialen und ökologischen Herausforderungen in der Wertschöpfungskette beispielsweise eines T-Shirts unterscheiden sich
wesentlich von jenen eines Notebooks. Daher werden für die verschiedenen Produktgruppen Expertengremien gebildet, die dementsprechend relevante Themen, Unterthemen und
Kriterien im Bereich Umwelt und Soziales ausarbeiten und eine Gewichtung der verschiedenen Themen vornehmen. Die Daten werden dann mit Hilfe von externen Gutachtern bei

Abb. 2 Untersuchungsebenen
des SSCT für Nachhaltigkeitsstandardsysteme

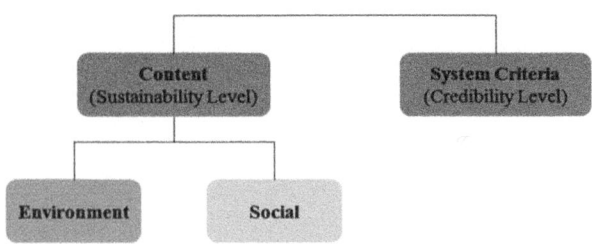

den Standardsystemen abgefragt und in die Datenbank Standards Map des International Trade Center eingespeist, aus der gleichzeitig stetig aktualisierte Daten zu Standardsystemen abgefragt werden.

Der Gütezeichen-Finder im Kompass Nachhaltigkeit basiert auf dieser Methodik. Über die Produktsuche(Abb. 3), die auf dem Common Procurement Vocabulary (CPV) der Europäischen Union beruht und daher auch eine Suche mithilfe des CPV-Codes möglich macht, gelangt man nach der Auswahl des für den Beschaffungsverantwortlichen relevanten Rechtsrahmens direkt zum Gütezeichen-Finder (Abb. 4).

Hier können Gütezeichen entsprechend eigens gesetzter Sozial- und Umweltkriterien sowie rechtlicher Vorgaben und Empfehlungen entsprechend des vorab ausgewählten Rechtsrahmens gefunden werden. Dabei können voreingestellte Kriterienfilter ebenso ausgewählt werden wie einzelne Sozial- und Umweltkriterien. Durch das Setzen von Häkchen an den entsprechenden Stellen werden diejenigen Gütezeichen identifiziert, die die getroffene Auswahl berücksichtigen (Abb. 5).

Dies ermöglicht es beispielsweise, Gütezeichen zu finden, die den strengen gesetzlichen Vorgaben des § 34 Abs. 2 Nr. 2–5 der Vergabeverordnung oder § 24 der Unterschwellenvergabeordnung entsprechen. Die dort formulierten allgemeinen Anforderungen an Nachhaltigkeitsstandardsysteme wurden, um sie bei öffentlichen Aufträgen als Nachweis über die Einhaltung von Sozial- und Umweltkriterien in der Wertschöpfungskette verwenden zu können, mithilfe der Systemkriterien des Sustainability Standards Comparison Tools operationalisiert.[1]

Auf der Ebene von Bundesländern können ebenfalls gesetzliche Vorgaben mit einbezogen werden, beispielsweise die Einhaltung grundlegendender Arbeitnehmerrechte wie z. B. der Kernarbeitsnormen der International Labour Organization (ILO)[2].

Nach der Kriterienauswahl erhalten Sie eine Liste der Gütezeichen, die die selbst gesetzten Anforderungen erfüllen (Abb. 6).

Die Auswahl der Kriterien mit der dazugehörigen Liste an Gütezeichen lässt sich über den Button „Suche speichern" mithilfe einer URL sichern, um die konkreten Suchergebnisse abspeichern und auch weiterreichen zu können.

---

[1] § 34 Abs. 2 Nr. 1 VgV, nämlich der Bezug zum Auftragsgegenstand, wurde nicht geprüft und kann auch nicht operationalisiert werden. Die Operationalisierung wurde durch juristische Expertise begleitet. Dennoch kann dies nur als Anhaltspunkt dienen, welche Gütezeichen die Anforderungen erfüllen. Rechtssicherheit kann der Kompass Nachhaltigkeit nicht bieten, weshalb auch keine Haftung für die Ergebnisse des Gütezeichen-Finder übernommen wird. Eine Einzelfallprüfung wird demnach hierdurch nicht ersetzt und ist zu empfehlen.

[2] Die Kernarbeitsnorm der ILO umfasst acht internationale Konventionen: Übereinkommen 87 zur Vereinigungsfreiheit und Schutz des Vereinigungsrechts (1948), Übereinkommen 98 zum Vereinigungsrecht und Recht zu Kollektivverhandlungen (1949), Übereinkommen 29 zur Zwangsarbeit (1930), Übereinkommen 105 zur Abschaffung der Zwangsarbeit (1957), Übereinkommen 100 zur Gleichheit des Entgelts (1951), Übereinkommen 111 zur Diskriminierung in Beschäftigung und Beruf (1958), Übereinkommen 138 zum Mindestalter (1973), Übereinkommen 182 zum Verbot und unverzügliche Maßnahmen zur Beseitigung der schlimmsten Formen der Kinderarbeit (1999).

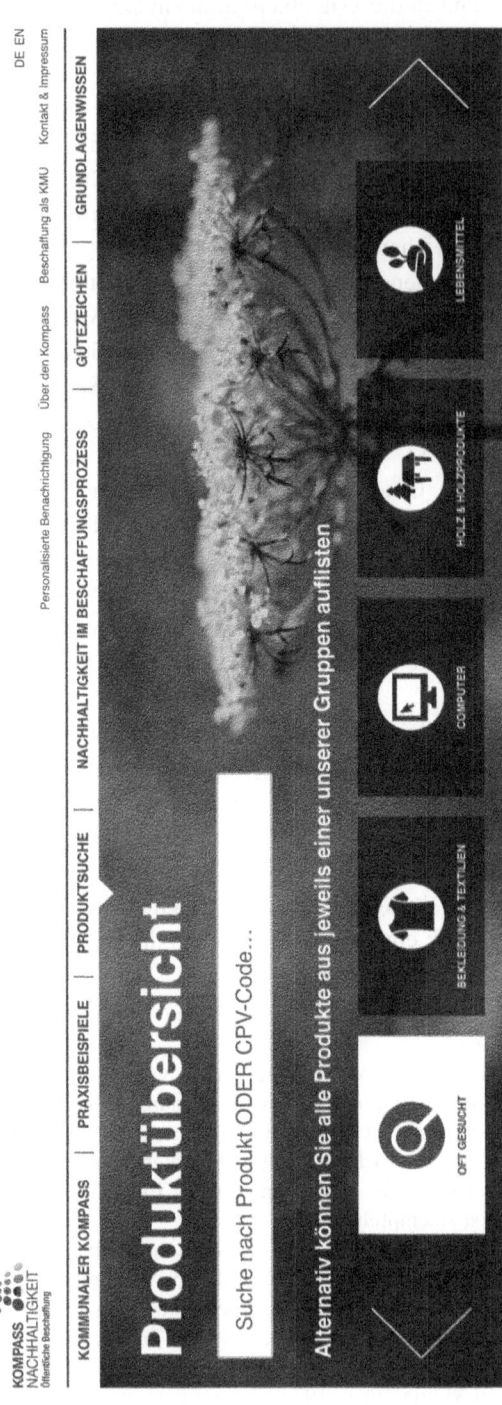

Abb. 3 Produktübersicht in der Produktsuche des Kompass Nachhaltigkeit

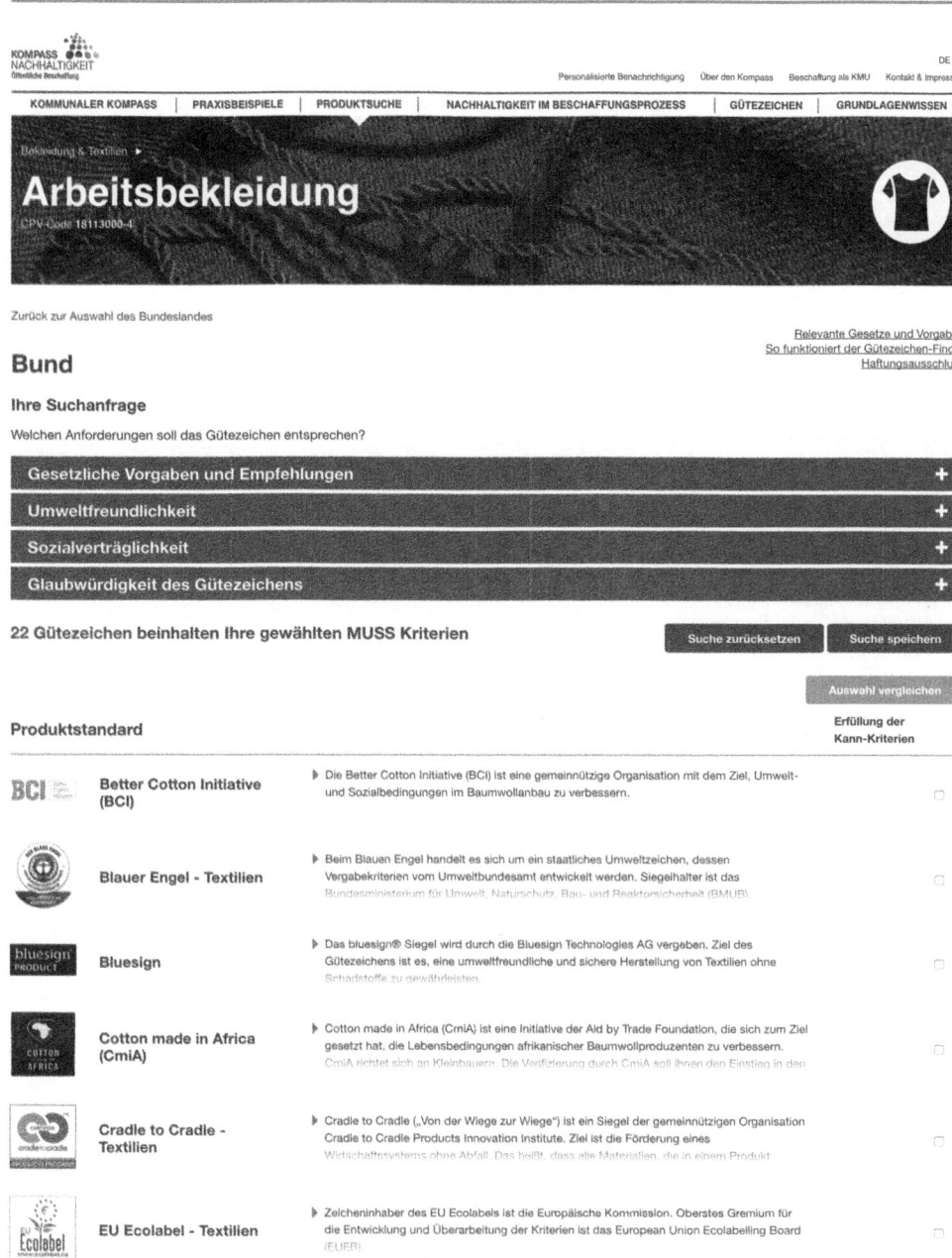

Abb. 4 Der Gütezeichen-Finder am Beispiel Arbeitsbekleidung

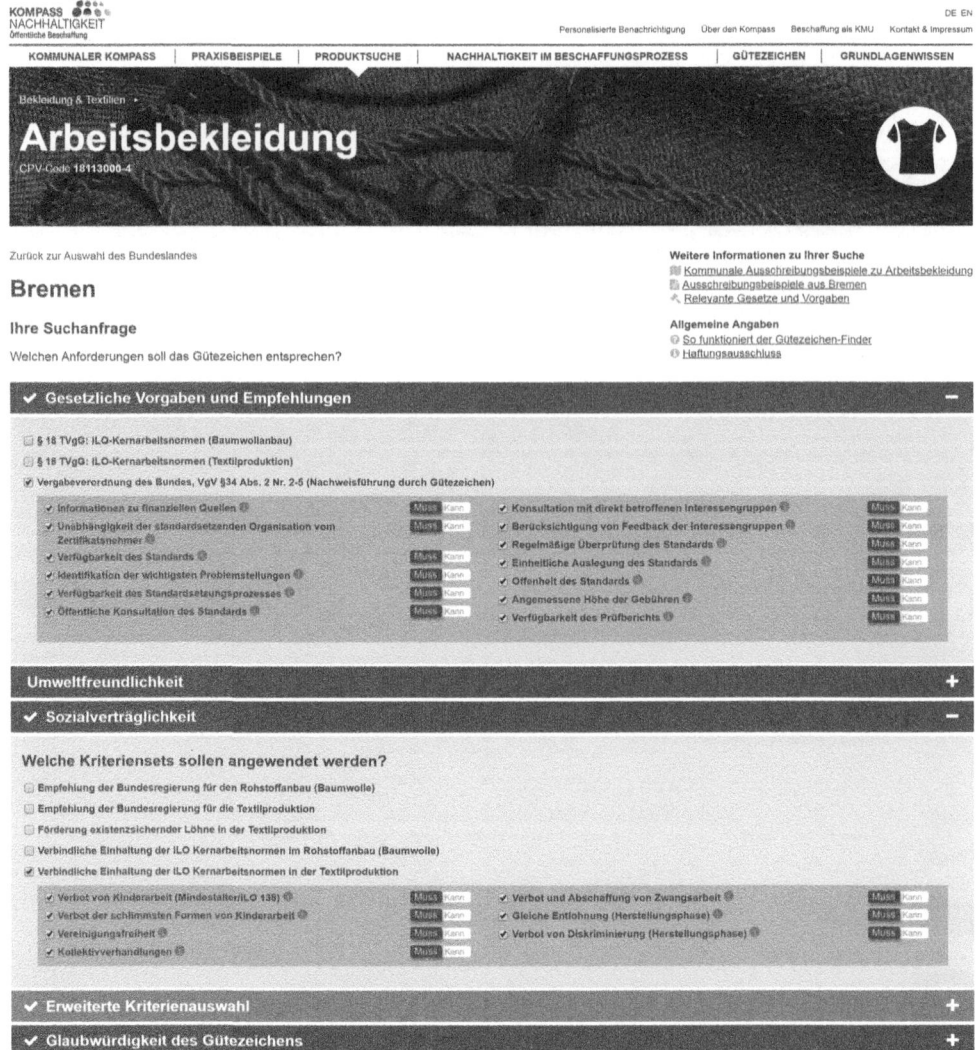

Abb. 5 Auswahl von Kriteriensets und Einzelkriterien im Gütezeichen-Finder

Neben allgemeinen Beschreibungen der Gütezeichen, in denen auch die durch das Gütezeichen abgedeckten Phasen des Produktlebenszyklus angegeben sind, finden Sie hier die Möglichkeit, die Bewertungsergebnisse und eine Beschreibung eines Gütezeichens durch Anklicken des Labels im Detail anzusehen (Abb. 7) und zudem über den Button „Auswahl vergleichen" Details mehrerer Gütezeichen miteinander zu vergleichen (Abb. 8).

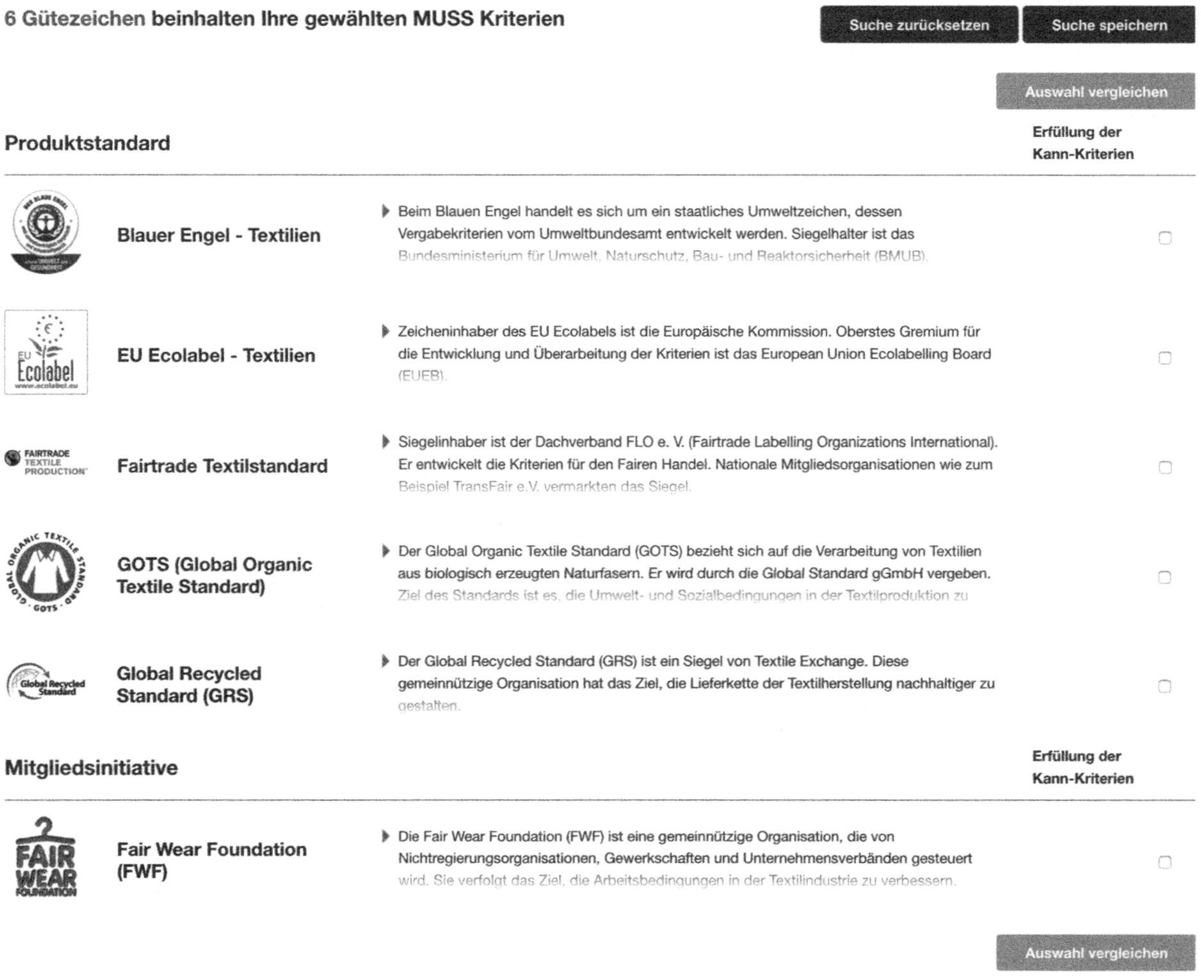

6 Gütezeichen beinhalten Ihre gewählten MUSS Kriterien

| | Suche zurücksetzen | Suche speichern |

Produktstandard

Auswahl vergleichen

Erfüllung der Kann-Kriterien

Blauer Engel - Textilien
▶ Beim Blauen Engel handelt es sich um ein staatliches Umweltzeichen, dessen Vergabekriterien vom Umweltbundesamt entwickelt werden. Siegelhalter ist das Bundesministerium für Umwelt, Naturschutz, Bau- und Reaktorsicherheit (BMUB). ☐

EU Ecolabel - Textilien
▶ Zeicheninhaber des EU Ecolabels ist die Europäische Kommission. Oberstes Gremium für die Entwicklung und Überarbeitung der Kriterien ist das European Union Ecolabelling Board (EUEB). ☐

Fairtrade Textilstandard
▶ Siegelinhaber ist der Dachverband FLO e. V. (Fairtrade Labelling Organizations International). Er entwickelt die Kriterien für den Fairen Handel. Nationale Mitgliedsorganisationen wie zum Beispiel TransFair e.V. vermarkten das Siegel. ☐

GOTS (Global Organic Textile Standard)
▶ Der Global Organic Textile Standard (GOTS) bezieht sich auf die Verarbeitung von Textilien aus biologisch erzeugten Naturfasern. Er wird durch die Global Standard gGmbH vergeben. Ziel des Standards ist es, die Umwelt- und Sozialbedingungen in der Textilproduktion zu

Global Recycled Standard (GRS)
▶ Der Global Recycled Standard (GRS) ist ein Siegel von Textile Exchange. Diese gemeinnützige Organisation hat das Ziel, die Lieferkette der Textilherstellung nachhaltiger zu gestalten. ☐

Mitgliedsinitiative

Erfüllung der Kann-Kriterien

Fair Wear Foundation (FWF)
▶ Die Fair Wear Foundation (FWF) ist eine gemeinnützige Organisation, die von Nichtregierungsorganisationen, Gewerkschaften und Unternehmensverbänden gesteuert wird. Sie verfolgt das Ziel, die Arbeitsbedingungen in der Textilindustrie zu verbessern. ☐

Auswahl vergleichen

Abb. 6 Liste der Gütezeichen, welche die selbst gesetzten Kriterien erfüllen

Blauer Engel - Textilien

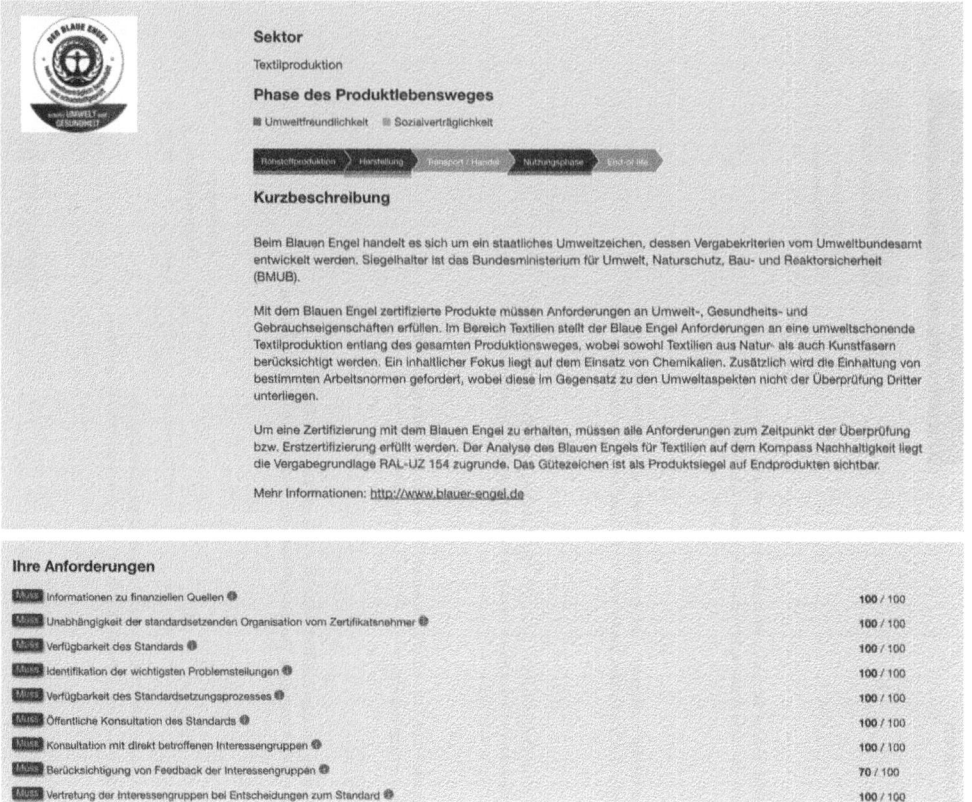

Abb. 7 Beschreibung eines Gütezeichens im Gütezeichen-Finder am Beispiel Blauer Engel für Textilien

Durch Anklicken der Scores in der Vergleichsansicht erhalten Sie Informationen zur konkreten Fragestellung sowie zum Zustandekommen des Scores der Bewertung (Abb. 9).

Durch diesen Detailierungsgrad der Suche und des Vergleichs von Gütezeichen besteht für Beschaffungsverantwortliche die Möglichkeit, feine Unterschiede bei den Gütezeichen auszumachen, wie etwa, ob das Kriterium gemäß dem Nachhaltigkeitsstandard sofort und verbindlich zu erfüllen ist, es sich um eine Empfehlung handelt oder eine Übergangsfrist besteht.

Zusätzlich zur Auflistung geeigneter Gütezeichen finden Beschaffungsverantwortliche auch eine Liste mit Anbietern des gesuchten Produkts, zertifiziert mit den zuvor gefilterten Gütezeichen (Abb. 10).

Die Liste soll den Beschaffungsverantwortlichen einen ersten Eindruck vom Markt vermitteln und schließt bestenfalls ein befürchtetes Ausbleiben von Angeboten auf eine Ausschreibung, die Sozial- und Umweltkriterien beinhaltet, aus. Allerdings muss betont

Gütezeichenvergleich

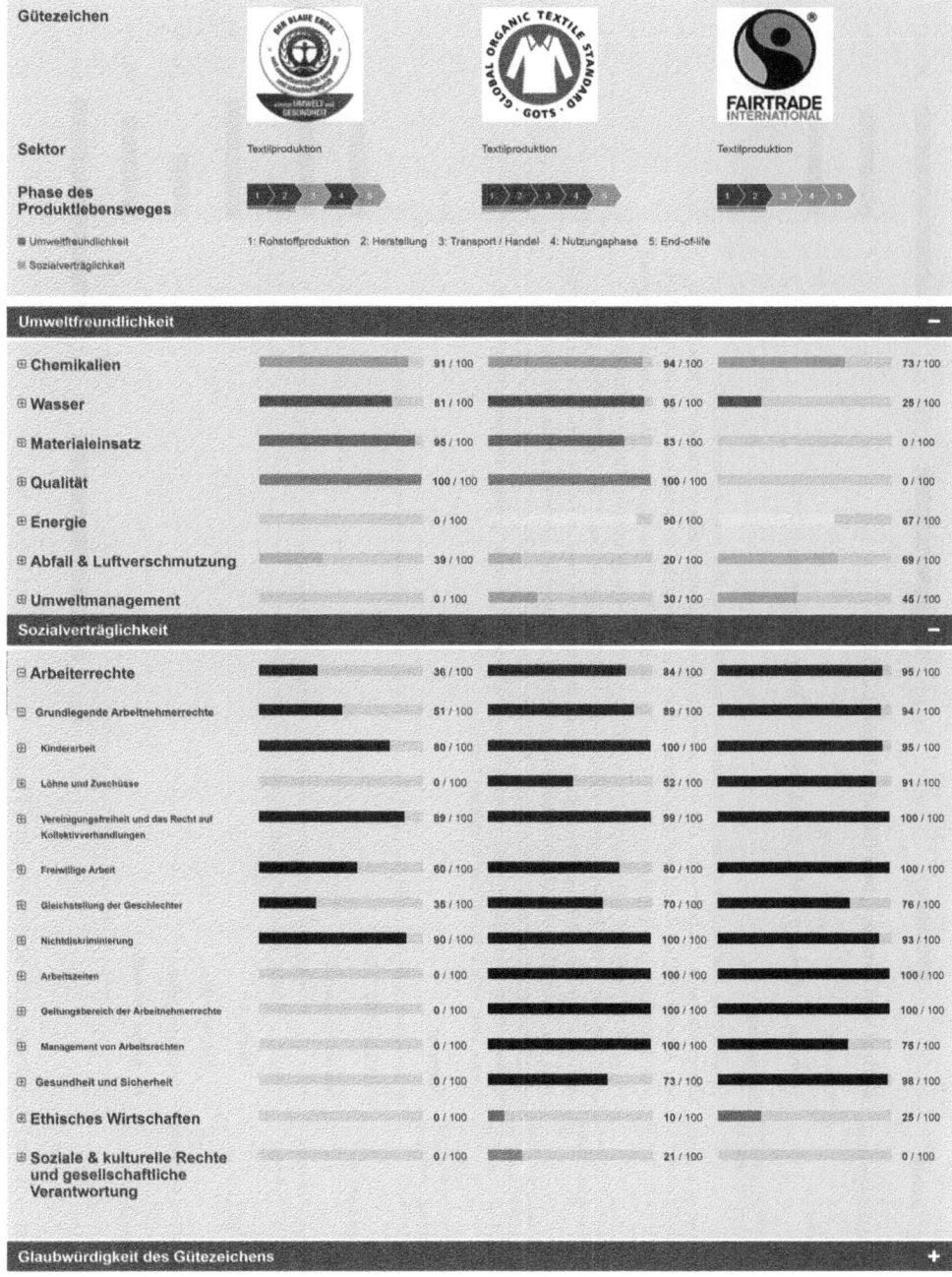

Abb. 8 Der Gütezeichenvergleich ermöglicht eine schnelle Einschätzung der Unterschiede bzw. Gleichwertigkeit verschiedener Gütezeichen

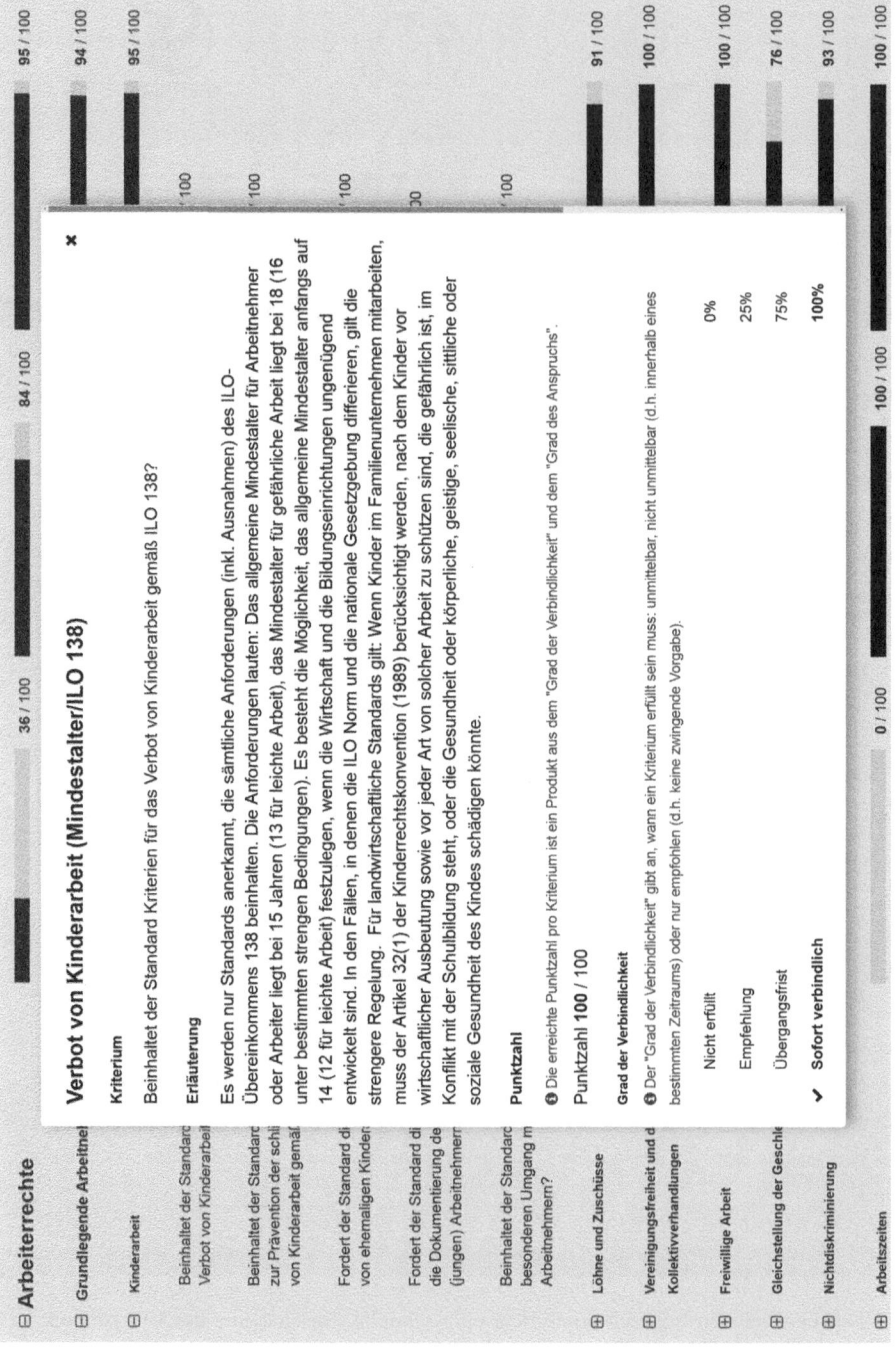

Abb. 9 Detailansicht und Begründung des Scores zu einem Einzelkriterium für ein Gütezeichen

Folgende Firmen bieten Arbeitsbekleidung mit den von Ihnen gefundenen Gütezeichen an

Firma	Ansprechpartner	Gütezeichen für dieses Produkt
3FREUNDE (Einzelfirma)	Stefan Niethammer Telefon: 0049 7623 46 92 67 21, E-Mail: stefan.niethammer@3freunde.com	
Bierbaum-Proenen GmbH & Co. KG	Ute Müller Telefon: 0049 221 16 560 437, E-Mail: u.mueller@bierbaum-proenen.de	
Brands Fashion GmbH	Stephan Vogt Telefon: 0049 251 620651 18, E-Mail: stephan.vogt@brands-fashion.com	
CLINIC & JOB DRESS GmbH	Customer Care Center Telefon: 0049 541 9170 800, E-Mail: vertrieb@cid-group.com	
Fairtrademerch D. Finke & S. Laustroer GbR	David Finke Telefon: 0049 521 58 49 720, E-Mail: contact@fairtrademerch.com	
FRISTADS KANSAS DEUTSCHLAND GMBH	Angelika Rauschnabel Telefon: 0049 40 535347 63, E-Mail: info.de@fristadskansas.com	
GREIFF Mode GmbH & Co. KG	Hans-Peter Beck Telefon: 0049 951 405 282, E-Mail: m.naperkowski@greiff.de	
HaVeP Workwear	Elvira Loonen Telefon: 0031 13 531 33 74, E-Mail: e.loonen@havep.com	
Hubert Schmitz GmbH (S-GARD)	Markus Schmid Telefon: 0049 151 28256957, E-Mail: markus.schmid@s-gard.de	
MADNESS GmbH	Peer Meyer Telefon: 0049 4188 894913, E-Mail: meyer@madness-online.com	
true balance GmbH	Peter Wolfrum Telefon: 0049 7544 5069158, E-Mail: peter.wolfrum@mytruebalance.de	
TVU GmbH & Co. KG	Philipp Pohl Telefon: 0049 9823 955 144, E-Mail: pohl@tvu.de	
Vaude Sport GmbH & Co. KG	Hilke Anna Patzwall Telefon: 0049 7542 5306 255, E-Mail: Hilke.Patzwall@vaude.com	

Abb. 10 Die Anbieterliste im Gütezeichen-Finder am Beispiel von Arbeitsbekleidung

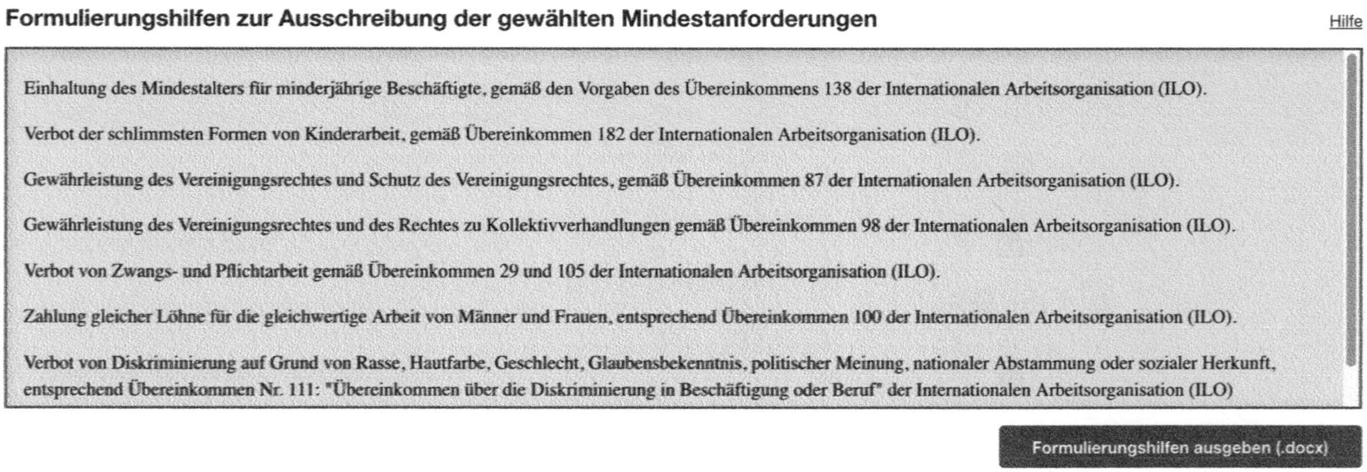

Formulierungshilfen zur Ausschreibung der gewählten Mindestanforderungen

Hilfe

Einhaltung des Mindestalters für minderjährige Beschäftigte, gemäß den Vorgaben des Übereinkommens 138 der Internationalen Arbeitsorganisation (ILO).

Verbot der schlimmsten Formen von Kinderarbeit, gemäß Übereinkommen 182 der Internationalen Arbeitsorganisation (ILO).

Gewährleistung des Vereinigungsrechtes und Schutz des Vereinigungsrechtes, gemäß Übereinkommen 87 der Internationalen Arbeitsorganisation (ILO).

Gewährleistung des Vereinigungsrechtes und des Rechtes zu Kollektivverhandlungen gemäß Übereinkommen 98 der Internationalen Arbeitsorganisation (ILO).

Verbot von Zwangs- und Pflichtarbeit gemäß Übereinkommen 29 und 105 der Internationalen Arbeitsorganisation (ILO).

Zahlung gleicher Löhne für die gleichwertige Arbeit von Männer und Frauen, entsprechend Übereinkommen 100 der Internationalen Arbeitsorganisation (ILO).

Verbot von Diskriminierung auf Grund von Rasse, Hautfarbe, Geschlecht, Glaubensbekenntnis, politischer Meinung, nationaler Abstammung oder sozialer Herkunft, entsprechend Übereinkommen Nr. 111: "Übereinkommen über die Diskriminierung in Beschäftigung oder Beruf" der Internationalen Arbeitsorganisation (ILO)

Formulierungshilfen ausgeben (.docx)

Abb. 11 Textbausteine ermöglichen die Übertragung der ausgewählten Kriterien in die Ausschreibungsunterlagen

werden, dass es sich bei der Anbieterliste selbstverständlich nur um potenzielle Bieter handelt. Alle Anbieter von Produkten, die durch ein Nachhaltigkeitsstandardsystem zertifiziert werden, haben die Möglichkeit, kostenfrei im Gütezeichen-Finder des Kompass Nachhaltigkeit gelistet zu werden. Die Liste kann als Excel-Datenblatt exportiert werden.

Darüber hinaus wird die Arbeit von Beschaffungsverantwortlichen auch erleichtert, indem fertige Textbausteine zur Kriterienauswahl als Word-Datei ausgegeben und so direkt in die Ausschreibungsunterlagen übernommen werden können (Abb. 11).

Der Gütezeichen-Finder unterstützt Beschaffungsverantwortliche also insbesondere bei der Suche nach geeigneten Gütezeichen zu bestimmten, selbstgewählten Nachhaltigkeitskriterien und erspart diesen somit enormen Rechercheaufwand. Auf der Webseite sind außerdem weitere Informationen zu Gütezeichen und Nachhaltigkeitsstandards mit einer Übersicht zu häufig gestellten Fragen sowie einigen Informationsvideos zu finden.

4 Der Kommunale Kompass und die Karte der Praxisbeispiele

Neben der Produktsuche mit ihren Auswertungsfunktionen bündelt der Kompass außerdem zahlreiche Praxisbeispiele fairer und nachhaltiger Beschaffung aus Kommunen und zukünftig auch von anderen öffentlichen Beschaffungsstellen. Der „Kommunale Kompass", einfach über den Reiter links oben zu erreichen, gibt die Beispiele nach Bundesländern und Produkten sortiert wieder (Abb. 12). Die Beispiele sind jedoch auch in Form einer interaktiven Karte über den Reiter „Praxisbeispiele" zugänglich, die viele Filtermöglichkeiten zulässt (Abb. 13). Über die Kartenansicht wird übersichtlich dargestellt, welche Praxisbeispiele bundesweit bereits zur Verfügung stehen. So lässt sich auf einen Blick erkennen, wo bereits Erfahrung mit einzelnen Produkten – etwa Arbeitsbekleidung oder Pflastersteine aus Naturstein – vorliegt, und welche Kommunen Ratsbeschlüsse oder andere rahmengebenden Dokumente verfasst und hier veröffentlicht haben.

4.1 Übersichtskarte

Als Filteroptionen stehen für die Karte viele Auswahlmöglichkeiten zur Verfügung. Zum einen kann nach dem Dokumententyp (Ausschreibungsbeispiel, Ratsbeschluss oder Dienstanweisung und weitere Dokumente) und dabei nach der Produktgruppe und dem konkreten Produkt gesucht werden. Zum anderen steht auch eine räumliche Suche zur Verfügung. Die Auswahl kann auf ein oder mehrere Bundesländer sowie einzelne Kommunen eingeschränkt werden. Ebenso besteht die Möglichkeit, nach der Größe der Kommune zu filtern. Ein Button ermöglicht außerdem das Zurücksetzen auf die Anfangseinstellungen (Abb. 14).

Die Beispiele können über Filterung und die Anzeige der Suchergebnisse, aber auch über Zoomen und Klicken in der Karte erreicht werden. Durch Anklicken eines Markers in der Karte erscheint eine Übersicht zu dieser Kommune, aus der heraus die Beispiele

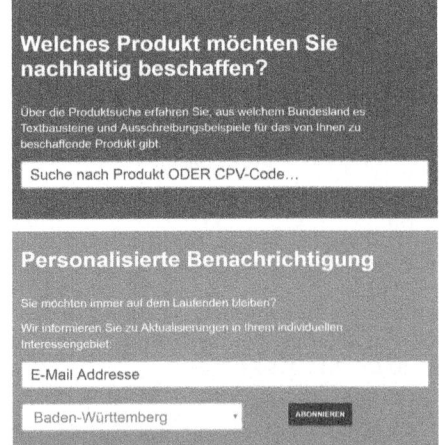

Abb. 12 Der Einstieg in den „Kommunalen Kompass"

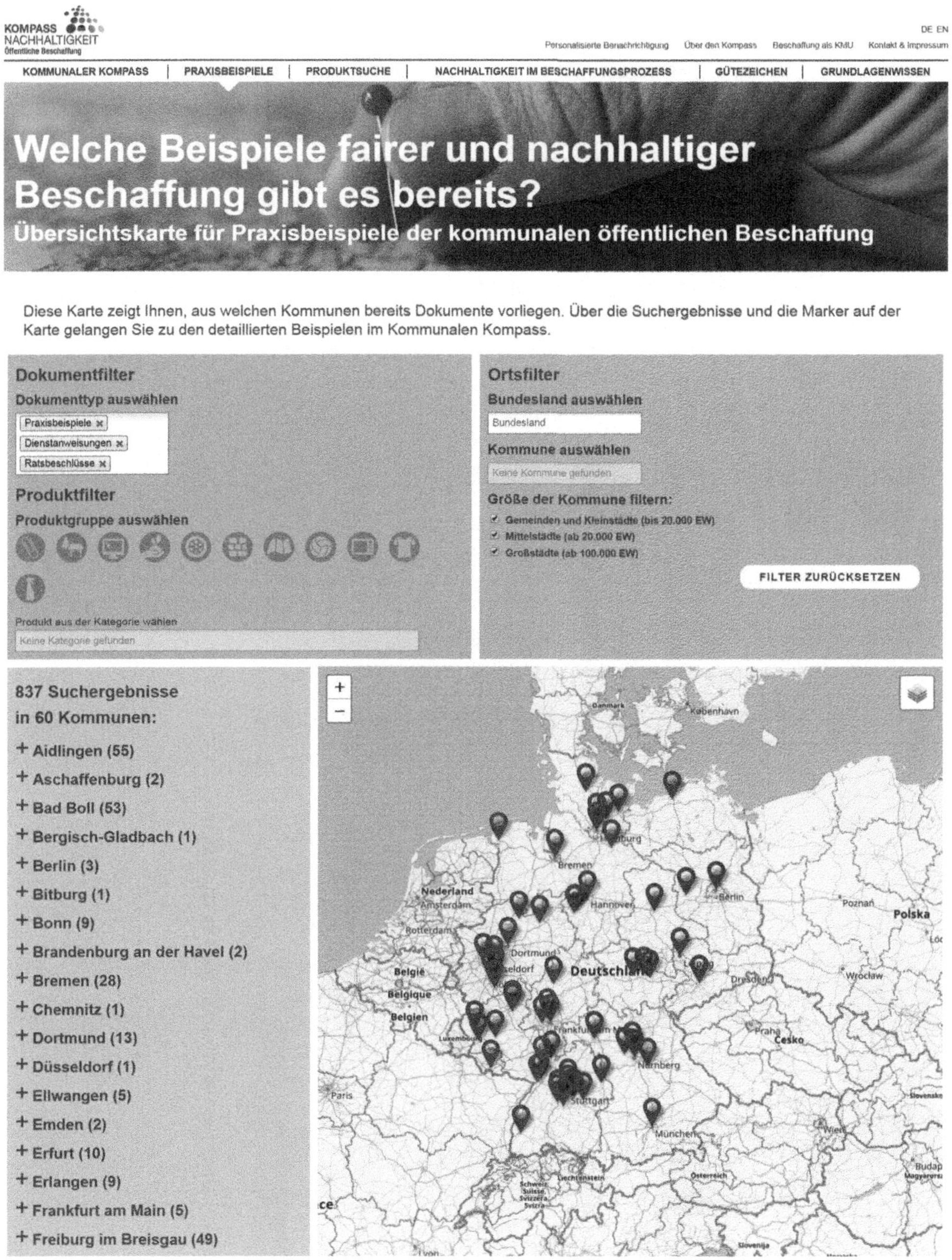

Diese Karte zeigt Ihnen, aus welchen Kommunen bereits Dokumente vorliegen. Über die Suchergebnisse und die Marker auf der Karte gelangen Sie zu den detaillierten Beispielen im Kommunalen Kompass.

Dokumentfilter

Dokumenttyp auswählen

Praxisbeispiele x
Dienstanweisungen x
Ratsbeschlüsse x

Produktfilter

Produktgruppe auswählen

Produkt aus der Kategorie wählen

Keine Kategorie gefunden

Ortsfilter

Bundesland auswählen

Bundesland

Kommune auswählen

Keine Kommune gefunden

Größe der Kommune filtern:

☑ Gemeinden und Kleinstädte (bis 20.000 EW)
☑ Mittelstädte (ab 20.000 EW)
☑ Großstädte (ab 100.000 EW)

FILTER ZURÜCKSETZEN

**837 Suchergebnisse
in 60 Kommunen:**

+ Aidlingen (55)
+ Aschaffenburg (2)
+ Bad Boll (53)
+ Bergisch-Gladbach (1)
+ Berlin (3)
+ Bitburg (1)
+ Bonn (9)
+ Brandenburg an der Havel (2)
+ Bremen (28)
+ Chemnitz (1)
+ Dortmund (13)
+ Düsseldorf (1)
+ Ellwangen (5)
+ Emden (2)
+ Erfurt (10)
+ Erlangen (9)
+ Frankfurt am Main (5)
+ Freiburg im Breisgau (49)

Abb. 13 Die interaktive Übersichtskarte für kommunale Praxisbeispiele

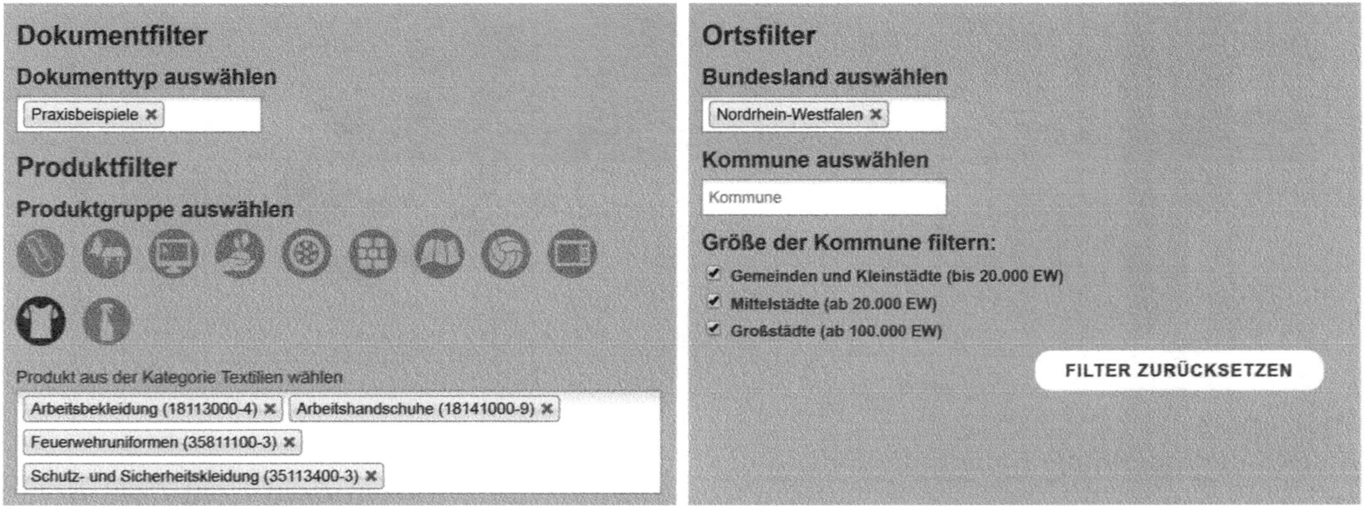

Abb. 14 Detailansicht der Filteroptionen für die Übersichtskarte

Abb. 15 Detailansicht der Karte und des Suchergebnisses, Links führen direkt zu den ausführlichen Darstellungen im Kommunalen Kompass

direkt verlinkt sind. Am linken Seitenrand in der Übersicht der Suchergebnisse werden weitere Details zur Kommune gezeigt (Abb. 15).

4.2 Kommunaler Kompass

Wird nicht die Karte zum Einstieg in die Praxisbeispiele verwendet, sondern die Übersicht der Bundesländer, kommt man zu jedem Bundesland zunächst auf eine Überblicksseite. Dort sind oben alle Praxisbeispiele nach Produktgruppen sortiert aufgelistet (Abb. 16). Darunter befinden sich eine Suchmaske, die zur allgemeinen Produktsuche führt, sowie ein Einstieg zu den Rahmenbedingungen im Bundesland, über den grundlegende Informationen sowie Beispieldokumente ohne direkten Produktbezug – etwa Ratsbeschlüsse und Dienstanweisungen – zu finden sind. Ganz unten auf der Übersichtsseite werden in Kooperation mit der Webseite der Kompetenzstelle für Nachhaltige Beschaffung Veranstaltungen angezeigt, die zum Thema nachhaltige Beschaffung im ausgewählten Bundesland stattfinden.

Die Beschaffungsbeispiele im Kommunalen Kompass liegen in unterschiedlichem Umfang vor; in einigen Fällen sind die vollständigen Dokumente, z. B. Leistungsbeschreibungen oder Wertungsmatrizen hinterlegt und konkrete Ansprechpersonen mit Kontaktdaten benannt (Abb. 17). So lässt sich direkt nachvollziehen, wie die Kommune ihr Ziel umge-

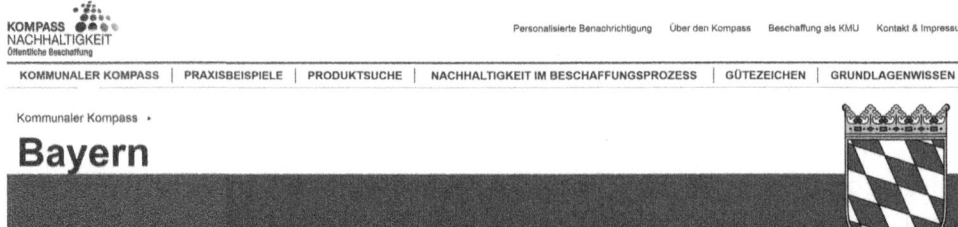

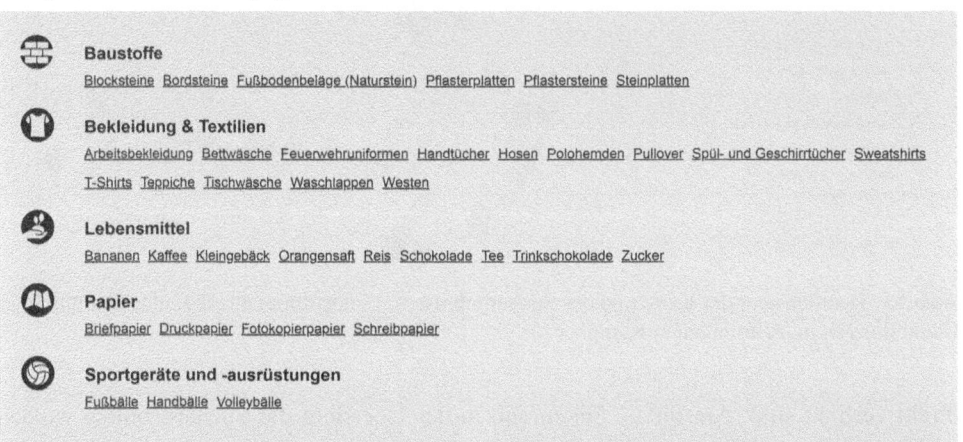

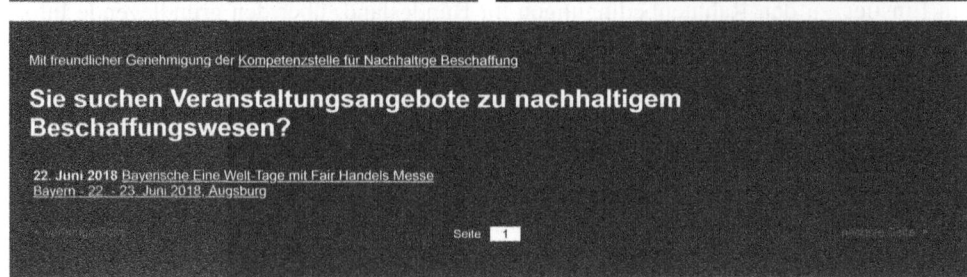

Abb. 16 Für jedes Bundesland gibt es eine Übersichtsseite mit Zugang zu den Ausschreibungsbeispielen, dem rechtlichen Rahmen sowie Veranstaltungshinweisen

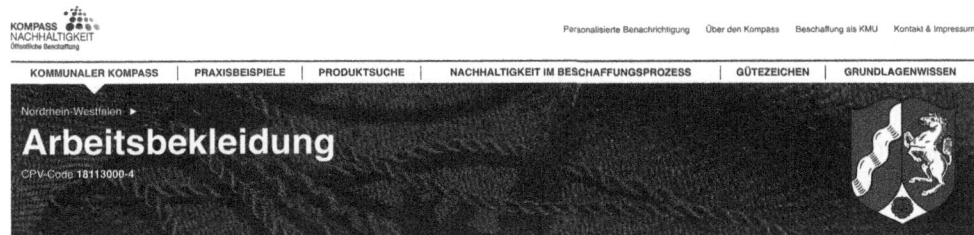

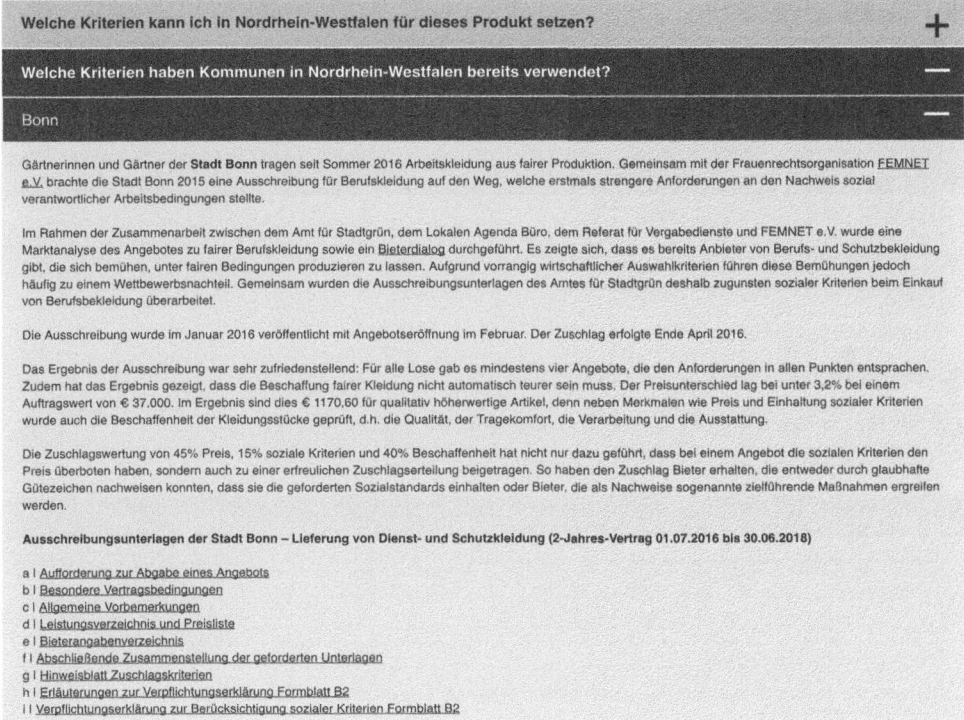

Abb. 17 Im Kommunalen Kompass sind Ausschreibungsbeispiele aus Kommunen sortiert nach Bundesland und Produkt zu finden, oft mit den originalen Vergabedokumenten als PDF-Dateien

setzt hat und wer für tiefergehende Fragen kontaktiert werden kann. Zu vielen Produktgruppen sind im Kompass an dieser Stelle auch unabhängige Experten benannt, die bei Detailfragen zur nachhaltigen Beschaffung dieses Produkts kontaktiert werden können. Weiter unten auf der Seite sind zudem Anbieter des Produkts zu finden, die eines oder mehrere Gütezeichen vorweisen können. Hier sind – wie im Gütezeichen-Finder bzw. der Produktsuche – die Unternehmen mit Ansprechpartnern und Kontaktdaten genannt.

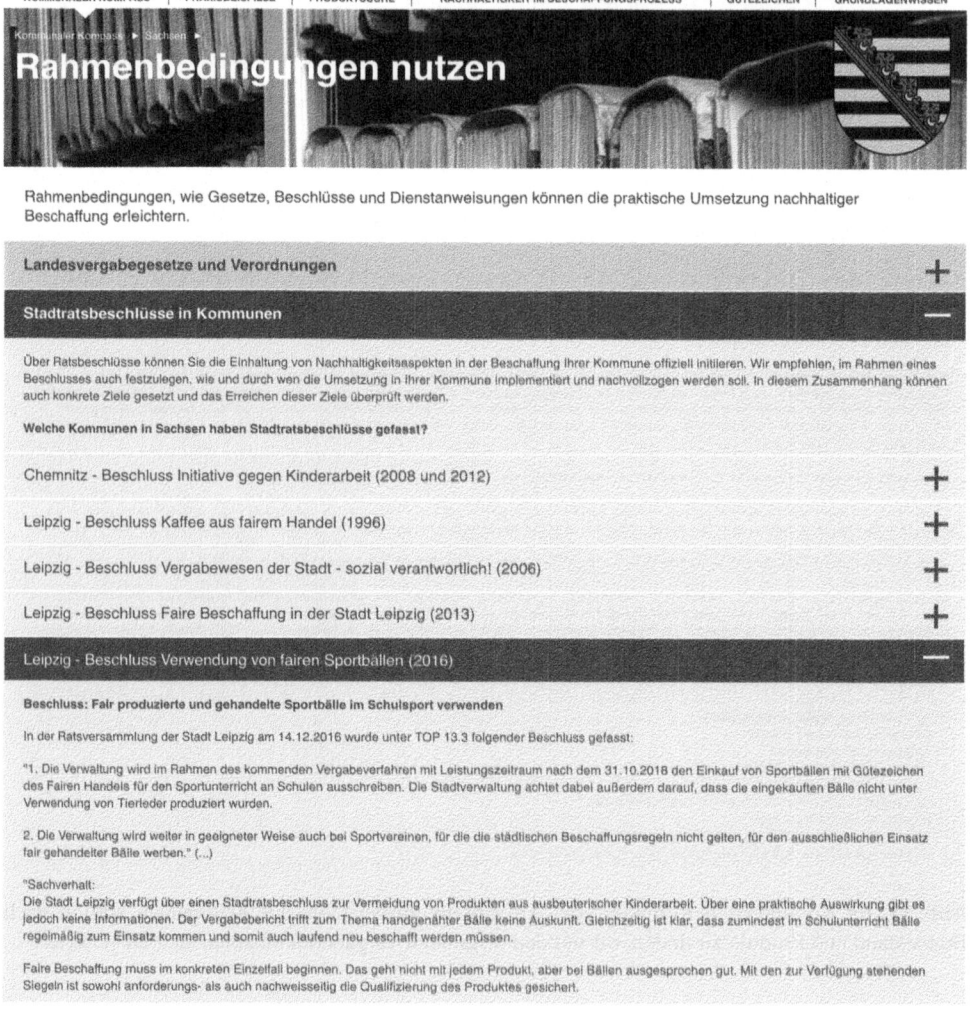

Abb. 18 Unter „Rahmenbedingungen nutzen" sind pro Bundesland Beispiele für Ratsbeschlüsse, Dienstanweisungen und weitere kommunale Dokumente zu finden

Die Seite zu den Rahmenbedingungen des Bundeslands enthält jeweils drei Elemente: Zuoberst werden in einem Überblick die wichtigsten Passagen in den rechtlichen Rahmenbedingungen auf Landesebene für die Einbindung sozialer und ökologischer Kriterien zitiert und verlinkt. Darunter befindet sich die Sammlung von Ratsbeschlüssen aus kommunen dieses Bundeslands, hier sind beispielsweise Beschlüsse zur Meidung von Produkten aus ausbeuterischer Kinderarbeit, zur Verwendung von Recyclingpapier oder zum Ausbau sozialverantwortlicher Beschaffung zu finden. Im dritten Element der Seite sind Richtlinien, Dienstanweisungen und andere Dokumente von Kommunen versammelt. Hier finden sich z. B. Anweisungen zu konkreten Produktgruppen oder zur generellen Umsetzung fairer Beschaffung oder aber Berichte über den Stand der Umsetzung, kommunale Hilfestellungen für die Beschaffung und weitere unterstützende Dokumente (Abb. 18).

5   Nachhaltigkeit im Beschaffungsprozess

Über den blauen Kasten auf der Startseite sowie den Reiter Nachhaltigkeit im Beschaffungsprozess gelangt man zu einer Übersicht mit Tipps und Informationen dazu, in welchen Phasen des Vorgangs man auf welche Aspekte und Vorgehensweisen achten kann, um ein möglichst nachhaltiges Produkt zu beschaffen. Beginnend mit der Bedarfs- und Marktanalyse, über die Formulierung der Ausschreibungsunterlagen mit Leistungsbeschreibung, Ausschluss- und Zuschlagskriterien sowie Auftragsausführungsbedingungen bis zum Vertragsmonitoring finden sich hier einige produktunabhängige Hinweise und auch Links auf weiterführende Webangebote (Abb. 19).

6   Grundlagenwissen Nachhaltigkeit in der öffentlichen Beschaffung

Warum nachhaltige öffentliche Beschaffung wichtig ist, wird auf der Webseite in einem Informationsvideo auf der Startseite erklärt. Auch unter dem Reiter Grundlagenwissen sind hierzu Informationen gebündelt zu finden. Außerdem sind dort die rechtlichen Grundlagen zur nachhaltigen öffentlichen Beschaffung erläutert und Hinweise auf weitere Informationsangebote aufgezeigt. Unter der Rubrik „Welche Themen soll ich beachten?" finden Beschaffer zudem Informationen zu den wichtigsten sozialen und ökologischen Herausforderungen, den sog. Hotspots in der Wertschöpfungskette einiger Produktgruppen (Abb. 20).

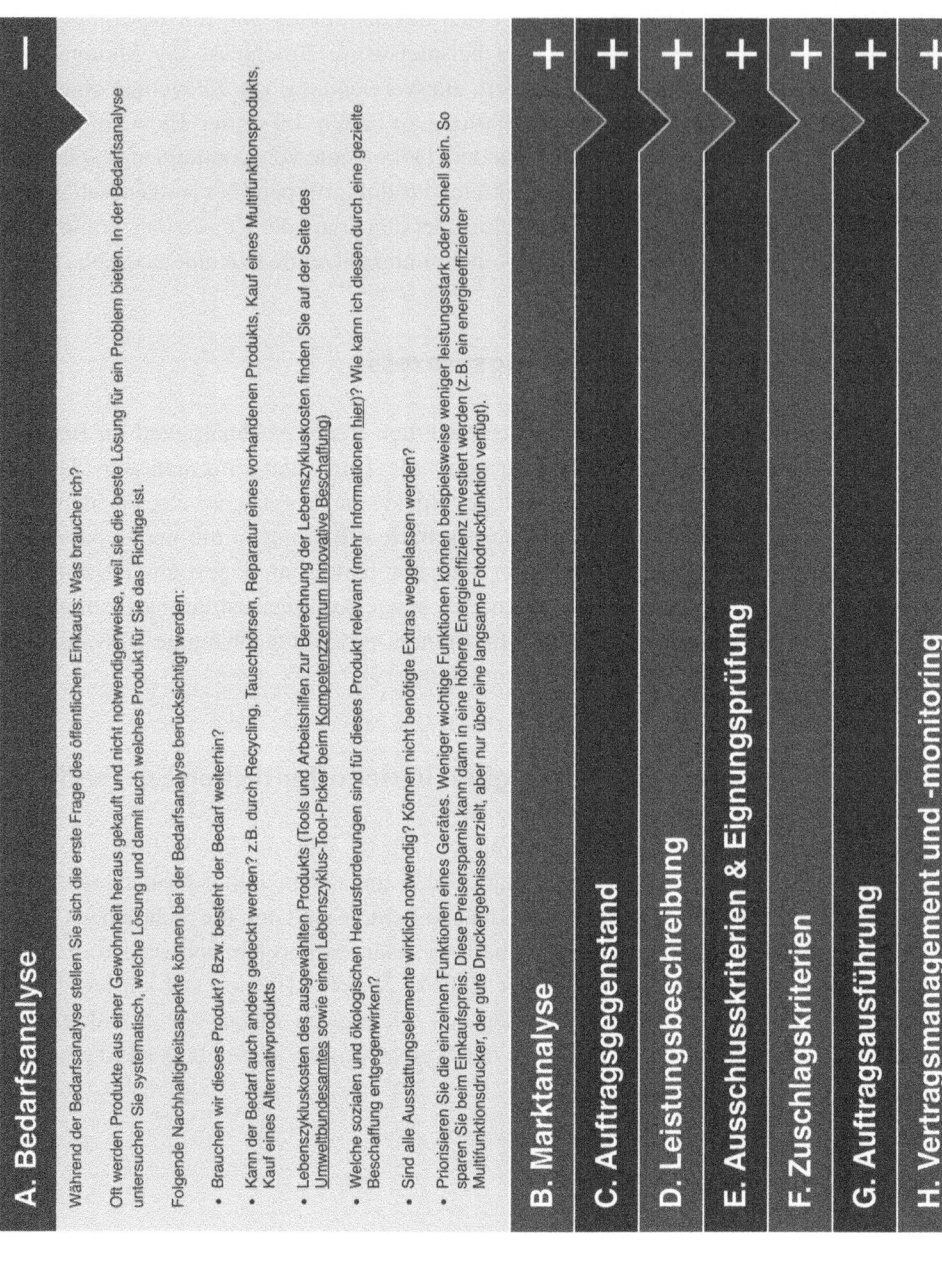

Abb. 19 Nachhaltigkeit im Beschaffungsprozess – Tipps für eine nachhaltigkeitsorientierte Herangehensweise an den Gesamtprozess

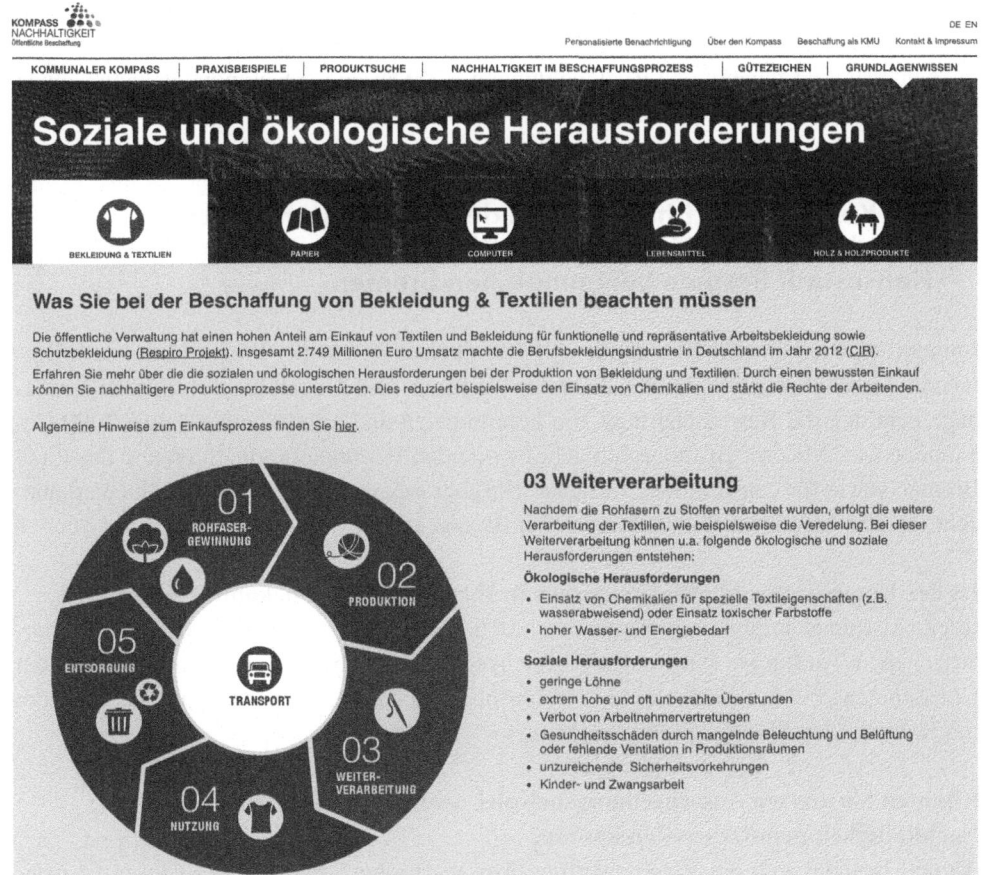

Abb. 20 Soziale und ökologische Herausforderungen in der Lieferkette am Beispiel von Bekleidung und Textilien

7   Allgemeine Hinweise

Öffentliche Beschaffungsstellen können kostenfreie interaktive Schulungen zum Kompass Nachhaltigkeit – vor Ort im PC-Schulungsraum oder online per Webinar – anfragen, die die Nutzung an konkreten Aufgabenbeispielen erläutern und auf Nachfragen der Teilnehmenden eingehen.

Zum erleichterten Einstieg in die Nutzung der Webseite wurden zwei kurze Filme erstellt, die zum einen die Hintergründe der nachhaltigen Beschaffung und des Kompasses mit einem Informationsfilm und zum anderen die Nutzung mit einem Navigationsfilm der Webseite erläutern und direkt über die Startseite zugänglich sind.

Der Kompass Nachhaltigkeit mit seinem umfangreichen Informationsangebot an Praxisbeispielen, Gütezeichen-Finder, Anbieterlisten und Experten orientiert sich am tatsächlichen Bedarf und den Fragestellungen der öffentlichen Beschaffungsstellen und wird stetig weiterentwickelt. Wer auf der Anbieterliste erscheinen möchte, Praxisbeispiele einreichen oder Anregungen und Rückmeldungen zur Webseite geben möchte, kann sich an info@kompass-nachhaltigkeit.de wenden.

8 Der Kompass Nachhaltigkeit in der Praxis: Interview mit Mitarbeitern des Einkaufs- und Vergabezentrums der Freien Hansestadt Bremen bei Immobilien Bremen

Immobilien Bremen (IB) ist eine Anstalt öffentlichen Rechts der Freien Hansestadt Bremen im Geschäftsbereich der Senatorin für Finanzen. Die Anstalt hat das Immobilienmanagement und die Bewirtschaftung von kommunalen und Landesbauten (etwa 2000 Gebäude, etwa 2 Mio. m^2 Bruttogrundfläche) sowie den Hochbau für die Stadt und das Land Bremen sowie für den Bund als Aufgabe. Darüber hinaus ist das Einkaufs- und Vergabezentrum der Freien Hansestadt Bremen bei IB angesiedelt.

Ist der Kompass Nachhaltigkeit bereits in Ihrer Kommune bekannt?
In einem Rundschreiben aus September 2016, das vom Bremer Wirtschaftsressort herausgegeben worden ist, wird auf die bestehenden Möglichkeiten einer internetbasierten Unterstützung bei der nachhaltigen Beschaffung und dabei explizit auch auf das Angebot des Kompass Nachhaltigkeit hingewiesen.

Könnten Sie uns ein Ausschreibungsbeispiel nennen, bei dem der Kompass Nachhaltigkeit genutzt werden konnte?
Aktuell befindet sich ein Rahmenvertrag über Warnschutzkleidung, bei dem ein besonderes Augenmerk auf die Einhaltung der ILO-Kernarbeitsnormen bei der Herstellung der einzelnen Produkte gelegt worden ist, in der europaweiten Ausschreibung. Bei der Vorbereitung der Ausschreibungsunterlagen wurde auch der Kompass Nachhaltigkeit genutzt. Insbesondere die beim Kompass Nachhaltigkeit hinterlegten Informationen, Unterlagen und Erfahrungsberichte von Kommunen wie z. B. Bonn, die eine ähnliche Ausschreibung ja bereits erfolgreich durchgeführt hatten, waren dabei besonders hilfreich. Aber auch der Gütezeichen-Finder kam dabei zum Einsatz.

Wie gefällt Ihnen der Gütezeichen-Finder in der Produktsuche mit seinen Auswertungs- und Vergleichsmöglichkeiten?
Der Gütezeichen-Finder ist aus unserer Sicht ein gelungenes Beispiel für ein praxistaugliches Unterstützungsangebot aus dem Internet. Bei der Ausschreibung über Warnschutzkleidung konnten wir damit beispielsweise diejenigen Gütezeichen herausfiltern, die den besonderen Anforderungen des § 34 der Vergabeverordnung entsprechen.

Haben Sie von der Möglichkeit, im Rahmen des Gütezeichen-Finders Textbausteine zu erstellen, bereits Gebrauch gemacht?

Die Möglichkeit des Gütezeichen-Finders Textbausteine zu generieren, ist grundsätzlich sehr interessant. Bislang haben wir diese noch nicht intensiv genutzt. Wir sehen darin jedoch durchaus Vereinfachungspotenzial. Allerdings müssten wir in jedem Fall noch einmal prüfen, ob die generierten Textbausteine den jeweiligen rechtlichen Vorgaben entsprechen. Zudem existieren in Bremen für einige Vorgaben (z. B. Einhaltung der ILO-Kernarbeitsnormen) bereits vorformulierte Ausschreibungsformulare. Es müsste also auch dahingehend sichergestellt werden, dass die jeweils generierten Textbausteine mit dem Inhalt dieser Formulare im Einklang stehen.

Welche zusätzlichen Funktionen würden Sie sich von dem Kompass Nachhaltigkeit wünschen?

Vor allem im Bereich des Gütezeichen-Finders sind Weiterentwicklungen sinnvoll. Mit diesem ist es ja möglich, Gütezeichen, die in der vorhandenen Liste enthalten sind, rechtlich und tatsächlich zu bewerten. Allerdings ist die Liste im Hinblick auf die am Markt angebotenen Gütezeichen bislang nach unserer Kenntnis nicht abschließend. Hier wäre entweder die Vervollständigung der Liste oder ein zusätzliches Bewertungstool für bislang noch nicht erfasste Gütezeichen, das die rechtlichen Anforderungen an Gütezeichen Merkmal für Merkmal abfragt, sehr hilfreich. Bislang existiert zur Bewältigung dieser durchaus praxisrelevanten Herausforderung auf dem Kompass Nachhaltigkeit lediglich, und etwas versteckt, eine Checkliste (Zuordnung der Systemkriterien), mithilfe derer eine erste Orientierung darüber ermöglicht wird, ob bislang nicht erfasste Gütezeichen die vergaberechtlichen Anforderungen erfüllen könnten oder nicht.

Max Mangold arbeitet bei der Deutschen Gesellschaft für Internationale Zusammenarbeit (GIZ) GmbH im Sektorvorhaben Nachhaltigkeitsstandards und öffentlich-private Verantwortung zu den Themen Nachhaltigkeitsstandards in globalen Wertschöpfungsketten sowie nachhaltige Beschaffung und betreut das Webportal kompass-nachhaltigkeit.de. Zuvor war er bei der GIZ im Programm Sozial- und Umweltstandards beschäftigt.

Ann-Kathrin Voge ist Projektleiterin für den Kompass Nachhaltigkeit bei der Servicestelle Kommunen in der Einen Welt (SKEW) von Engagement Global und unterstützt dort seit 2015 Kommunen bei der Umsetzung einer fairen Beschaffung. Zuvor hat sie für verschiedene zivilgesellschaftliche Organisationen zu Nachhaltigkeitszertifizierungen und Nachhaltigkeit in weltweiten Wertschöpfungsketten gearbeitet.

Felicitas Schuldes arbeitet bei der Servicestelle Kommunen in der Einen Welt (SKEW) der Engagement Global und unterstützt dort Kommunen bei der Einbindung von Nachhaltigkeitsstandards in Beschaffungsvorgänge. Zuvor war sie bei ICLEI und der GIZ in den Bereichen nachhaltige Stadtentwicklung und Kooperation im öffentlich-privaten Sektor tätig.

SoFi – Dynamische Performance-Management-Software für Nachhaltigkeit im Unternehmen und in der Lieferkette

Johannes Gediga, Matthias Münzing, Miriam Valkenberg, Meike Rapp, Jörg Warning und Michael Kölzer

1 Unternehmensvorstellung

thinkstep ist ein internationales Software- und Beratungsunternehmen im Bereich Nachhaltigkeit mit Hauptsitz in Leinfelden-Echterdingen bei Stuttgart. Das Angebot von thinkstep besteht aus einer Kombination von Software, Datenbereitstellung und professioneller Beratung. thinkstep bietet sowohl Unternehmens- als auch Produkt-bezogene Lösungen an.

J. Gediga · M. Münzing · M. Valkenberg (✉)
thinkstep AG
Stuttgart, Deutschland
E-Mail: johannes.gediga@thinkstep.com

M. Münzing
E-Mail: matthias.muenzing@thinkstep.com

M. Valkenberg
E-Mail: miriam.valkenberg@thinkstep.com

M. Rapp
HSE, BRITA GmbH
Taunusstein, Deutschland
E-Mail: mrapp@brita.net

J. Warning
QM-IMS, Schüco International KG
Bielefeld, Deutschland
E-Mail: jwarning@schueco.com

M. Kölzer
Koordinator Corporate Responsibility/ HOCHTIEF Corporate Communications, HOCHTIEF
Aktiengesellschaft
Essen, Deutschland
E-Mail: Michael.Koelzer@hochtief.de

© Springer-Verlag GmbH Deutschland, ein Teil von Springer Nature 2018
G. Weber und M. Bodemann (Hrsg.), *CSR und Nachhaltigkeitssoftware*,
Management-Reihe Corporate Social Responsibility,
https://doi.org/10.1007/978-3-662-57307-5_11

Aus einer seit 1991 bestehenden universitären Forschungsinitiative zum Thema Live Cycle Assessment hervorgegangen, gründete sich PE INTERNATIONAL, die sich 2015 in thinkstep umbenannte. Im Laufe der Jahre haben mehr als 2500 Unternehmenskunden – darunter 40 % der Fortune 500 – in über 3000 Projekten auf thinkstep vertraut, um ihre Compliance-, Reporting- und Nachhaltigkeitsziele zu erreichen. Heute ist thinkstep mit über 200 Mitarbeitern an neun Niederlassungen weltweit vertreten.

Neben der professionellen Beratung zu Nachhaltigkeitsthemen in allen Branchen und dem Angebot von Produkt-Compliance-Lösungen haben zu diesem Erfolg auch die zwei unternehmenseigenen Softwarelösungen GaBi und SoFi maßgeblich beigetragen. Während die GaBi-Software den Bereich Produktnachhaltigkeit abdeckt und die CO_2- und Ökobilanzierung von einzelnen Produkten möglich macht, ist SoFi eine Business-Intelligence-Plattform für das Management der Nachhaltigkeitsleistung von Unternehmen und Wertschöpfungsketten.

thinkstep hat es zu seiner Mission erklärt, Unternehmen auf dem Weg zu wirtschaftlichem Erfolg durch nachhaltige Praktiken zu helfen – durch einen kombinierten Ansatz aus Daten, Softwaretechnologie und maßgeschneiderten Beratungsservices.

Der Aspekt Nachhaltigkeit ist auch in der eigenen Unternehmensstrategie tief verankert. So ist thinkstep z. B. seit 2006 ein klimaneutrales Unternehmen. Ein familienfreundliches Arbeitsumfeld, ein überdurchschnittlicher Frauenanteil und soziale Verantwortung gegenüber Mitarbeitern werden außerdem großgeschrieben.

2 Vorstellung der SoFi Software

2.1 Einleitung

Im folgenden Abschnitt wird die Corporate-Sustainability-Software SoFi im Detail vorgestellt.

SoFi ermöglicht Organisationen detaillierte und revisionssichere Informationen zu liefern, um die Nachhaltigkeitsperformance auf allen Leveln der Organisation zu verbessern. Die Software wurde dafür konstruiert, die gesamte Informationslandschaft von international agierenden Konzernen effizient managen zu können. Vor dem Hintergrund größtmöglicher Nutzerfreundlichkeit können in SoFi Daten gesammelt und aggregiert, validiert, analysiert und visualisiert werden. Die Software lässt sich für ein breites Anwendungsspektrum von der Erfüllung von Reporting-Standards über Energiemanagement, Supply-Chain-Management bis hin zu Health-and-Safety-Reporting und -Auditing einsetzen.

SoFi wurde erstmals 2004 bei einer europäischen Investmentfirma implementiert, um deren CO_2-Emissionen zu erfassen. Seitdem wurde das Produkt kontinuierlich weiterentwickelt, um den steigenden Anforderungen eines professionellen Nachhaltigkeitsmanagements gerecht zu werden.

2.2 Funktionsweise

SoFi ist eine webbasierte Anwendung für dezentralisiertes Nachhaltigkeitsmanagement. Jeder Datenzugriff ist asynchron, wodurch es möglich ist, dass mehrere Nutzer gleichzeitig und unabhängig voneinander im System arbeiten können. Da SoFi als Software-as-a-Service-Lösung zur Verfügung gestellt wird, ist der Zugang zum System über jeden modernen Browser möglich. Zudem ermöglicht dieser Ansatz, dass alle SoFi-Kunden jeweils mit der aktuellsten Version arbeiten, auch wenn spezifische Plug-Ins oder Zusatzentwicklungen verwendet werden.

2.2.1 Administration und Nutzerverwaltung

Um die komplexe Nutzerstruktur eines solchen Tools ohne großen Aufwand verwalten zu können, verfügt SoFi über einen Administrationsbereich, von dem aus der Kunde seine Benutzerverwaltung effizient managen kann.

Die SoFi-Benutzerverwaltung basiert auf einem mehrstufigen, rollenbasierten Berechtigungskonzept für verschiedene Nutzergruppen. Die Rechte in SoFi können für jeden Benutzer für letztlich jede einzelne Funktion definiert werden. Mehrere Nutzer werden zu Gruppen zusammengefasst, sodass die Zugriffsrechte über die Zugehörigkeit zu einer Benutzergruppe einfach gesteuert werden können. Mit wenigen Klicks können damit für alle Mitglieder einer Gruppe die Zugriffsrechte modifiziert werden. Natürlich ist es genauso möglich, für einzelne Nutzer die Rechte auf Funktions- und Standortseite anzupassen.

Die Zuordnung von Verantwortlichkeiten kann entweder zentral – durch den Systemadministrator – oder dezentral – von lokalen Standortadministratoren – gepflegt werden. Die dezentrale Verwaltung erlaubt lokalen Administratoren Benutzerzugänge und deren Berechtigungen am Standort zu delegieren.

2.2.2 Kundenanpassung

SoFi lässt sich in wenigen Minuten optisch an die Corporate Identity des jeweiligen Unternehmens anpassen. Indem Firmenlogos eingefügt, Menü- und Reporting-Farben angepasst und nutzergruppenspezifische Willkommensnachrichten verfasst werden, erscheint die Software dem Endnutzer nicht als Fremdkörper in der Systemlandschaft des Unternehmens.

2.3 Standardfunktion

Im Folgenden werden die Standardfunktionen der SoFi-Lösung anhand des Prozesses vom Abbilden der Unternehmenslandschaft, über die Dateneingabe und -aggregation, Visualisierung, die Möglichkeiten der Berichterstattung, die Situationsdiagnose sowie die daraus folgende Strategieentwicklung bis hin zur Erfolgsüberwachung der umzusetzenden Maßnahmen dargestellt.

2.3.1 Unternehmenslandschaft abbilden

Um die SoFi-Software präzise nutzen zu können, muss zunächst einmal die Unternehmenslandschaft im System abgebildet werden. Das flexible, aber auch logische und intuitive Datenmodell, auf dem SoFi aufbaut, setzt sich aus den drei Elementen Positionen, Fragebögen und Standorte zusammen. Positionen enthalten und errechnen sowohl quantitative als auch qualitative Daten, wie z. B. Ressourcenverbrauch oder auch Multiple-Choice-Fragen. Verschiedene Positionen lassen sich zu Fragebögen kombinieren, die sich u. a. über eine Dateneingabeansicht mit Informationen befüllen lassen. Fragebögen können wiederum Standorten zugeordnet werden. Über die Standorte können Organisationshierarchien wie Firmenstandorte, Gebäude, Unternehmenseinheiten, Verbrauchszähler oder Zulieferer auf unbegrenzten Hierarchieebenen abgebildet werden.

Durch diese drei Elemente lassen sich alle möglichen Arten von Organisations- und Datenerfassungsstrukturen ohne großen Aufwand abbilden und jederzeit anpassen. Damit reflektiert die Software die Dynamik mittlerer und großer, häufig international operierender Unternehmen.

Eine zusätzliche Tag-Struktur ermöglicht zudem parallele Hierarchien für Matrixstrukturen. So können z. B. auch Standorte, die an einem Projekt arbeiten, als separate Gruppe abgebildet werden. Die dadurch entstehende Flexibilität ermöglicht eine unkomplizierte Umsetzung von individuellen Kundenanforderungen und spezifischen Berichtsstandards.

Hinter diesem einfachen Datenmodell liegt eine leistungsstarke Rechenmaschine, die die Daten durch die Umwandlung von Einheiten und die Kalkulation von Indikatorwerten normalisiert und transformiert. Dadurch können Daten in jedem möglichen Zeitintervall, jeder Einheit und jeder Dimension eingegeben oder importiert werden, ohne dass die Datenkonformität darunter leidet.

Da SoFi auch auf global agierende Unternehmen zugeschnitten ist, ist eine Internationalisierung von verschiedenen Aspekten problemlos möglich. So kommt die Software in vier Standardsprachen: Englisch, Deutsch, Französisch und Spanisch. Zusätzliche Sprachpakete, wie z. B. Koreanisch, Italienisch, Chinesisch, Türkisch und Portugiesisch können ohne großen Aufwand hinzugefügt werden und auch jede weitere Sprache ist integrierbar. Nach dem gleichen Prinzip sind beliebige Währungen verfügbar. Alle Maßeinheiten können vom Administrator problemlos erweitert werden. Hinterlegte Wechselkurse lassen sich durch ein Plug-In automatisch mit den aktuellen Werten der Europäischen Zentralbank updaten. Auch unternehmensinterne Kurse können problemlos in das System eingespielt werden.

2.3.2 Datenerfassung

Sobald die Unternehmenslandschaft in SoFi abgebildet ist, kann die Software mit Informationen befüllt werden. Es gibt in erster Linie vier Möglichkeiten, um Informationen in SoFi zu erfassen:

Zum einen gibt es eine Dateneingabemaske in SoFi selbst. Hier können Nutzer, abhängig von ihren Berechtigungen, einzelne Fragebögen für einzelne Standorte einsehen und diese manuell ausfüllen. Verschiedene Funktionalitäten, wie z. B. Drop-down-Menüs, Toleranzprüfungen, Freigabeworkflows und vieles mehr erleichtern die Dateneingabe. Der in der SoFi hinterlegte Fragebogen lässt sich allerdings auch in Excel exportieren und dort ausfüllen. Dadurch ist es möglich, Fragebögen auch an Personen außerhalb der SoFi-Nutzer zu versenden. Die ausgefüllten Excel-Dateien lassen sich, ebenso wie bereits bestehende Excel-Dateien mit historischen Daten, mit geringstem Aufwand importieren. Um unplausible Dateneingaben zu vermeiden, bestehen in SoFi zahlreiche Möglichkeiten der Plausibilitätsprüfung, die bei der Eingabe, dem Upload/Import von Daten oder aber erst im Nachgang bei der Prüfung automatisch angewendet werden können.

Ein weiterer Weg, Daten in SoFi zu erfassen, ist der Import von Dateien (z. B. csv). Diese Dateien stammen i. d. R. aus Drittsystemen und können dank einer Mappinglogik per Drag-and-drop importiert werden.

Und schließlich besteht die Möglichkeit einer vollautomatischen Anbindung per Schnittstelle an das SoFi Connection Center, um Daten in regelmäßigen Intervallen in SoFi zu laden.

2.3.3 Aggregation und Visualisierung

In einem dritten Schritt werden die erfassten Daten aggregiert, mit weiteren Informationen angereichert und visualisiert. Die Aggregation erfolgt automatisiert entlang der Organisationsstruktur, nach Themen oder entlang der Zeitachse. Um die aggregierten Daten analysieren zu können, enthält SoFi ein hochmodernes Business-Intelligence-Analysetool, dem eine komplexe Nachhaltigkeitsperformance Datenbank und mehrere Rechenkerne zugrunde liegen.

Das Datenmodell der SoFi ermöglicht die Berechnung von Indikatoren, bei denen Daten beliebig miteinander in Beziehung gesetzt werden können, wodurch zusätzliche Erkenntnisse generiert werden. Neben der automatischen Umrechnung von Einheiten ist auch eine automatische Berechnung von Treibhausgasemissionen auf Basis der SoFi-Impact-Bibliothek möglich. Die SoFi-Impact-Bibliothek enthält alle Umrechnungsfaktoren zur Kalkulation von Treibhausgasemissionen. Sie beinhaltet u. a. die komplette Zeitreihe der Emissionen der Greenhouse-Gas(GHG)-Protokolle und zahlreicher weiterer Quellen wie dem Department for Environment, Food and Rural Affairs (Defra), dem Verein für Umweltmanagement und Nachhaltigkeit in Finanzinstituten e. V. (VfU), von GaBi, der Internationalen Energieagentur (IEA), der L'Agence de l'environnement et de la maîtrise de l'énergie (Ademe) und vielen anderen. Die Datenbank ist entsprechend der GHG-Protocol-Richtlinien in die drei Bereiche Scope 1, Scope 2 und Scope 3 aufgeteilt. Zudem sind standortabhängige Elektrizitätsfaktoren für 33 Länder verfügbar. Darüber hinaus können Kunden ihre eigenen Emissionsfaktoren definieren und deren Zuordnung sowie deren Gültigkeit in der Bibliothek verwalten.

Analysen können von einem entsprechend berechtigten User für jedes Hierarchielevel und jede Position erstellt werden. Einzelne Charts werden per Drag-and-drop-Funktion aufgesetzt, sodass Daten präzise ausgewählt und gefiltert werden können. Charts und Tabellen sind interaktiv, sodass der Anwender auch nach der Erstellung Elemente neu zuordnen, ein- und ausschalten oder dynamische Drill-downs durchführen kann. Run-time-

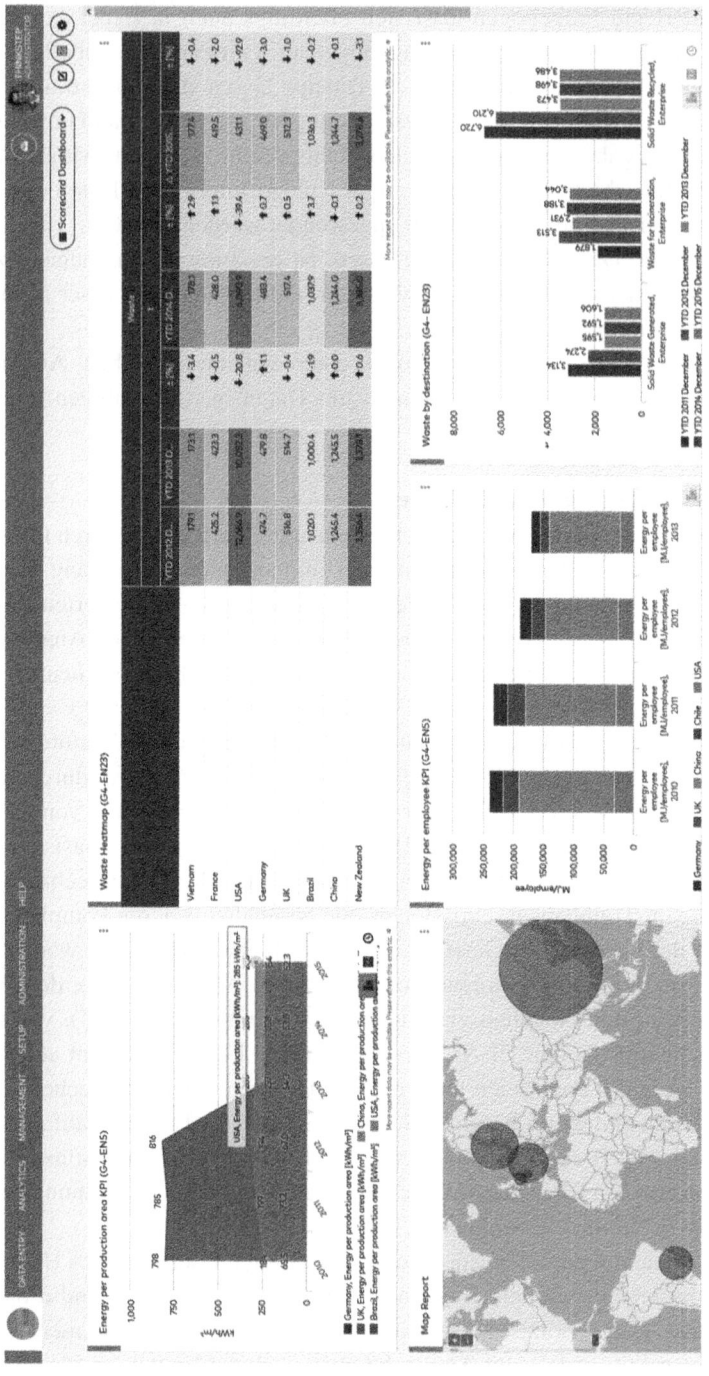

Abb. 1 Verschiedene Visualisierungsmöglichkeiten von ausgewerteten Daten in SoFi

Postprozessoren ermöglichen verschiedene Analysefunktionalitäten wie Normalisierung, Berechnung von Abweichungen und die Erzeugung von Heatmaps.

Der Nutzer kann auf viele verschiedene Visualisierungsmöglichkeiten zugreifen (Abb. 1), quantitative Auswertungen können z. B. in vielen verschiedenen Diagramm-typen dargestellt werden. Zum einen sind Standarddiagrammtypen, wie Liniendiagramme und Balkendiagramme verfügbar, zum anderen können aber auch erweiterte Auswer-tungsformen wie etwa Heatmaps, Bubble-Diagramme, Geo-Berichte oder Radar-Charts in verschiedenen Ausprägungen genutzt werden.

Auch für qualitative Auswertungen gibt es eine Vielzahl an Visualisierungsmöglich-keiten. So können Multiple-Choice-Fragen z. B. über Gewichtungen in einer Score-Card ausgewertet werden.

Alle Visualisierungen passen sich der Browserfenstergröße automatisch an, um die aus-gewählten Daten bestmöglich darzustellen. Einzelne Grafiken können einfach und sicher geteilt werden, für interne oder externe Dashboards in Portlets umgewandelt oder für Au-ditzwecke archiviert werden.

2.3.4 Berichterstattung

Einzelne Daten und Analysen lassen sich nun auf verschiedene Arten für die Bericht-serstattung nutzen. Mehrere Analysen können z. B. zu einem Report zusammengefügt werden, der entweder mit anderen Usern geteilt oder in gängige Formate exportiert wer-den kann.

Mit dem integrierten Disclosure-Management-Modul ist zudem eine standardisierte Berichtserstattung nach wichtigen Nachhaltigkeitsstandards möglich. So sind etwa Vor-lagen zu Global Reporting Inititiative (GRI) G4 (deutsch/englisch), GRI-Standards, Car-bon Disclosure Project (CDP; 2015/2016/2017), Dow Jones Sustainability Index (DJSI; DRG), Global Real Estate Sustainability Benchmark (GRESB; Surveys 2015/2016), Sus-tainability Accounting Standards Board (SASB; Hardware/Metals and Mining/Software and IT) standardmäßig verfügbar. Jedes beliebige weitere Berichtsformat kann im Zug der Implementierung hinzugefügt werden. Die genannten Standardvorlagen werden mit Erscheinen einer neuen Version auch in SoFi zeitnah aktualisiert.

SoFi zeigt die Berichtsstandards in der Struktur des jeweiligen Standards. Zunächst werden Standort und Berichtszeitraum vorausgewählt, was sich direkt auf die genutzten Analysen und Datensätze auswirkt. In die einzelnen Fragen dieses Standards können sämt-liche, bereits über die SoFi-Positionsstruktur erfassten Daten einfach über eine Drag-and-drop-Funktion übernommen werden. Dies können entweder Positionswerte (z. B. Ener-gieverbrauch) oder Analyseergebnisse einer der gespeicherten Analysevorlagen sein (z. B. Grafik oder Tabelle zum Energieverbrauch der letzten drei Jahre).

Sobald das Disclosure zu einem Standard erstellt wurde, können diese Angaben in den Folgejahren genutzt und gegebenenfalls zuvor editiert werden. Ferner können Antworten aus einem Bericht über eine Vorschlagsfunktion in ähnliche Fragen eines anderen Stan-dards übernommen werden. Berichte können jederzeit in einer Vorschau angezeigt oder nach Word exportiert werden.

2.3.5 Diagnose

Neben der bloßen Berichterstattung möchten Unternehmen die gesammelten und aggregierten Daten auch zur Verbesserung ihrer Nachhaltigkeitsperformance nutzen. Um erst
einmal die aktuelle Situation zu beurteilen und eine Diagnose zu stellen, gibt es verschiedene Ansätze. So können in SoFi z. B. Regressionsanalysen durchgeführt werden, um
Zusammenhänge zwischen Parametern zu erkennen und verlässliche Vorhersagen über
zukünftige Verbräuche treffen zu können. Ein häufig genutzter Ansatz ist auch, durch
Vergleiche Rückschlüsse auf die eigene Situation zu ziehen, also ein Benchmarking durchzuführen.

Neben der Möglichkeit eines Benchmarkings gegen eigene Assets verfügt SoFi über
eine Benchmarkingbibliothek, sodass Benchmarking gegen eine spezifische Unterneh-
mensbranche ermöglicht wird. Die Daten hierzu bezieht thinkstep von Gremien wie der
US Energiebehörde, der Europäischen Kommission, der Europäischen Umweltagentur
oder dem CDP. Darüber hinaus integriert thinkstep Inhalte aus der unternehmenseigenen
Datenbank. Diese Datenbank enthält Rohdaten wie Stromverbrauch, Wasserverbrauch,
Abfall und auch Key-Performance-Indicator-basierte Rohdaten wie z. B. Stromver-
brauch/Mitarbeiter.

2.3.6 Strategien, Maßnahmen und Erfolgsüberwachung

Abhängig von den Resultaten der vorangegangenen Diagnose werden Strategien entwickelt, um die Leistung in verschiedenen Punkten zu verbessern. Dazu gehören die Festlegung von Zielen und die Entwicklung von Maßnahmen, um diese Ziele zu erreichen.
Dies funktioniert mit beliebigen Themen und auf jeder Organisationsebene. Maßnahmen werden mit ihrer Kostenstruktur und den erwarteten Auswirkungen abgebildet. So
sind aussagekräftige Vorhersagen und Return-on-Investment-Betrachtungen zur Priorisierung möglich. Die Ergebnisse der Strategieentwicklung führen zu einem kosteneffizienten
Maßnahmenplan, der standortspezifisch in der ganzen Organisation ausgerollt und den
verantwortlichen Nutzern zugeordnet werden kann.

Sobald die Maßnahmen beschlossen und umgesetzt werden, ist eine Überwachung
(Zeitreihenanalyse, Zielerreichungsgrad) notwendig, um die Erfüllung der entsprechenden Erwartungen zu überprüfen. Hier bietet SoFi verschiedene Funktionen, um Maßnahmen zu planen, nachzuverfolgen, auszuwerten und deren Wirkung auf verschiedene Ziele
zu prüfen.

2.4 Anwendungsbereiche

Neben Berichtserstattung und Performance-Management gibt es noch einige andere An-
wendungsbereiche, auf die SoFi speziell zugeschnitten ist. Drei der meist genutzten werden im Folgenden dargestellt.

2.4.1 Supply-Chain-Management

Von Unternehmen wird zunehmend erwartet, Verantwortung für ihre gesamte Lieferkette zu übernehmen, sowohl für vorgelagerte Operationen als auch für den weiteren Weg ihrer Produkte und Dienstleistungen. SoFi hilft Unternehmen nicht nur dabei den Fußabdruck ihrer Lieferkette zu verstehen, sondern schafft auch die Grundlage für vollständige Lieferantenbewertungen, Sozialaudits und Produktbefragungen. Die Bewertung und das Benchmarking von Lieferanten und deren Geschäftspraktiken sowie nachfolgende, verbessernde Maßnahmen führen letztendlich zu geringeren Risiken und einem höheren Markenwert.

SoFi bietet die Möglichkeit, Score-Cards anzulegen, die entsprechend der angewandten Bewertungsschemata angepasst werden können. Beispielsweise können Heatmaps genutzt werden, um schlecht abschneidende Zulieferer zu identifizieren. Diese können zudem auf eine Sperrliste gesetzt werden. Nicht nur quantitative Daten sind für die Lieferantenbewertung relevant. Es besteht die Möglichkeit, qualitative Single- oder Multiple-Choice-Fragen in den Fragebogen zu integrieren, der an den Lieferanten versandt wird. Die Antworten können entsprechend gewichtet werden und dann in das Scoring einfließen.

Der Materialverbrauch für eingekaufte Güter und Dienstleistungen sowie umwelttechnische Einflüsse können über die in der SoFi-Impact-Datenbank hinterlegten Faktoren kalkuliert werden. Hierüber ist es Unternehmen möglich, kritische Elemente, Gefahrenpotenziale und die Auswirkung von Austauschentscheidungen zu identifizieren.

Über das rollenbasierte Berechtigungssystem in SoFi kann das System Lieferanten leicht zugänglich gemacht werden. Neben den auszufüllenden Fragebögen können dadurch auch Dashboards mit Performance-Informationen mit den Zulieferern geteilt werden.

2.4.2 Energiemanagement

Auch das Energiemanagement bietet in vielen Unternehmen noch Verbesserungsspielraum. Oft sind hier an verschiedenen Standorten unterschiedliche Systeme im Einsatz und es gibt keine einheitlichen Datenstrukturen. Dabei verbirgt sich gerade hier ein großes Einsparpotenzial von Ressourcen, aber auch von finanziellen Mitteln.

Automatisierte Datenerfassung und definierte Arbeitsabläufe können dabei helfen, die Entwicklung des Energieverbrauchs zu messen und Einsparpotenziale zu identifizieren. Aufseiten der automatischen Datenerfassung besteht in SoFi z. B. die Möglichkeit, Energierechnungen über den Drittanbieter URJANET automatisch in das System einzuspielen und so den Erfassungsaufwand drastisch zu verringern. Auch die automatische Anbindung an Gebäudemanagement- und Enterprise-Resource-Planning(ERP)-Systemen ist an dieser Stelle eine Option.

Verbrauchsanalysen auf der Basis von Key Performance Indikatoren und Verbrauchsvorhersagen machen es möglich, wesentliche Verbrauchsbereiche und -faktoren zu identifizieren und die Auswirkung von unterschiedlichen Einsparungsmaßnahmen zu kalkulieren (Abb. 2).

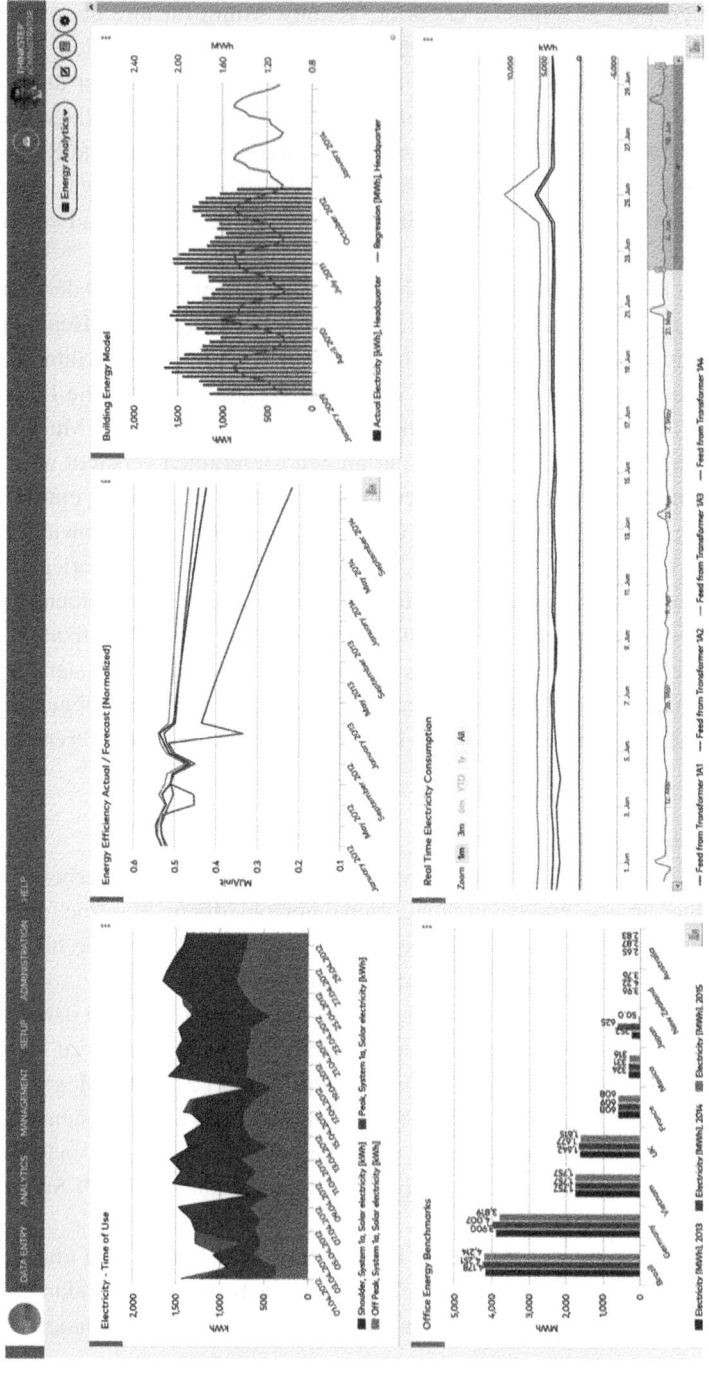

Abb. 2 Beispielhaftes Dashboard zur Unterstützung des Energiemanagements

Dadurch kann der Energieverbrauch effizient verwaltet werden und es entsteht eine verlässliche Datengrundlage zur Unterstützung bei Entscheidungen.

2.4.3 Environmental Health and Safety

Auditmanagement Mit SoFi können interne und externe Audits für das Energie- und Umweltmanagement nach ISO 50001 und ISO 14001 bzw. EMAS unterstützt werden. Mit dem integrierten Auditmanagement werden die Audits geplant, vorbereitet, begleitet, Korrekturmaßnahmen initiiert und verfolgt, Ergebnisse ausgewertet und protokolliert.

Relevante Dokumente und Formblätter werden in Audits verwaltet, ebenso wie beliebige Notizen. Typische Checklisten stehen als Fragebögen zur Verfügung. Bei der Beantwortung der Fragebögen können Antworten kommentiert und auch durch Dateianhänge ergänzt werden. Bei Verbesserungspotenzial ermöglicht SoFi ad-hoc die Initiierung einer Korrekturmaßnahme inklusive Zuordnung von Verantwortlichkeiten und einer Terminierung für die Umsetzung (Abb. 3).

Standardauswertungen sind bereits vordefiniert, individuelle Erweiterungen jederzeit möglich. Beim optionalen Einsatz der Module für das Performance-Management können komplexere Berichte, wie z. B. ein Energieplan, erstellt werden.

Incident Reporting Der in SoFi integrierte Incident-Reporter vereinfacht es, Zwischenfälle im Unternehmen zu erfassen, zu verfolgen und die resultierenden Korrekturmaßnahmen zu managen. Eine transparente Nachverfolgung wird durch ein intuitives Webformular, das jederzeit ad-hoc ausgefüllt werden kann, ermöglicht. Zusätzliche Informationen wie Bilder oder Nachweise können durch Kommentare und Anhänge hinzugefügt werden.

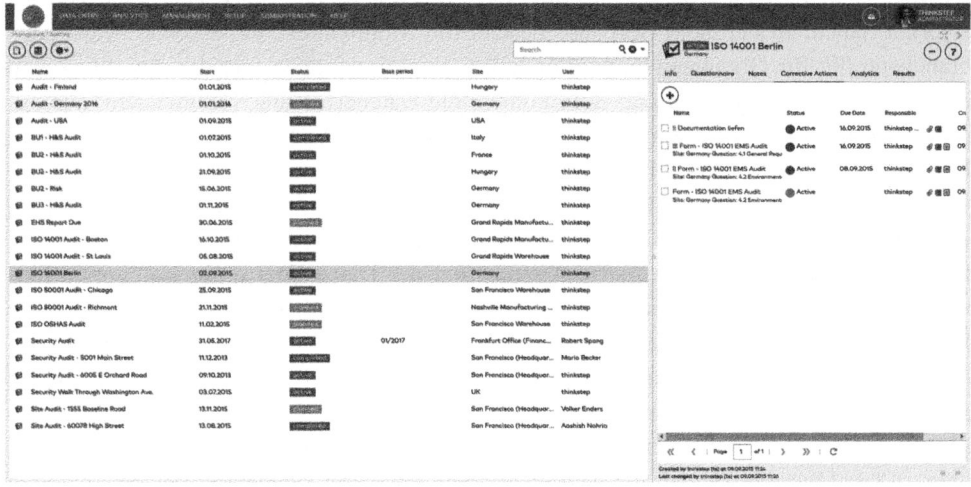

Abb. 3 Das Auditmanagement in SoFi

Der Beantwortungsablauf im Webformular richtet sich nach den gegebenen Antworten. Im Incident-Reporter kann prinzipiell jeder Zwischenfall – von Compliance bis hin zu Arbeitsunfällen – erfasst werden.

Das Webformular lässt sich flexibel anpassen, sodass verschiedene behördliche oder interne Anforderungen, wie z. B. OSHA 3001/30, erfüllt werden können. Da der Incident-Reporter vollständig in die SoFi-Architektur integriert ist, können alle Funktionalitäten, z. B. die Erstellung von quantitativen oder qualitativen Auswertungen, genutzt werden. Zudem können vollständige Incident-Reports, Evaluationen und Score-Cards automatisch generiert und für externe Stakeholder auch in gängigen Formaten exportiert werden.

Während des Erfassens eines Zwischenfalls können Workflows, wie z. B. das Ausführen von Präventivmaßnahmen, eingeleitet werden, indem Aufgaben an verschiedene Nutzer übergeben werden. Aufgaben und Korrekturmaßnahmen können als Portlet auf einem Health-and-Safety-Dashboard angezeigt werden, das alle nötigen Aktionen, inklusive deren Status, Priorität, Fälligkeitsdatum und Anhängen, zeigt. Ampelmarkierungen zeigen den Status und Fortschritt der Aufgabe an. Zudem besteht die Möglichkeit, automatische Nachrichten an bestimmte Nutzer zu versenden, wenn eine Aufgabe eingestellt oder abgeschlossen wurde. Auch Erinnerungsnachrichten vor dem Fälligkeitsdatum lassen sich verschicken.

Water and Waste Water Da der steigende Wasserverbrauch in vielen stark bevölkerten Regionen mit ausgeprägter Landwirtschaft sich weiterhin drastisch auf die Trinkwasserressourcen auswirkt, wird der verantwortungsvolle Umgang mit Trinkwasser immer entscheidender. Hierfür werden neue Strategien und Technologien entwickelt, deren Grundlage jedoch stets ein effizientes Wassermanagement darstellt.

Die Herausforderung des Wassermanagements besteht darin, dass Wasserdaten meist schwer zugänglich sind, da sie aufgrund der geringen Kosten meist auch eine geringe Priorität haben. In der SoFi-Software besteht die Möglichkeit, umfassende Wasserverbrauchsprofile für Organisationen zu erstellen. Funktionalitäten wie der Anschluss von automatischen Wasserzählern an SoFi können die Datenerfassung vereinfachen. Die aggregierten Informationen können auf der Basis von Key Performance Indikatoren, z. B. Produktionsraten, analysiert und bewertet werden.

Die verbreiteten ISO-Standardkategorien (Regen-, Grund- und Oberflächenwasser) sowie die Water-Footprint-Network-Kategorien (blau, grün, grau) können genutzt werden. Durch SoFi wird eine automatische Aggregation der Daten über diese Kategorien hinweg möglich, wodurch wesentliche Verbrauchsbereiche identifiziert werden können – die Basis für gezielte Gegenmaßnahmen. Des Weiteren ist es möglich, Parameter wie den chemischen Sauerstoffbedarf, den biochemischen Sauerstoffbedarf oder die Gesamtmenge an gelösten Feststoffen zu definieren und zu überwachen. Der SoFi-Flow-Rate-Aggregator kann aus diesen Daten die Verschmutzungswerte für einen bestimmten Zeitraum bestimmen, sodass Obergrenzen gesetzt werden können, bei deren Überschreitung Maßnahmen eingeleitet werden.

In SoFi besteht durch die LCA-Datenbank der GaBi-Lösung zudem die Möglichkeit, den virtuellen Wasserverbrauch zu errechnen, der in der vorgelagerten Produktionskette entsteht. Die LCA-Datenbank ist in der Impact-Bibliothek verfügbar.

Über das Metadatenkonzept von SoFi können Unternehmen jede Art von Wasseremissionen klassifizieren, definieren und kategorisieren. Dadurch können auch Wasser- und Abwasserregulatorien wie die EEC Urban Waste Water Treatment Directive, U.S. EPA Clean Water Act und viele mehr abgedeckt werden. Gestützt durch die erfassten Daten können Prozesse effektiv umgestaltet und Einsparungen ermöglicht werden.

2.5 (Daten)Sicherheit

2.5.1 Hosting

Für das Hosting der Anwendung gibt es zwei mögliche Anbieter. Zum einen kann der Kunde sich dafür entscheiden, sein System bei einem deutschen Anbieter mit Serverstandort Deutschland hosten zu lassen. Zum anderen arbeiten wir auch mit einem amerikanischen Hostinganbieter mit weltweiten Serverstandorten zusammen. Für beide Optionen gibt es sowohl die Möglichkeit eines dedizierten, als auch eines Shared-Hostings. Beide Hostinganbieter bieten darüber hinaus alle gängigen Sicherheitsstandards und -Zertifizierungen wie etwa ISO 27001.

2.5.2 System Protection

Zum Schutz des Systems werden umfangreichste Maßnahmen nach neusten Sicherheitsstandards ergriffen. Dazu gehören u. a. die Verschlüsselung aller Daten, umfassende Sicherheitslogs und regelmäßige Penetration-Tests, die nach Absprache auch vom Kunden selbst durchgeführt werden können.

3 Implementierung, Training und Support

Die umfassende SoFi-Basislösung ist für das Energie- und Umweltmanagement nach ISO 14001/50001 bzw. EMAS vorkonfiguriert und sofort einsetzbar. In den meisten Anwendungsfällen wird allerdings, in Zusammenarbeit mit dem Kunden, eine umfassende Implementierung vorgenommen. Der große Vorteil dieser Vorgehensweise ist, dass der Kunde von Anfang an mit einem System arbeiten kann, dass perfekt auf seine Bedürfnisse zugeschnitten ist. Die Implementationsmethodik folgt den gängigen Prozessphasen Analyse, Planung, Test und Anwendung.

Im Folgenden wird so ein Implementationsablauf exemplarisch beschrieben. In der Analysephase wird zunächst die bestehende Nachhaltigkeitslandschaft des jeweiligen Unternehmens betrachtet, um nachfolgend den Projektinhalt im Detail zu definieren. Danach beginnt die Designphase, während der das Rahmenkonzept für die Abbildung der Organisationsstruktur und der Datenparameter in der Software weiterentwickelt wird. Dieser

Prozess findet unter ständigem Austausch zwischen dem Kunden und dem thinkstep-Implementierungsteam statt. In der anschließenden Testphase wird ein Pilotserver aufgesetzt, auf dem der Kunde exemplarisch alle wichtigen Abläufe durchspielen kann. Am Ende der Testphase wird jegliches Feedback gesammelt und in die endgültige Lösung integriert. Die Anwendungsphase beinhaltet die Finalisierung des Systems sowie ein zweitägiges Administratorentraining und nachfolgend die Übergabe der fertigen Lösung an den Kunden. Ziel ist, dass der Kunde, in Einklang mit der thinkstep-Grundphilosophie, die SoFi-Software nach der Übergabe selbstständig administrieren kann. Auch nach der Fertigstellung der Implementierung besteht immer wieder die Möglichkeit eines Kundentrainings. Zudem bietet thinkstep seinen Kunden unbegrenzten technischen Support über Supporthotlines in Deutschland, USA, Neuseeland und Indien.

4 Kundenspektrum

Derzeit wird SoFi von über 200 internationalen Kunden genutzt. Darunter sind nahezu alle großen Branchen vertreten, wie z. B. Konsumgüter, Logistik, Energie, Produktion, Maschinenbau, Finanzen und Immobilien und Automotive vertreten. Dieses breite Kundenspektrum führt zu einem ausgeprägten Verständnis für Kundenbedürfnisse in verschiedenen Branchen und Ländern.

5 SoFi im Praxiseinsatz – Use Cases

5.1 Schüco

Die Schüco KG hat die SoFi-Software im Jahr 2015 eingeführt. Nachdem bei Schüco zuvor Daten in Tabellen und Informationen in Textdateien gesammelt und weiterverarbeitet wurden, bringen die Eigenschaften eines Datenbanksystems einen unglaublich großen Nutzen mit sich. Alle Daten sind nur einmal vorhanden und lassen sich beliebig kombinieren, auswerten und für verschiedene Zwecke verwenden. Außerdem können Key Performance Indicators und Benchmarks für den kontinuierlichen Verbesserungsprozess genutzt werden.

Das längerfristige Ziel ist, SoFi für das integrierte Managementsystem (IMS) und für die nichtfinanzielle Berichterstattung zu nutzen. Die integrierten Berichtsmöglichkeiten, sowohl für vorgefertigte als auch für Ad-hoc-Berichte, sind dabei ein großer Gewinn.

Das IMS besteht bei Schüco aus dem Qualitätsmanagement (QMS, ISO 9001), dem Umweltmanagement (UMS, ISO 14001), dem Energie- und Abfallmanagement, dem Corporate Carbon Footprint, dem Nachhaltigkeitsmanagement inklusive Berichterstattung nach GRI und der Arbeitssicherheit.

Die Nutzung von SoFi wurde mit der Datenerfassung für den Corporate Carbon Footprint begonnen, der auf dieser Basis auch verifiziert wird. Für den Carbon Footprint ist die

Bereitstellung und laufende Aktualisierung von Emissionsfaktoren in SoFi ebenso hilf-reich wie die Möglichkeit, eigene Faktorensätze zu pflegen. Diese Daten stellen bereits eine wichtige Grundlage für das Umwelt- und Energiemanagement sowie für den Nach-haltigkeitsbericht dar. Auch die Strukturen für die Berichterstattung nach GRI und für das Abfallmanagement sind bereits angelegt. Die Informations- und Datensammlung sowie deren Aufbereitung für den kommenden Nachhaltigkeitsbericht werden in SoFi erfolgen. Zudem wird momentan abschließend geprüft, ob SoFi auch im Bereich der Arbeitssicher-heit genutzt werden soll, wofür einige gute Argumente sprechen.

Die Möglichkeit zur Abbildung komplexer und umfangreicher Strukturen gepaart mit einer zeitlichen Einordnung und der Standortzuordnung birgt für jeden Anwendungsfall einen großen Nutzen.

Zurzeit werden die für SoFi bestimmten Daten zentral gesammelt, aufbereitet und importiert. Auch die Berichtsfunktionen werden bis jetzt nur zentral genutzt. Für den nächsten Nachhaltigkeitsbericht und die nächste Runde der Corporate-Carbon-Footprint-Ermittlung sollen die erforderlichen Daten und Informationen jedoch weitgehend dezen-tral von den beteiligten Fachabteilungen eingegeben werden. SoFi als Cloudanwendung erleichtert die dezentrale Nutzung und die mobile Datenerfassung. Dies gilt besonders für die begonnene Einbeziehung ausländischer Standorte.

Auch das differenzierte Berechtigungssystem in SoFi unterstüzt eine problemlose De-zentralisierung bestens. Zentral wird dann im Wesentlichen nur noch die rechtzeitige Dateneingabe nachgehalten und Qualitätssicherung betrieben. Damit sollen redundante Tätigkeiten vermieden werden. Außerdem rücken die Fachabteilungen damit näher an das System und seine Nutzungsmöglichkeiten wie die Berichtsfunktionen, die zukünftig von den interessierten Bereichen selbst genutzt werden sollen. Vom IMS-Team werden dann noch Ausbau und Weiterentwicklung des Systems sowie Anwenderschulung, Beratung und Support geleistet. Zukünftig wird Schüco voraussichtlich das Angebot zur modularen Erweiterung des Systems nutzen.

5.2 BRITA

BRITA hat die SoFi-Software im Jahr 2014 mit dem Ziel eingeführt, den CO_2-Fußabdruck des Unternehmens zu berechnen. Mit SoFi baut BRITA schrittweise und flexibel ein stan-dardisiertes Nachhaltigkeitsreporting auf, das auf die unterschiedlichen Bedürfnisse der jeweiligen Standorte zugeschnitten ist. Die Möglichkeit, die Datenerfassung standortspe-zifisch und individuell zu gestalten, etwa bei den Erfassungsperioden oder -positionen, ist ein großer Vorteil für BRITA. Die Reportinggrundlagen und Informationstiefe variieren stark zwischen den verschiedenen Standorten, deshalb ist es sehr gut, dass das System diese Variablen einfach darstellen kann.

Inzwischen sind in SoFi über 20 BRITA-Tochtergesellschaften abgebildet, teilweise mit mehreren Standorten oder Liegenschaften. Das Reporting wächst also nach und nach in Qualität und Komplexität zusammen mit den Strukturen, die BRITA aufbaut, ohne dabei die Tochtergesellschaften und Datenerfasser zu überfordern. Aktuell ist pro Standort ein Datenerfasser festgelegt, der alle Informationen zentral sammelt und dann in das System einträgt.

Anfangs wurden hauptsächlich CO_2-relevante Daten wie Strom-, Gas- oder Treibstoffverbräuche ermittelt, dazu Informationen über Dienstreisen, wie etwa Distanzen von Flug-, Zug- und Mietwagenreisen, die für Scope-3-Emissionen relevant sind. Außerdem werden eingekaufte Mengen relevanter Rohstoffe in SoFi erfasst. Alle Datenpunkte sind, sofern für den Carbon Footprint relevant, mit verifizierten CO_2-Faktoren hinterlegt, sodass die Menge an generierten Emissionen direkt aus SoFi heraus berechnet werden kann. Die SoFi-Reports werden vom Nachhaltigkeitsmanager bzw. SoFi-Administrator erstellt und sind dann Grundlage für die Verifizierung des BRITA Carbon Footprint durch eine Wirtschaftsprüfungsgesellschaft.

Dabei ist es für BRITA sehr hilfreich, dass SoFi es ermöglicht, die Kriterien externer Auditoren bzw. internationaler Standards, wie z. B. des GHG Protocol, in Bezug auf Datenqualität, Dokumentation und Validierung unkompliziert zu erfüllen. Besonders nützlich ist u. a. die Möglichkeit, Dokumente oder Kommentare anzufügen.

Inzwischen wurde die Datenerfassung ausgeweitet und ein breiteres Nachhaltigkeitsreporting aufgebaut. Erfasst werden nun auch Wasser- und Abwasserverbräuche, Abfallmengen und Daten zum Thema Arbeitssicherheit. Derzeit wird überlegt, ob zusätzlich regelmäßige Abfragen oder auch Self-Assessments der Standorte über SoFi durchgeführt werden können.

Eine große Stärke der Software ist die aufgeräumte Benutzeroberfläche, die die Datenerfassung sehr einfach macht. Im Vergleich zu anderen datenbankbasierten Anwendungen sind die Eingabemasken klar strukturiert und an vielen Stellen selbsterklärend. Dies ermöglicht auch weniger softwareversierten Usern eine unkomplizierte Datenerfassung – gerade an kleinen Standorten mit wenig Personalressourcen ist das ein wichtiger Aspekt.

Nachdem die Daten vom jeweiligen Datenerfasser an den unterschiedlichen Standorten eingetragen wurden, nutzt der Nachhaltigkeitsmanager die Auswertungen, um an die Geschäftsführung zu berichten. Durch die vielseitigen Auswertungsmöglichkeiten der Daten können zudem die Informationsanforderungen verschiedener interner Stakeholder ohne großen Aufwand bedient werden.

BRITA erwartet, dass die Anwendung von SoFi in den nächsten Jahren weiter ausgebaut wird. Zum Beispiel könnte mit der Etablierung fester Reportingstrukturen eine SoFi-Nutzung auch für lokale Standortmanager, Werksleiter oder Umweltbeauftragte an den Produktionsstätten von Interesse werden. Nicht zuletzt wegen der flexiblen Anwenderstruktur ist BRITA froh, sich für diese Software entschieden zu haben.

5.3   HOCHTIEF Aktiengesellschaft

Die Software SoFi wird beim internationalen Baukonzern HOCHTIEF seit 2014 als Tool der Corporate-Responsibility- und Nachhaltigkeitsberichterstattung eingesetzt und zu einem konzernweiten Instrument ausgebaut. Die Datenerhebung spiegelt das Nachhaltigkeitsverständnis von HOCHTIEF wider: die Vereinbarkeit von Ökonomie, Ökologie und Sozialem. Dementsprechend münden qualitative und quantitative Daten aller drei Säulen in der SoFi-Software, darunter Mitarbeiter- und Arbeitssicherheitszahlen sowie Indikatoren und Kenngrößen aus den Bereichen Einkauf, Produkte und Dienstleistungen, Umwelt und Gesellschaft. Dieses heterogene Themenspektrum erfordert die Informations- und Datenerfassung sowohl in der Breite durch zentrale bzw. übergeordnete Fachabteilungen als auch in der Tiefe durch operative Einheiten. Dazu wurden Datenerfasser zentraler Konzern- und Fachabteilungen ebenso wie lokaler operativer Einheiten identifiziert und geschult.

Ziel des Einsatzes von SoFi ist es, sicherzustellen, dass Anforderungen der Konzernberichterstattung, des aktiven Nachhaltigkeitsmanagements sowie praxisnaher und operativer Nachhaltigkeitsfragestellungen miteinander verschmelzen. Hierzu bietet SoFi eine skalierbare Basis. Durch individuelle Konfiguration lassen sich maßgeschneiderte Lösungen realisieren.

Durch die internationale Präsenz von HOCHTIEF in den Märkten Nordamerika, Asien-Pazifik und Europa ist der geographische Konsolidierungskreis divers – dies äußert sich auch in unterschiedlichen Messgrößen, Währungen etc. Die internationale Funktionalität der SoFi-Software erlaubt es, Daten in den lokal üblichen Einheiten zu erfassen und sie im zweiten Schritt für eine einheitliche Konsolidierung auf HOCHTIEF-Konzernebene zu harmonisieren.

Dr. Johannes Gediga hat über 16 Jahre Erfahrung als Berater im Bereich Nachhaltigkeit, Umweltanalysen und Verbesserungspotenziale in unterschiedlichen Bereichen mit Schwerpunkt auf Bergbau- und Metallindustrie. Seit über neun Jahren ist er teilweise und seit 2013 hauptsächlich mit dem Vertrieb der Unternehmenssoftware SoFi vertraut.

Johannes Gediga ist von Ausbildungsseite Dr. der chemischen Verfahrenstechnik mit einem Diplom in Luft- und Raumfahrttechnik.

Matthias Münzing hat über acht Jahre Erfahrung im Bereich Nachhaltigkeitslösungen und -software. Als Director Corporate Sustainability Solutions bei der thinkstep AG ist er für die SoFi-Softwarelösung bei thinkstep verantwortlich. Davor hatte er verschiedene Rollen im Rahmen der SoFi-Softwarelösung bei thinkstep: er war Produktmanager der SoFi-Lösung, hatte Vertriebsverantwortung für den Finanz- und Real-Estate-Sektor und arbeitete als Consultant im Bereich unternehmerische Nachhaltigkeit.

Matthias Münzing hat einen Masterabschluss der TU München in Ressourcenmanagement und einen Bachelorabschluss der Universität Konstanz in Public Policy und Management.

Miriam Valkenberg ist seit 2017 bei thinkstep als Solution Engineer tätig. Sie absolvierte ein Studium der Wirtschaftspsychologie mit den Schwerpunkten Consulting und Marktforschung an der Hochschule für Technik in Stuttgart. Zudem sammelte sie Berufserfahrung in den Bereichen webbasierte Softwarelösungen und Business Intelligence.

Meike Rapp ist seit Januar 2016 als Manager Sustainability bei BRITA verantwortlich für die Umsetzung und Weiterentwicklung des BRITA-Corporate-Responsibility-Programms. Zu ihren Aufgaben gehören der Ausbau des weltweiten Reporting-Systems, das BRITA-Carbon-Management sowie die interne und externe Corporate-Responsibility-Kommunikation. Gemeinsam mit zahlreichen Fachabteilungen erarbeitet sie Lösungsansätze für Fragestellungen zu Themen der Nachhaltigkeit, die von Stakeholdern an das Unternehmen herangetragen werden.

Meike Rapp war mehrere Jahre als Berater tätig und entwickelte Nachhaltigkeitsstrategien und -programme für mittelständische Unternehmen. Neben einem MBA in Global Management besitzt sie praktische Erfahrung als Projektmanager im Bereich Ressourcen- und Prozesseffizienz in verschiedenen mittelständischen Unternehmen.

Jörg Warning ist seit 2016 Projektmanager für Nachhaltigkeit bei Schüco. Zuvor war er 18 Jahre lang als Inhouse-SAP-Berater tätig, zuletzt bei Schüco, wo er parallel zur Arbeit als SAP-Berater im Klimaschutz bei Schüco mitarbeitete.

Zudem leitete er mehrere Jahre Projekte in der ökologisch orientierten Dorf- und Regionalentwicklung. Er absolvierte ein Studium der Biologie mit dem Schwerpunkt Angewandte Ökologie.

Michael Kölzer ist seit 2012 beim internationalen Baukonzern HOCHTIEF in der Konzernzentrale in Essen tätig. Zunächst in der Strategieabteilung, übernahm er 2014 die Position des Koordinators Corporate Responsibility im HOCHTIEF-Konzern. In dieser Funktion ist er für die strategische Umsetzung und das Management des Themas Corporate Responsibility und Nachhaltigkeit verantwortlich. Michael Kölzer hält einen Master of Science in International Business an der Universität Maastricht in den Niederlanden.

Verso – accelerating sustainable change – die Software für Nachhaltigkeitsmanagement

Florian Holl, Andreas Maslo, Daria Hassan und Marcel Wolsing

1 Über Verso

1.1 Unternehmensvorstellung

Verso ist eine Business-to-Business(B2B)-Software-as-a-Service(SaaS)-Lösung für interaktives und effizientes Nachhaltigkeitsmanagement und bietet eine passende Softwareversion für jede Unternehmensgröße jeder Branche an. Intuitive Eingabemasken für Maßnahmen und Kennzahlen, verständliche Leitfäden sowie übersichtliche Dashboards und ein nutzerzentriertes Design erleichtern das Informationsmanagement. Zudem unterstützen automatisierte Prozesse und integrierte Funktionen eine zielgerichtete Stakeholderkommunikation sowie die Nachhaltigkeitsberichterstattung. Dabei erfüllen wir höchste Sicherheitsstandards und hosten die kompletten Daten unserer Kunden aus dem Raum Deutschland, Österreich und Schweiz (DACH) auf Servern in Deutschland.

F. Holl (✉) · A. Maslo
Verso Central Europe GmbH
München, Deutschland
E-Mail: florian.holl@verso.de

A. Maslo
E-Mail: andreas.maslo@verso.de

D. Hassan · M. Wolsing
Entega AG
Darmstadt, Deutschland
E-Mail: daria.hassan@entega.ag

M. Wolsing
E-Mail: Marcel.Wolsing@entega.ag

© Springer-Verlag GmbH Deutschland, ein Teil von Springer Nature 2018
G. Weber und M. Bodemann (Hrsg.), *CSR und Nachhaltigkeitssoftware*,
Management-Reihe Corporate Social Responsibility,
https://doi.org/10.1007/978-3-662-57307-5_12

1.2 Verso damals und heute

Die Idee zu Verso wird eines Abends im Jahr 2007 am Waikiki Beach in Honolulu, Hawaii geboren. Bei einem Kaffee am Strand wird den späteren Gründern bewusst, dass es kaum möglich ist, Informationen über die Herkunft und die Produktionskette dieses Kaffees zu finden. Aus diesem Problem entsteht 2010 ein Unternehmen: Verso wird gegründet. Schon bald nutzen die ersten kleinen Unternehmen die Verso-Software. Einige davon bis heute.

War Verso in den ersten Jahren zu 100 % durch Eigenkapital finanziert, profitieren die Kunden von Verso inzwischen durch schnellere Entwicklung des Systems, die auch durch EU-Fördermittel möglich gemacht wird. Heute ist Verso ein Unternehmen mit Kunden verteilt über die DACH-Region, Skandinavien bis hin zu den Vereinigten Arabischen Emiraten. Unsere Büros befinden sich in Turku (Finnland) und München.

1.3 Unser Selbstverständnis

Wir wollen der Partner für Unternehmen sein, die ihre unternehmerische Zukunft verantwortungsvoll gestalten möchten. So tragen wir zu einer nachhaltigen und lebenswerten Zukunft auf unserem Planeten bei. Deshalb geben wir Unternehmen digitale Werkzeuge an die Hand, um Transparenz, Dialog und nachhaltige Veränderung zu fördern. So möchten wir die global führende digitale Plattform für Nachhaltigkeitsmanagement werden. Dabei verstehen wir uns als verlässlicher und impulsgebender Partner für unsere Kunden.

2 Produktvorstellung

2.1 Vorstellung Verso-Plattform

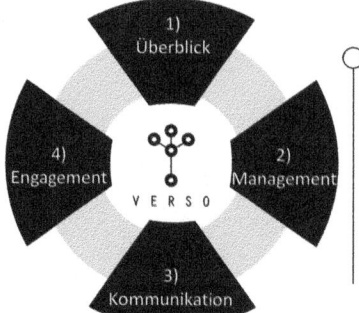

○ **Versos ganzheitliches Konzept**

1) Dashboards mit Echtzeitinformationen für den Überblick zum Status quo des Unternehmens in Sachen Nachhaltigkeit
2) Eine Plattform, um Nachhaltigkeit zu managen
3) Ermöglicht Kommunikation und Reporting an ausgewählte Stakeholder über ausgewählte Kanäle
4) Ermöglicht Stakeholderengagement

Eine Plattform, verschiedene Plattform Level. Sie wählen aus, welche Features Sie benötigen: egal welche Branche, egal welche Unternehmensgröße – Unternehmen verändern sich schnell und dynamisch. So passt sich auch unsere Plattform an die Bedürfnisse der Unternehmen an.

Verso Plattform Level

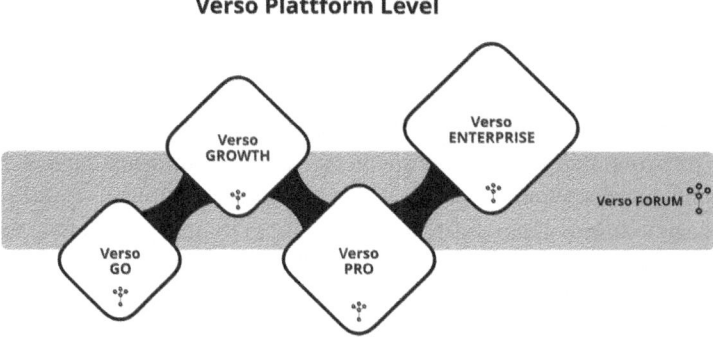

2.2   Funktionsumfang

Unsere Plattform wird stetig von unserem Team weiterentwickelt. Funktionen verbessern sich, werden erweitert und neu hinzugefügt. Auch spezielle Anforderungen von Unternehmen können in unserer Plattform abgebildet werden. Um optimale Prozesse in jedem Unternehmen zu ermöglichen, entwickeln wir ununterbrochen Schnittstellen zu gängigen anderen Systemen.

Daher werfen Sie doch am besten einen Blick auf unsere Website, um sich einen Überblick über die aktuellen Funktionen zu verschaffen: https://versoglobe.com/de/loesungen.

VERSO **GO**	VERSO **GROWTH**	VERSO **PRO**	VERSO **ENTERPRISE**	VERSO **FORUM**
Leichter Einstieg mit direkten Mehrwerten	Managen & Kommunizieren Ihrer Nachhaltigkeit	Interaktives, effizientes Nachhaltigkeitsmanagement	Maßgeschneiderte Lösung für Ihren Bedarf	Aktivierung wichtiger Stakeholder
30 Themenfelder	Go Features +	Growth Features +	Pro Features +	Gemeinsames Sammeln, Entwickeln und Teilen von Maßnahmen und Zielen
2 User	5 User + beliebig erweiterbar	10 User + beliebig erweiterbar	20 User + beliebig erweiterbar	Interne sowie externe Stakeholder können gezielt eingeladen werden
Hinterlegte Leitfäden	EU-Berichtspflicht konform (Richtlinie 2014/95/EU)	Persönliche Dashboards	Suchfunktion	Statistiken, Auswertungen und individuelle Nutzerprofile
Kennzahlen Modul	PDF-Export & Online Kommunikation	Kennzahlen Kalkulation	Erweitertes Kategorien Modul	Individuell und dynamisch gestaltbar
Online Kommunikation	Verschiedene Sprachversionen	Kategorien Modul	Historie	
	Ziele Management	Aufgaben Modul	Erweitertes Maßnahmen Modul	
		Bibliothek	Projekte Modul	
		GRI Standard	Summen Kalkulation	
		Maßnahmen Modul	Individueller Leitfaden Modul	

2.3 Anwendungsfälle

Verso ist flexibel, anpassbar und skalierbar. Dadurch kann es im Handumdrehen zur passenden Lösung für Ihren individuellen Bedarf gestaltet werden. In der Praxis kristallisieren sich zwei zentrale Anwendungsfälle besonders heraus.

2.3.1 Verso als Lösung für Nachhaltigkeitsreporting

Selbst ohne Vorkenntnisse können Sie mit Verso relevante Informationen sammeln, diese entsprechend zuordnen und freigeben. Unterstützt durch automatisierte Prozesse wird der Bericht visuell ansprechend auf Knopfdruck als PDF oder interaktive Website (Verso Profil) veröffentlicht. Zeitintensive Arbeiten für Layout und Design entfallen dabei weitestgehend. Da die Informationen anschließend weiter anpassbar sind, entsteht ein wertvoller Zusatznutzen für Ihre Kommunikation: Im zweiten Jahr brauchen Sie mit Ihrem Bericht nicht mehr bei Null anfangen, sondern können auf dem bestehenden Material ganz einfach aufbauen. Unsere Kunden melden uns hier eine immense Zeiteinsparung zurück.

2.3.2 Verso als Lösung für umfassendes Nachhaltigkeitsmanagement

Ziele setzen, Verantwortlichkeiten und Maßnahmen definieren, Kennzahlen erfassen und auswerten sowie übersichtliche Dashboards gestalten wird mit Verso spielerisch einfach. Auch die Einbindung und Verwaltung von diversen Standorten, Marken oder Business Units ist über das integrierte zentrale Rechtemanagement problemlos möglich. Vielfältige Möglichkeiten zur internen und externen Kommunikation unterstützen den Weiterentwicklungsprozess, den Dialog sowie die Sichtbarkeit der Corporate-Social-Responsibility(CSR)-Performance. Durch den schnellen Zugriff auf relevante Informationen erlangen Sie Kontrolle, schaffen die richtigen Entscheidungsgrundlagen und unterstützen den positiven Einfluss von CSR auf den wirtschaftlichen Unternehmenserfolg.

2.4 Geschwindigkeit, Server und Security

Als Verso-Nutzer haben Sie immer die volle Kontrolle über Ihre Daten. Bei unseren Rechenzentren und Dienstleistern verfolgen wir ein einfaches Kredo: Schnelligkeit und höchste Sicherheit. Unsere Server sowie unser Hosting für Kunden befinden sich ausschließlich in Europa, für Kunden der DACH-Region in Frankfurt.

Für die Sicherheit unserer Software sorgt dazu folgendes:

- Systemsicherheit gegen Web-Attacken
- Regelmäßige Backups und Backup bei Serverausfall
- Sichere Übertragung über SSL-Protokoll
- Kontinuierliche Sicherheitsupdates
- Physische Sicherheit mit diversen ISO-Zertifikaten (ISO 9001, 14001, 22301, 27001, 50001) und massiver Geländesicherung

Daneben ist uns wichtig, dass unsere Server umweltbewusst sind. So werden sie mit extrem energieeffizienten Verfahren und 100 % grünen Ressourcen betrieben.

Auch ein Security-Test vorab oder jederzeit während der Nutzungsperiode ist selbstverständlich möglich, um die hauseigenen IT-Sicherheitsansprüche zu gewährleisten.

Da Unternehmen oft spezielle IT-Standards haben, setzen wir uns für unsere Kunden direkt mit deren IT-Abteilungen in Kontakt und klären alle nötigen Details.

2.5 Transparentes Preismodell

Die SaaS-Lösungen von Verso werden als jährliche Lizenzen angeboten. Sämtliche Aufwendungen für Hosting, Updates, Security und Wartung (Maintenance) sind in der Lizenz inkludiert. Je nach Version sind zwischen 2 und 20 User im Preis enthalten, weitere können nach Bedarf hinzugebucht werden.

Workshops, User-Trainings, Consulting und Support sowie individuelle Softwareentwicklungsleistungen werden nach Stunden abgerechnet. Bei sämtlichen Leistungen verspricht Verso eine faire und transparente Preisgestaltung vor und während der Zusammenarbeit. Das kleinste Softwarelevel Verso GO beginnt bei 2500 € pro Jahr.

3   Es geht los! Onboarding mit Verso

3.1   Nachhaltiger Prozess mit der Verso-Roadmap

Start

Verso Zugang wird aktiviert

Verso funktioniert über Ihren Browser, so dass keine firmeninternen IT-Ressourcen erforderlich sind. Unser System kann innerhalb von Minuten verwendet werden.

Vorhandene Daten nutzen

Es kann mit vorhandenen Daten (z. B. vorheriger CSR-Bericht, Kennzahlen usw.) oder mit den integrierten Standards von Verso (z. B. GRI SRS) begonnen werden.

Im Team zusammenarbeiten

Definieren Sie Ziele und Arbeitsweisen für einen effizienten Prozess und kommunizieren Sie direkt im System miteinander. Mit dem Rechtemanagement entscheiden Sie ganz einfach, wer im System welche Inhalte sehen oder bearbeiten kann.

Interne Kommunikation

CSR ist für die Talente in Ihrem Unternehmen ein wesentlicher Punkt. Informieren Sie über Verso alle Mitarbeiter und lassen Sie sich Feedback geben. So machen Sie Mitarbeiter zu Markenbotschaftern nach innen und außen.

Externe Kommunikation

Sei es ein Online-Nachhaltigkeitsprofil, das direkt aus Verso generiert wird, ein PDF-Bericht oder die Bereitstellung von Nachhaltigkeitsinformationen aus Verso für den Geschäftsbericht: Alles ist möglich und nur wenige Klicks entfernt.

3.2   Implementierung und Zugang

Ein maßgeblicher Vorteil unserer Software-as-a-Service (SaaS) Lösung ist, dass keinerlei Installationsaufwand nötig ist. Sie brauchen lediglich einen Internetzugang und Ihre Zugangsdaten, die Sie automatisch per E-Mail erhalten.

Alle gängigen Browser, wie z. B. Google Chrome, Firefox, Safari, Opera und Internet Explorer unterstützen Verso. So können Sie von überall aus auf Verso zugreifen: Egal ob im Homeoffice oder auf Geschäftsreise, unabhängig von Ihrem Endgerät – arbeiten Sie mit Verso auf Ihrem Desktop-PC, Laptop, Tablet oder Smartphone. Dabei werden Ihre Daten jederzeit sicher SSL-verschlüsselt übertragen. Vor der Implementierung von Verso sprechen wir gerne mit der IT-Abteilung Ihres Unternehmens sowie mit Datenschutzbeauftragten.

3.3   Integration bestehender Daten und Berichte

Bereits vor dem ersten Login erstellt Verso eine individualisierte Oberfläche für jeden Kunden. Hierfür werden sämtliche CSR-Informationen (Nachhaltigkeitsbericht, Umweltbroschüre, Mitarbeiterleitfaden, Audits etc.) von Ihnen unsortiert und unformatiert an die Verso-Nachhaltigkeitsexperten übergeben, um diese anschließend übersichtlich und strukturiert beim ersten Login im System wiederzufinden. Somit ist die Basis für Ihr Nachhaltigkeitsmanagement bereits vorhanden, sobald Sie sich das erste Mal einloggen.

3.4   Onboarding der Mitarbeiter

Seinen persönlichen Zugang erhält jeder Mitarbeiter über eine Aktivierungs-E-Mail.

Welche Verantwortlichkeiten und Rechte die einzelnen Mitarbeiter bekommen, wird vorab mit Verso festgelegt und in Userebenen (Administrator, Redakteur, Leser etc) festgehalten. Diese können jederzeit wieder vom Administrator geändert werden.

Das User Training für jede der Userebenen wird von Verso beim Kunden vor Ort durchgeführt. Seine bevorzugte Sprache kann jeder User im System selbst auswählen (Deutsch, Englisch, Finnisch).

4   Daten- und Informationsmanagement

4.1   Sammlung sämtlicher Nachhaltigkeitsinformationen

In den Bereichen Themen, Kennzahlen, Ziele und Maßnahmen können von jedem berechtigten User sämtliche Nachhaltigkeitsinformationen hochgeladen werden.

4.2 Dashboard

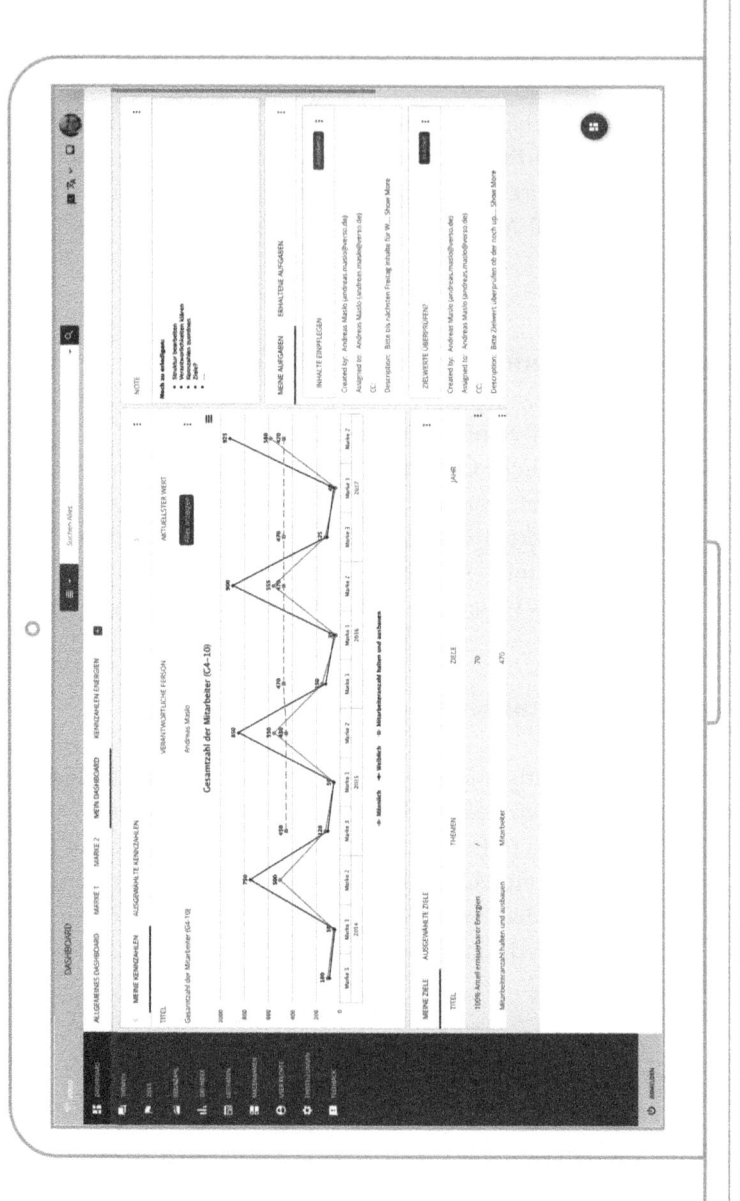

Im Verso Dashboard können beliebig viele Dashboards (z. B. für unterschiedliche Standorte oder Marken) angelegt und individualisiert werden. So kann jeder Mitarbeiter sich Ziele, Kennzahlen, Notizen, Tasks, Benachrichtigung und Themen in seinem Dashboard nach Bedarf anzeigen lassen. Daneben ist die Dashboard-Ansicht der zentrale Ausgangspunkt, um Informationen hinzuzufügen oder zu bearbeiten. Auch das Filtern nach Zuständigkeiten ist für jeden Mitarbeiter in seinem individuellen Dashboard möglich.

4.3　Themen

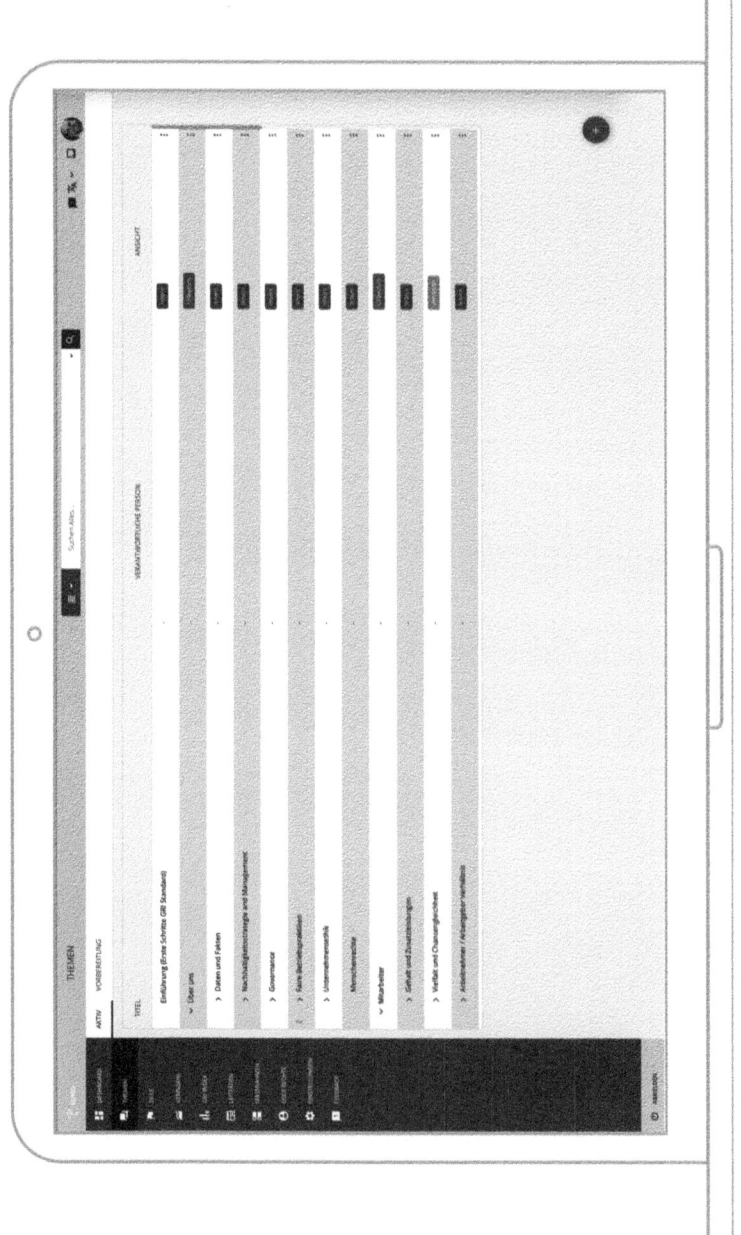

Im Bereich Themen hat jeder Verso Kunde eine Struktur vorgegeben, die sich am Global Reporting Initiative(GRI)-Standard orientiert. So spiegelt der Bereich typische Themen aus den Nachhaltigkeitsberichten wider: Unternehmensprofil, Mitarbeiter, Kunden, Umwelt, Gesellschaft, Geschäftspartner und vieles mehr. Diese sind mit einem Assistenten ausgestattet, der zu jedem Thema eine kurze Erklärung liefert. Die Themenstruktur kann je nach Bedarf beliebig verändert, bearbeitet oder erweitert werden.

4.4   Ziele

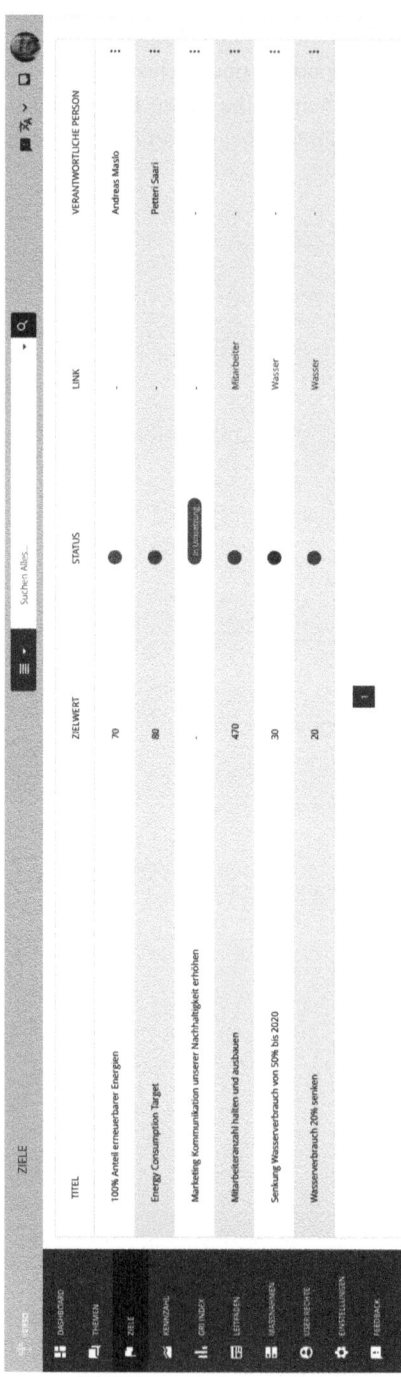

Der Ziele-Bereich vermittelt Ihnen auf den ersten Blick eine Übersicht über Status und Verantwortlichkeiten einzelner Nachhaltigkeitsziele. Mit einem Klick auf das jeweilige Ziel öffnet sich die Mehrjahresansicht, um die Zielerreichung auch mittel- bis langfristig einsehen zu können. Jedes einzelne Ziel kann darüber hinaus mit den Bereichen Themen und Kennzahlen verknüpft werden.

4.5   Suchfunktion

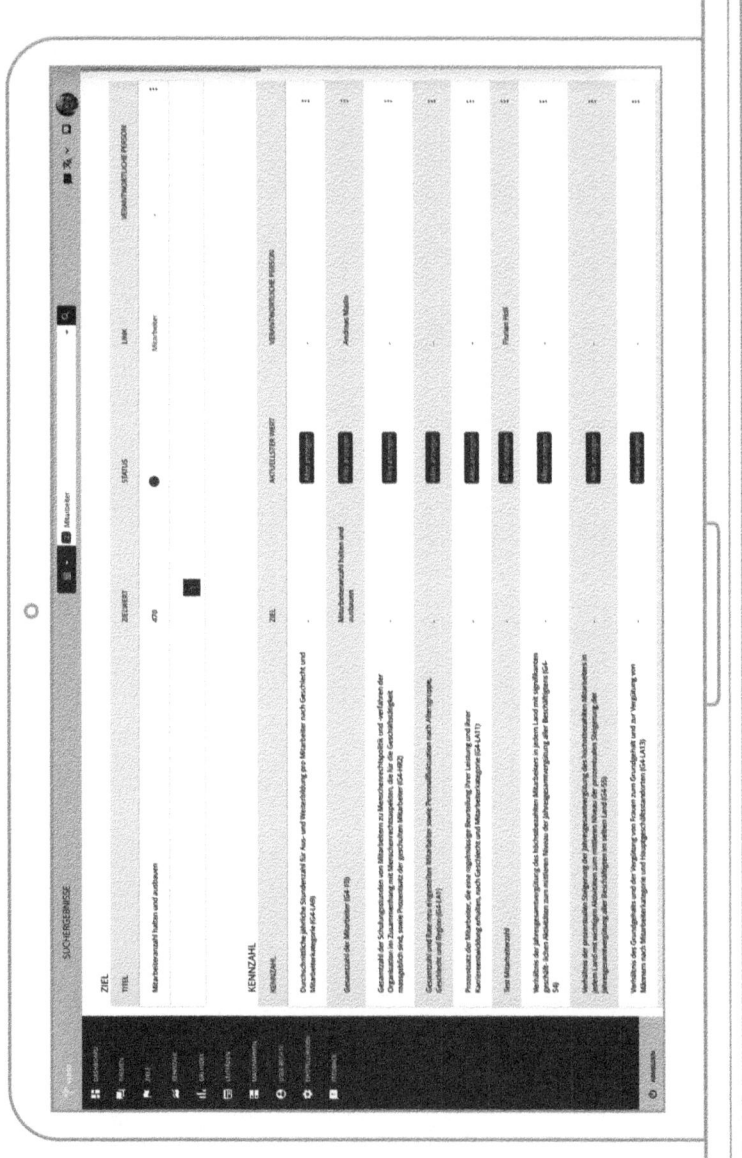

Wer kennt nicht das verzweifelte Durchforsten von E-Mails, Excel Tabellen oder gar den Ordnern im Schrank nach der jeweils gesuchten Information. Egal was im System Sie suchen: Kennzahl, Thema, Ziel oder User – die Suchfunktion (Freifeldsuche) findet es. Übersichtlich und schnell werden Ihnen die Ergebnisse präsentiert.

4.6 Kennzahlen

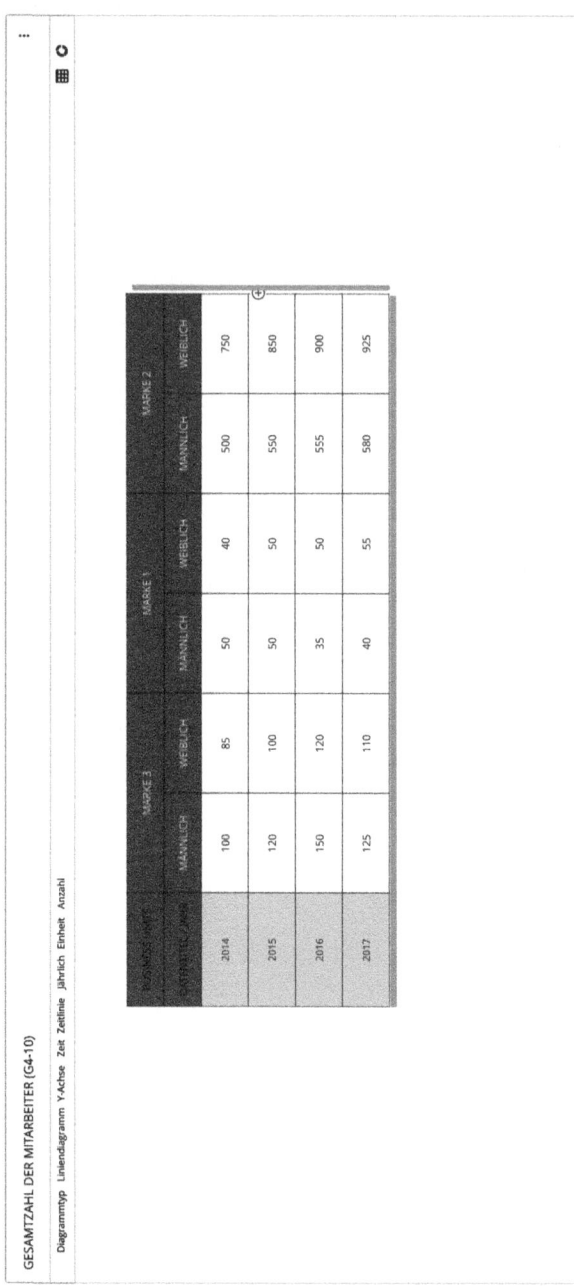

Hier finden Sie alle für den Bereich Nachhaltigkeit relevanten Kennzahlen an einem Ort. Direkt im „Kennzahlen"-Bereich können Sie schnell und einfach Summen, Kategorien oder Normierungen bilden.

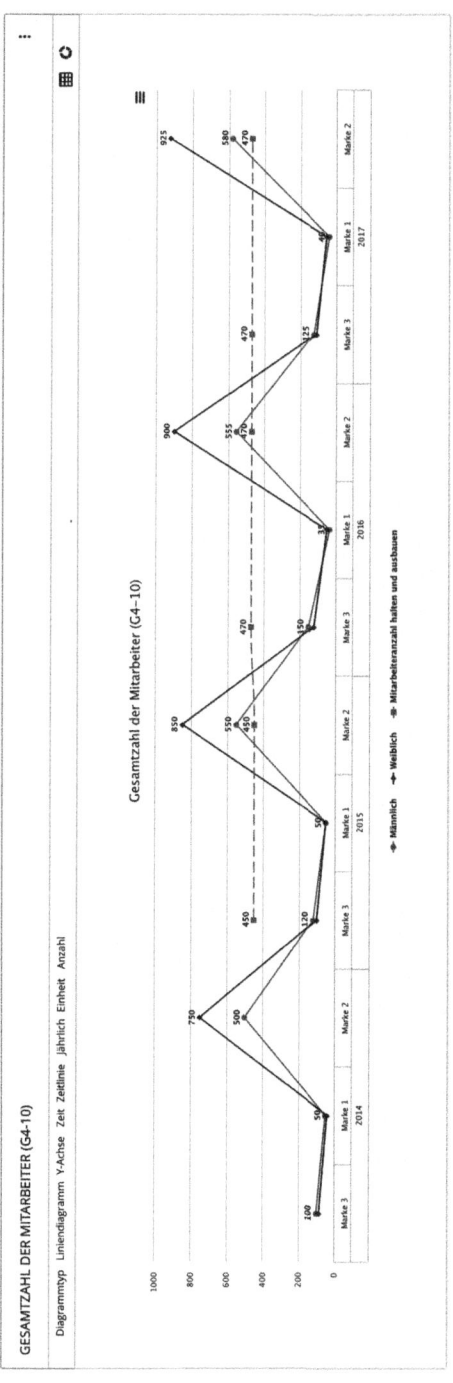

GESAMTZAHL DER MITARBEITER (G4-10)

Diagrammtyp: Liniendiagramm Y-Achse: Zeit Zeitlinie: jährlich Einheit: Anzahl

Filter: Marke 1, Marke 2, Marke 3 ▾

	MARKE 3		MARKE 1		MARKE 2	
	MÄNNLICH	WEIBLICH	MÄNNLICH	WEIBLICH	MÄNNLICH	WEIBLICH
2014	100	85	50	40	500	750
2015	120	100	50	50	550	850
2016	150	120	35	50	555	900
2017	125	110	40	55	580	925

Business Unit

Marke 1, Marke 2, Marke 3 ▾

Verantwortliche Person

User suchen

Alarm stellen

Einordnung signifikanter Veränderungen

Einordnung signifikanter Veränderungen...

KPI Scope

< LEITFADEN MASSNAHMEN NOTES HISTORIE ARBEITSMAPPE >

TOTAL NUMBER OF EMPLOYEES (G4-10)

Relevance

The size of a workforce provides insight into the scale of impacts created by labor issues. Breaking down the workforce by employment type, employment contract, and region (region refers to 'country' or 'geographical area') demonstrates how your organisation structures its human resources to implement its overall strategy. It also provides insight into your business model, and offers an indication of job stability and the level of benefits your organisation offers.

Breaking down this data by gender enables an understanding of gender representation across your organisation, and of the optimal use of available labor and talent. As a basis for calculations in several indicators, the size of the workforce is a standard normalising factor for many other indicators. A rise or fall in net employment, evidenced by data reported over the course of three or more years, is an important element of your organisation's contribution to the overall economic development and sustainability of the workforce.

Compilation

Identify the total workforce (employees and supervised workers) by gender working for the organisation at the end of the reporting period. Supply chain workers are not included in this Standard Disclosure.

Identify the contract type and full-time and part-time status of employees based on the definitions under the national laws of the country where they are based.

Combine country statistics to calculate global statistics and disregard differences in legal definitions. Although the definitions of what constitutes types of contract and a full-time or part-time employment relationship may vary between countries, the global figure will still reflect the relationships under law.

Employee numbers may be expressed as head count or Full Time Equivalent (FTE). The approach is disclosed and applied consistently in the period and between periods.

Unless there has been a material change in the reporting period, numbers as at the end of the reporting period are used.

4.7 Intelligente Sidebar

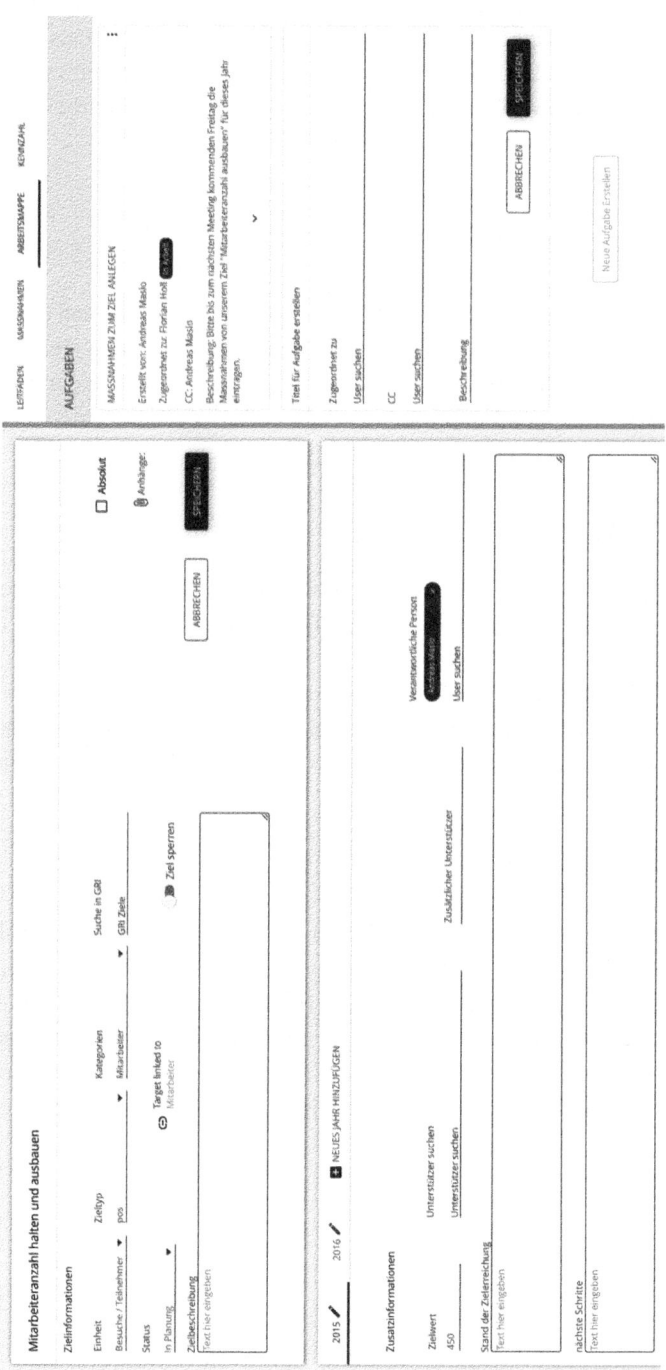

In der intelligenten Sidebar erscheinen mit den jeweils im Hauptbereich dargestellten Inhalten verknüpfte Informationen. So können Sie relevante Zusatzinformationen einsehen, ohne den eigentlichen Bereich zu verlassen. Wenn Sie also beispielsweise gerade im Bereich Themen am Thema Mitarbeiter arbeiten, werden Ihnen in der intelligenten Sidebar am rechten Rand verknüpfte Kennzahlen, wie z. B. die Mitarbeiteranzahl oder die durchschnittlichen Krankheitstage, angezeigt.

5   Verso für das Management

Verso hat einen besonders großen Mehrwert für Entscheider in Sachen Nachhaltigkeit, da relevante Informationen sehr schnell und übersichtlich einzusehen sind. So können agil fundierte Entscheidungen getroffen werden. Dazu nutzen Entscheider insbesondere die im Folgenden beschriebenen Funktionen.

5.1   Dashboards

Nach dem Login erscheint direkt Ihr individuell gestaltetes Dashboard (s. auch Abschn. 4.2). Wichtige Kennzahlen und Aufgaben sind hier rasch und ohne zu navigieren verfügbar.

In einem allgemeinen Dashboard können zentrale Entwicklungen und Notizen, die für das gesamte Team von Bedeutung sind, dargestellt werden. Dies unterstützt zusätzlich die Sichtbarkeit der Informationen sowie die Transparenz für übergreifende Themen.

5.2   Suchen und Finden

Gerade für Entscheider ist es wichtig, auch Detailinformationen zügig zur Hand zu haben. Mit der Suchfunktion (s. auch Abschn. 4.5) von Verso werden Inhalte klar strukturiert (z. B. nach Kennzahlen, Standorten, Business Units, Verantwortlichkeiten etc.) und übersichtlich angezeigt. Wenn der richtige Inhalt gefunden wurde, kann er zudem direkt an entsprechende Kollegen (bzw. Stakeholder) kommuniziert werden. Langes Suchen und lästiges Zusammenstellen von Informationspaketen gehören damit der Vergangenheit an.

5.3   Key Performance Indicators und Kategorien

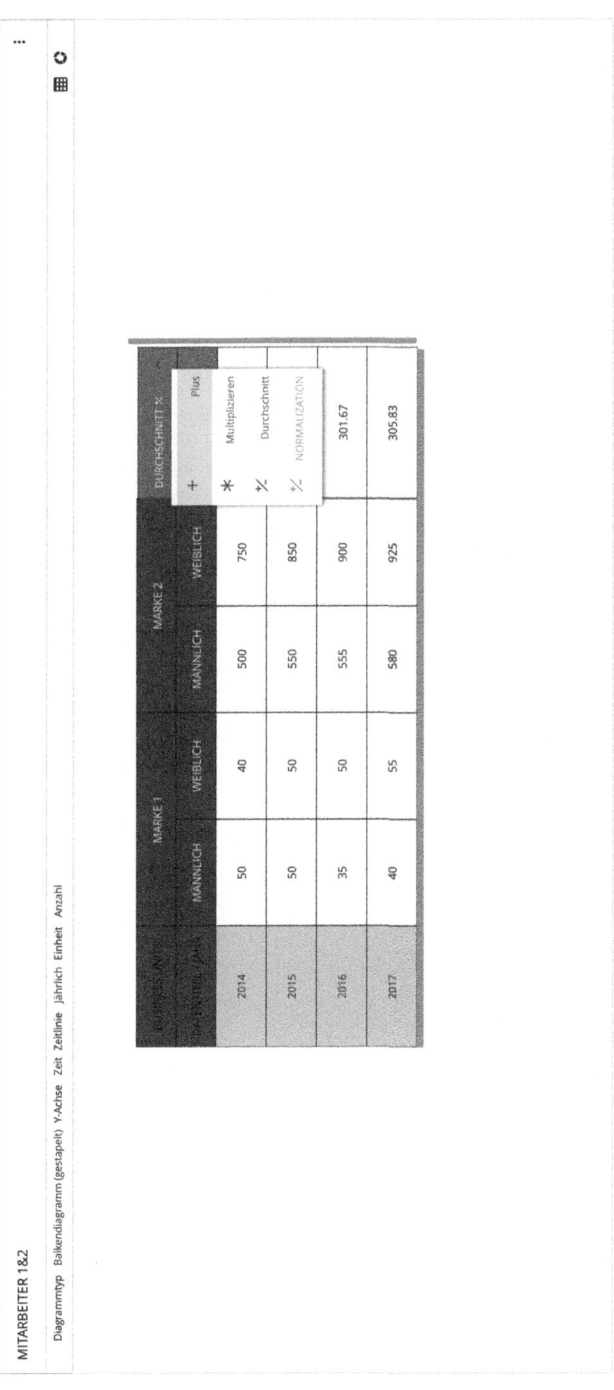

Kennzahlen zu messen und stetig zu überprüfen, ist für CSR-Entscheider nicht ausreichend. Erst der Vergleich und die Kombination mehrerer Kennzahlen dient als Basis für
fundierte Managemententscheidungen.

In Verso lassen sich Kennzahlen deshalb direkt in der Kennzahlspalte zügig miteinander

- summieren, subtrahieren, dividieren oder multiplizieren sowie
- kategorisieren,
- normieren,
- im Durchschnittswert anzeigen und
- in sämtliche Dateiformate exportieren (s. Abschn. 5.6).

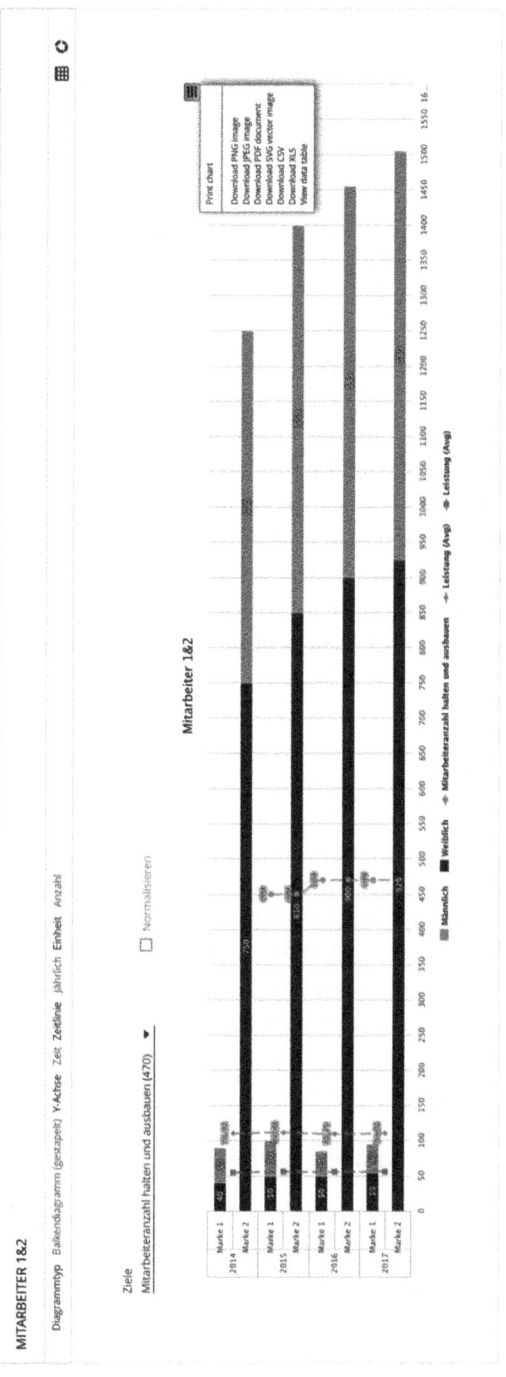

5.4 Vorschau

Mit der Vorschaufunktion werden zwei erfahrungsgemäß aufwendige Anwendungsfälle gleichzeitig abgedeckt. Zum einen erhält man für ein bestimmtes Themengebiet (inklusive Zielen, Maßnahmen, Kennzahlen, Bildern, Videos) eine Vorschau. Diese zeigt, wie das Thema letztendlich im Nachhaltigkeitsbericht (online oder als PDF-Export) aussehen wird. Zum anderen können Status quo, Ziele und Entwicklungen spontan und ohne zusätzliche grafische Handarbeit ansprechend präsentiert werden.

5.5 Mitarbeiterkommunikation

Das Thema Nachhaltigkeit wird für die Arbeitgeberattraktivität zunehmend wichtiger. So sind vielen begehrten Fachkräften inzwischen die Themen Sinn und Nachhaltige Unternehmensführung deutlich wichtiger als Gehalt oder Dienstwagen. Mit Verso werden die zentralen verantwortungsbewussten Maßnahmen für die Mitarbeiter greifbar. Dabei werden Mitarbeiter informiert und können dazu über die integrierte Feedback- und Dialogfunktion aktiv eingebunden werden. So werden Mitarbeiter nicht nur motiviert und gebunden, sondern ganz nebenbei auch noch zum Markenbotschafter nach innen und außen.

5.6 Exports

Aktuelle und übersichtlich dargestellte Informationen sind der Schlüssel in den unterschiedlichsten alltäglichen Unternehmenssituationen. Dementsprechend ist es selbstverständlich, dass die in Verso eingepflegten Daten auch in alle gängigen Formate exportiert werden können. Hierzu zählen Excel, PDF, JPEG, SVG, CSV und viele weitere. Die exportierten Daten können anschließend entweder direkt verwendet oder weiterverarbeitet werden. Die Erstellung von Präsentationen oder internen Reports ist somit kein Zeitaufwand mehr.

5.7 Engagement und Zusammenarbeit

Nachhaltigkeitsmanagement betrifft die unterschiedlichsten Unternehmensbereiche wie Personal, Einkauf, Logistik, Investor Relations, Unternehmenskommunikation oder auch Umwelt- und Arbeitsschutz. Diese gilt es sinnvoll in den gesamten Prozess mit einzubinden. Verso bietet neben der Möglichkeit beliebig viele User auf die Plattform einzuladen, zahlreiche Tools zur Optimierung von Workflows für die Datensammlung und -aufbereitung. Notizen und Hilfestellungen werden an die Kollegen weitergegeben, Expertenwissen festgehalten, Aufgaben verteilt und Rückfragen gestellt. Mit Verso werden Arbeitsprozesse so interdisziplinär und lebendig.

6   Reporting, externe Kommunikation und Engagement

Steigende Anforderungen an Lieferanten und deren Lieferketten, aber auch zunehmende Ansprüche von Endkunden an Unternehmen und Marken sorgen dafür, dass CSR immer präsenter wird. Verso hilft Unternehmen diesen Herausforderungen gerecht zu werden und ist die optimale Lösung für

- Nachhaltigkeitsreporting nach EU-Richtlinie und GRI,
- gezielte Kommunikation an einzelne Stakeholder,
- effektives Nachhaltigkeitsmanagement,
- effiziente Zusammenarbeit in der Nachhaltigkeitsabteilung sowie
- die Einbindung von Mitarbeitern und externen Stakeholdern in den Management- und Weiterentwicklungsprozess.

6.1   Global-Reporting-Initiative-Reporting

Die GRI ist in Europa der führende Standard für die Nachhaltigkeitsberichterstattung. In Verso finden sich Leitfäden sowie vordefinierte Themen und Kennzahlen, um den Prozess der Erstellung optimal zu unterstützen. Dabei ist immer der aktuellste Stand der GRI in allen Systemsprachen in Verso hinterlegt. Zudem werden durch die intelligente Sidebar im Hintergrund notwendige Verknüpfungen angezeigt, um stets die richtigen und aktuellen Daten in der geforderten Form parat zu haben.

6.2   Verso Profil

Das Verso Profil ist eine interaktive Website für Ihre CSR-Informationen. Damit können ausgewählte und freigegebene Themen direkt aus Verso auf Knopfdruck online veröffentlicht werden. Mit Texten, Bildern, Videos, Grafiken und Tabellen werden die Themen anschaulich und an die Corporate Identity Ihres Unternehmens angepasst und der jeweiligen Zielgruppe präsentiert. Individuelles Programmieren einer Website oder aufwendige Gestaltungsarbeiten entfallen durch automatisierte Prozesse und das vorhandene Template.

Die Flexibilität und Individualisierungsmöglichkeiten von Verso finden sich auch im Verso Profil wieder. So kann es z. B. auch für folgende Themen eingesetzt werden:

- Erfüllung der EU Berichtspflicht
- Veröffentlichung Nachhaltigkeitsbericht (z. B. nach GRI)
- Beitrag zu den Sustainable Development Goals (SDG)
- UN Global Compact Report
- Gezielte Kommunikation einzelner Themen für entsprechende Stakeholder

7 Arbeiten mit Verso

Bei Verso stehen der Kunde und seine Herausforderung immer im Fokus. Dadurch können nicht nur einzelne Fragen zur Software, sondern stets die bestmöglichen Lösungen für den gesamten Prozess gefunden werden. Verso unterstützt neben der Hilfestellung zur Anwendung der Software auch mit kompetenten Beratern für Nachhaltigkeit, Reporting und Kommunikation. Die Kommunikation läuft schnell und unkompliziert persönlich oder über alle gängigen Kanäle wie Telefon, E-Mail, SMS, Videokonferenzen, WhatsApp und weitere. Wir legen besonderen Wert auf eine schnelle, reibungslose Kommunikation – auch im System. So können Mitarbeiter durch Kommentarfunktion und mehr optimal zusammenarbeiten.

Weil die Zufriedenheit unserer Kunden für uns an erster Stelle steht, legen wir bei allen technischen Entwicklungen maximale Priorität auf einfache, intuitive Bedienbarkeit und eine ansprechende Oberfläche. So arbeiten unsere Kunden nicht nur hocheffizient, sondern auch gerne mit Verso.

8 Verso im Praxiseinsatz bei Entega – Nachhaltigkeitsberichterstattung mit Verso

Ein Bericht aus der unternehmerischen Praxis von Daria Hassan und Marcel Wolsing

8.1 ENTEGA – Vom Versorger zum Vorsorger

Wir sind einer der größten ökologischen Regionalversorger Deutschlands und befinden uns mehrheitlich im Besitz der Wissenschaftsstadt Darmstadt. Mit unseren Tochtergesellschaften sind wir in den Geschäftsfeldern Energieerzeugung, Energiehandel, Energievertrieb, Energienetze, öffentlich-rechtliche Betriebsführung und Shared Services aktiv. Wir betreiben rund 20.000 km Energie-, Kommunikations- und Wassernetze und kümmern uns mit unseren 2000 Mitarbeitern um 700.000 Kunden.

Wir verfolgen eine konsequente Nachhaltigkeitsstrategie, für die wir 2013 mit dem renommierten Deutschen Nachhaltigkeitspreis ausgezeichnet wurden. Unsere Vertriebstochter ENTEGA Energie ist einer der größten Anbieter von klimaneutralen Energien in Deutschland. Wir verkaufen nicht nur Ökostrom und klimaneutrales Erdgas, sondern investieren auch in den Umbau der Energieversorgung. Dabei haben wir das ambitionierte Ziel, den Bedarf unserer Ökostromprivatkunden mit selbst erzeugtem Strom abzudecken, den wir gemeinsam mit unseren Partnern in eigenen Anlagen erzeugen. In den letzten zehn Jahren haben wir rund eine Milliarde Euro investiert: in Windparks, Photovoltaikanlagen, hochmoderne Gaskraftwerke, aber auch in Biogas und Geothermie. Der Transformationsprozess der Energiewirtschaft, weg von einer zentralen nuklearen und fossilen Erzeugung hin zu einer dezentralen Energiewelt, ist schon weit fortgeschritten. Über

85 % erneuerbare Einspeisung ist bereits heute möglich. Wir als ENTEGA sind nicht nur Energiedienstleister, sondern Mitgestalter der Energiewende, Partner der Region und Lebensraummanager der Menschen.

8.2   Nachhaltigkeitsberichterstattung – ein Rückblick

Vor diesem Hintergrund haben die Nachhaltigkeitsberichterstattung und damit die transparente Darstellung der ökologischen, ökonomischen und gesellschaftlichen Auswirkungen unseres unternehmerischen Handelns einen sehr hohen Stellenwert bei ENTEGA. Unseren ersten Nachhaltigkeitsbericht haben wir 2010 veröffentlicht und legten damit gleichzeitig die Basiswerte für die zukünftige kontinuierliche Nachhaltigkeitsberichterstattung fest. Den Anspruch unseres Nachhaltigkeitsengagements vermitteln wir seitdem durch die hohe Transparenz sowie Glaubwürdigkeit der Berichterstattung und reporten daher in Übereinstimmung mit den Richtlinien der GRI, die den international anerkanntesten Standard für Nachhaltigkeitsberichtserstattung setzt.

Die Form unserer Berichterstattung war seit 2010 von einem stetigen Wandel geprägt. Unser erster Bericht erschien neben dem Geschäftsgericht als eigenständige Publikation. Im nächsten Schritt erfolgte eine kombinierte Berichterstattung als Zusammenführung des weiterhin inhaltlich unabhängigen Nachhaltigkeitsberichts mit dem Geschäftsbericht in einer Gesamtpublikation. Zuerst nur im Print, später ergänzend auch als native Online-Umsetzung. Seit 2014 erscheint unser Nachhaltigkeitsbericht ausschließlich online.

Die Umsetzung unserer Nachhaltigkeitsberichterstattung erfolgte über den gesamten Zeitraum hinweg in Zusammenarbeit mit externen Agenturen. Unsere Aufgabe dabei war die Erfassung, Prüfung und Auswertung der Daten sowie die Konzeptionierung und grobe Vorformulierung der einzelnen Kapitel. Die eigentliche redaktionelle Arbeit sowie die Konzeptionierung und Gestaltung des Layouts lag bei der beauftragten Agentur. Obwohl wir dabei stets von Kommunikationsprofis mit langjähriger Erfahrung auf dem Gebiet der Nachhaltigkeitsberichterstattung begleitet wurden, war jedes Mal die Herausforderung groß, unsere Wünsche und Anforderungen mit deren Vorstellungen zu vereinbaren. Mit anderen Worten gesagt: Wir haben festgestellt, dass wir als ENTEGA-Interne einfach ein viel tieferes Wissen über unser eigenes Unternehmen sowie die unterschiedlichen Zusammenhänge besitzen, als jemand von außerhalb es innerhalb eines sehr knappen Zeitraums, der für die Entstehung eines Berichts benötigt wird, erlernen könnte. Die Folge waren viele Diskussionen, Texte, die innerhalb des Unternehmens durch viele Hände gereicht wurden, und aufwendige Korrekturwege.

Um dies in Zukunft zu vermeiden, haben wir im Jahr 2016 den Entschluss gefasst, den Berichterstattungsprozess weitestgehend zu internalisieren. Neben der Reduktion externer Kosten ging es uns dabei v. a. um den Abbau von Reibungsverlusten wie der Einarbeitung neuer Agenturen und Dienstleister, Korrekturschleifen und langen Abstimmungswegen. Zudem waren wir in der glücklichen Situation, dass unser Nachhaltigkeitsmanagement durch eine neue Kollegin mit journalistischem Hintergrund verstärkt wurde. Der internen

Textproduktion stand demnach nichts mehr im Weg. Lediglich die Überlegung, wie die Online-Umsetzung unseres Nachhaltigkeitsberichts erfolgen soll, stand als großes Fragezeichen im Raum. Denn auch das hatte bisher die Agentur übernommen. So kam Verso ins Spiel.

8.3 Warum Verso?

Wer verstehen will, warum wir uns für Verso (in der Version Verso Pro) entschieden haben, muss zunächst die Anforderungen an unseren Berichtsprozess kennen:

Der ENTEGA-Nachhaltigkeitsbericht entsteht in der Zusammenarbeit des zentralen Nachhaltigkeitsmanagements mit über 50 Nachhaltigkeitsbeauftragten im gesamten EN-TEGA-Konzern. Diese pflegen alle relevanten Informationen in eine zentrale, unternehmensweit einheitliche Datenbank ein, die wir für das Management der Nachhaltigkeitsindikatoren und für die Berichterstattung nutzen. Es handelt sich dabei um die Software SoFi der Firma thinkstep. In dieser Software erfolgt auch die GRI-konforme Erfassung, Prüfung und Auswertung der Daten sowie weiterführender Informationen. Auf der Suche nach einer Onlinelösung für den Bericht war das wichtigste Kriterium, dass SoFi unsere prozessführende Software im Nachhaltigkeitsmanagement bleiben sollte. Die neue Lösung musste also anschlussfähig sein. Ein Beispiel: SoFi bietet die Möglichkeit, die in der Software erzeugten Berichte, Tabellen und Grafiken per iFrame-Link direkt in ein HTML-Dokument auf einer Internetseite einzubinden. Diese Funktion nutzen zu können, war für uns eine zentrale Anforderung. Gerade die immerwährende Korrektur manuell umgesetzter Tabellen und Grafiken hat in den vorherigen Berichterstattungsprozessen einen hohen Zeitaufwand verursacht.

Um im Entstehungsprozess weitestgehend dienstleisterunabhängig agieren zu können, war Simplizität ein weiteres Kriterium: Wir waren auf der Suche nach einem schlanken, auch für nicht IT-affine Anwender leicht zu bedienenden, Onlineredaktionstool, in dem wir gleichermaßen die Berichte aus SoFi sowie die von uns erstellten Texte und passende Bilder für den Nachhaltigkeitsbericht ohne großen Aufwand zusammenführen konnten. Zudem sollte unser Corporate Design umsetzbar und das Ergebnis auch optisch ansprechend sein. Auch sollte die Lösung in der Lage sein, aus dem Onlinebericht auf Knopfdruck eine leserfreundliche PDF-Version zu generieren. Zu guter Letzt war es uns ein großes Anliegen, dass die Server des zukünftigen Dienstleisters in Deutschland stehen.

Mit Verso und seinen Gründern haben wir einen Partner gefunden, bei dem von Anfang an die Chemie stimmte. Dass Verso am Markt noch nicht etabliert ist, hat bei unserer Entscheidung keine Rolle gespielt. Wir als ENTEGA haben einen eigenen Startup-Inkubator ins Leben gerufen und besitzen daher eine hohe Affinität für junge Unternehmen mit neuen Ideen. Ausschlaggebend für Verso war schlussendlich, dass wir damit nicht nur ein unspezifisches Redaktionstool gefunden haben, das all unsere Anforderungen erfüllt, sondern dass es als i-Tüpfelchen auch noch auf die onlinebasierte Erstellung von Nachhaltigkeitsberichten und Nachhaltigkeitskommunikation spezialisiert ist. Dies fängt beim integrierten GRI-Content-Index an und endet bei einem Team, das Nachhaltigkeit aus Überzeugung selbst lebt.

8.4   Unser erster Bericht mit Verso

Im Juli 2017 war es soweit: Wir haben zum ersten Mal einen Nachhaltigkeitsbericht veröffentlicht, den wir in den Monaten zuvor mit Verso erstellt hatten. Eine gute Entscheidung, wie wir finden. Rückblickend können wir sagen, dass die erwarteten positiven Aspekte, die wir uns aus der Zusammenarbeit erhofft haben, auch eingetreten sind.

Die interne Erstellung der Texte hat in unseren Augen nicht nur zu einem besseren und authentischeren Bericht mit mehr Herzblut geführt: Die intensivere Auseinandersetzung mit den Inhalten führte auch zu klaren Vorstellungen darüber, was wir in den kommenden Jahren inhaltlich noch optimieren können.

Verso selbst ist leicht zu bedienen und so gut wie selbsterklärend. Nach einer eintägigen Einführung durch das Verso-Team ist man als Nutzer sehr gut auf die Erstellung von eigenen Inhalten vorbereitet. Die durchdachte Benutzeroberfläche ermöglicht eine intuitive Nutzung. Deswegen war während des Erstellungsprozesses klar: Keine Scheu vor dem neuen Tool, am besten klappt es mit dem bewährten Learning-by-doing-Prinzip.

Und wenn es doch mal nicht klappte, war das Verso-Team jederzeit verfügbar, um telefonisch zu unterstützen. Die Berichterstellung selbst ist einfach und macht Spaß, weil man sich nicht intensiv mit der dahinterliegenden IT befassen muss. Die einzelnen Kapitel und deren Unterkategorien lassen sich leicht anlegen – und bei Bedarf auch mal wieder ändern. Die unterschiedlich farbigen Statusampeln der einzelnen Kapitel erleichtern die parallele Arbeit im System. Für alle Nutzer ist jederzeit gut nachvollziehbar, welche Teile bereits bearbeitet sind und wo noch Arbeit aussteht. Die integrierte Aufgabenfunktion macht eine parallele E-Mail-Kommunikation im Redaktionsteam nahezu überflüssig und sorgt dafür, dass die Anmerkungen immer genau da sind, wo sie gebraucht werden: im Nachhaltigkeitsbericht.

8.5   Der nächste Bericht mit Verso

Durch die fast vollständige Internalisierung des Berichtsprozesses und den Einsatz von Verso können wir unseren Berichterstattungsprozess in den kommenden Jahren weiter optimieren und uns dabei auf das Wesentliche konzentrieren, was in unseren Augen einen guten und lesenswerten Bericht ausmacht: die Texte. Bisher war die Berichterstattung von einer hohen Arbeitslast in den Monaten März bis Juni geprägt, da in dieser Zeit parallel die Auswertung der Datenerfassung sowie die Erstellung der Texte stattfanden. Da wir nun dank Verso die Texte unabhängig von der Beauftragung externer Dienstleister und damit zeitunabhängig erstellen können, erhoffen wir uns für die Zukunft eine erhebliche zeitliche Entlastung sowie eine Entzerrung der Arbeitsintensität. Mit Verso ist es möglich, im Hintergrund bereits am nächsten Nachhaltigkeitsbericht zu arbeiten, während der Vorgänger veröffentlicht und online abrufbar ist. Für uns bedeutet es, dass wir künftig allgemeine Inhalte wie das Unternehmensporträt oder die Strategie, die sich eben nicht jedes Jahr grundlegend ändern, bereits früher bearbeiten können. Weitere Inhalte, wie z. B. die Vorstellung einzelner Projekten, können sogar kontinuierlich im Verlauf des Berichtsjahrs direkt in Verso eingepflegt werden.

9   Fazit

Wir sind davon überzeugt, dass Verso Unternehmen ermöglicht, sich im Rahmen der Berichterstattung mehr auf die Inhalte und den Nutzen für den Leser als auf den Berichterstattungsprozess selbst zu konzentrieren. Die Möglichkeit, die bisher extern vergebenen Leistungen wie Texte und Layout nun selbst intern abzubilden, ebnet den Weg zu einem besseren und authentischeren Bericht. Der Wegfall von zeitaufwendigen Abstimmungsprozessen und Korrekturschleifen schont dazu die Nerven der Berichterstatter. Nach dem ersten gemeinsamen Berichtszyklus mit Verso können wir zusammenfassen: Wir waren bereits am Anfang vom Konzept und vom Team überzeugt und sind es auch heute noch. Dazu hat auch der stets offene und interessierte Umgang mit Verbesserungsvorschlägen beigetragen.

Florian Holl, CEO und Co-Founder Verso Central Europe GmbH. Durch die persönliche Erfahrung einer erfolglosen Suche nach konkreten Corporate-Social-Responsibility(CSR)-Informationen wurde die Idee von Verso geboren. Bereits in seiner Diplomarbeit bei der BMW Group beschrieb Holl Modelle für einen ethisch korrekten Umgang sowie faire Anreizsysteme von Dienstleistern im Niedriglohnsektor. Zudem wirkte er bei einem Kurzgutachten zum Thema CSR-Kommunikation für den Deutschen Bundestag sowie der ersten Auflage der Reihe *Corporate Social Responsibility – Verantwortungsvolle Unternehmensführung in Theorie und Praxis* (SpringerGabler) mit und hält regelmäßig Vorträge an der Hochschule Fresenius in München.

Andreas Maslo, CEO und Co-Founder Verso Central Europe GmbH. Mit 18 Jahren übernahm Andreas Maslo ein altes Gebäude, das er zur ersten Vier-Sterne-Pension im Landkreis entwickelte. Als er 2006 am Deutschen Gründerpreis teilnahm und den dritten Platz in Bayern erzielte, begann er sich noch intensiver mit Unternehmertum auseinanderzusetzen. Im Jahr 2010 gründete Andreas Maslo gemeinsam mit Florian Holl die Verso Central Europe GmbH. Andreas Maslo ist heute 30 Jahre alt und absolvierte sein wirtschaftliches Studium an der FH Kempten und der Harvard University. Er ist Responsible Leader der BMW-Stiftung Herbert Quandt und Nachrücker für das Europäische Parlament. Zudem doziert Maslo an verschiedenen Hochschulen und Bildungseinrichtungen.

Daria Hassan ist Referentin im Nachhaltigkeitsmanagement der ENTEGA und u. a. für die Erstellung des Nachhaltigkeitsberichts verantwortlich. Während ihres Germanistik- und Politikwissenschaftsstudiums war sie freiberufliche Redakteurin bei einer Tageszeitung und bei der Deutschen Presseagentur (dpa). Nach einem Volontariat in einer PR-Agentur begann 2011 ihre Laufbahn bei ENTEGA in der Unternehmenskommunikation. Von dort wechselte sie 2016 in das Team Nachhaltigkeitsmanagement.

Marcel Wolsing leitet das Nachhaltigkeitsmanagement der ENTEGA. Nach dem Studium des Wirtschaftsingenieurwesens begann er seine berufliche Laufbahn in der Beratung. Als Mitglied der Utilities-Practice von Accenture unterstützte er Energieversorger bei operativen und strategischen Fragestellungen. Im Jahr 2010 wechselte er in die Unternehmensentwicklung der ENTEGA (vormals HSE AG) und übernahm dort 2012 die Leitung des konzernweiten Nachhaltigkeitsmanagements.

The manufacturer's authorised representative in the EU is Springer
Nature Customer Service Centre GmbH, Europaplatz 3, 69115 Heidelberg,
Germany. If you have any concerns regarding our products, please
contact ProductSafety@springernature.com

Printed and bound by CPI Group (UK) Ltd, Croydon, CR0 4YY
23/04/2026
02095648-0008